JN418764

범부 김정설의 국민윤리론

범부 김정설의 국민윤리론

지은이　우기정
펴낸이　오정혜
펴낸곳　예문서원

편　집　송경아
인　쇄　주) 상지사 P&B
제　책　주) 상지사 P&B

초판 1쇄　2010년 10월 15일
초판 2쇄　2010년 11월 15일

주　소　서울시 성북구 안암동 4가 41-10 건양빌딩 4층
출판등록　1993. 1. 7 제6-0130호
전화번호　925-5913~4 / 팩시밀리　929-2285
Homepage　http://www.yemoon.com
E-mail　yemoonsw@empas.com

ISBN 978-89-7646-261-9　93150

YEMOONSEOWON #4 Gun-yang BD 41-10 Anamdong 4-Ga Seongbuk-Gu Seoul KOREA 136-074
Tel) 02-925-5914, Fax) 02-929-2285

값 20,000원

범부 김정설의 국민윤리론

우기정 지음

예문서원

책머리에

'이케하라 마모루'라는 이름을 기억하는 사람들이 있을 것이다. 잘 모르는 사람이 대부분이겠지만, 10년 전쯤인 1999년에 출간된 『맞아 죽을 각오를 하고 쓴 한국, 한국인 비판』이라는 책을 쓴 저자라고 하면 아마 고개를 끄덕일 것이다. 당시 이 책은 우리나라 사람과 한국사회의 모순적이고 불합리한 면을 거침없이 비판해 베스트셀러 대열에 올랐었다. 나도 그 책을 무척 흥미롭게 읽었던 기억이 난다.

이케하라 씨와는 개인적인 친분이 있어 종종 만나곤 한다. 최근 만났을 때의 일이다. 다소 격앙된 목소리로 나를 붙잡고는, 한국사회를 비판하는 책을 쓴 지 딱 10년이 지났고, 그동안 그토록 한국사회의 문제점을 말하고 다녔는데도 정작 변한 게 하나도 없다고 푸념하였다.

책을 출간한 직후에는 여기저기서 강연 요청이 쇄도했고, 강연을 할 때마다 청중들은 크게 공감하며 뜨거운 반응을 보였다고 한다. 심지어 그의 책은 공무원 교육교재로도 쓰였지만 그뿐이었다. 변화는 딱 거기까지였고, 그것은 일시적이고 즉흥적인 반응이었을 뿐 그 책을 계기로 한국이 진정으로 변한 것은 아무 것도 없다는 것이었다. 그가 책을 내며 기대했던 것은 이러한 것이 결코 아니었다며 답답해했다.

그의 볼멘 목소리를 들으며 나는 내 나름대로 변명 아닌 변명을 했다. 우리나라가 겪어온 역사와 유구한 시간의 흐름 속에서 형성된 우리나라 사람의 특성에 대해 설명했다. 그러면서 "세계화 시대를 맞아 글로벌 스탠더드를 따라야 하겠지만, 우리나라의 특수성이란 측면에서 코리안 스탠더드라는 것도 있지 않겠느냐"고 끝을 맺었다.

하지만 그와 얘기하는 동안 나 역시 그가 느꼈던 답답함을 똑같이 느꼈다. 그것은 그가 성토한 대한민국의 현실에 대해 나도 공감을 표할 수밖에 없었기 때문이었다.

—우기정, 『행복한 대한민국을 위한 단상』 중

이럴 때 우리에게 절실한 것이 바로 균형감각이다. 균형감각은 외줄타기와 같은 극한의 위험 상황에도 중심을 잡고 앞으로 전진하게 하는 힘이며 이러한 중심을 잡고 있는 사회만이 건강한 나라, 성숙한 시민사회라 불릴 수 있을 것이다. 한 쪽 날개로만 날 수 있는 새는 없다.

그렇다면 지금처럼 세상이 어지럽고 혼란스러운 때일수록 국민들의 정신적 구심점이 되어 균형감을 가진 사회로 전진할 수 있게 해 줄 힘, 즉 우리의 '에토스'(Ethos)는 과연 무엇일까?

이러한 자의적 물음에서 출발해 필자가 관심을 가지게 된 것이 일제강점기와 해방 후 건국 초기에 걸쳐, 우리나라 근현대 지성사에서 지금은 그 이름이 자의든 타의든 누락된 범부凡父 김정설金鼎卨(1897~1966)이며, 그가 평생을 통해 주장한 '국민윤리론國民倫理論'이다. 시인 김지하는 김정설을 '현대 한국 최고의 천재'라고 칭한 바 있으며, 소설가 김동리는 김정설의 친동생으로서 큰 형인 그를 평생 선생님으로 우러러 따랐다고 한다.

김정설은 유구한 우리나라의 역사를 유추하면서 '효孝'를 우리 민족 에토스의 정수로 꼽았다. 그 예전 태고 적부터 우리가 의식하지는 못하지만 우리 민족의 핏속에 면면히 흘러 우리의 일상 그 어디에서나 찾아볼 수 있는 이 효는 신라의 '화랑정신'이요, 조선의 '선비정신'이라고 그는 말했다. 아니, 아직도 우리 곁에서 그는 그렇게 말하고 있다. 빠른 물질문명의 발달 속에서 구시대적 유물로 인식되며 점차 잊혀가던 효를 발굴하여 과거의 먼지를 털어내고 현재와 미래를 역동적으로 이끌어갈 새로운 시대적 가치, 새로운 옷을 입은 에토스로서 새롭게 바라보자는 것이다. 그리고 그 실천으로 효를 바탕으로 하는 '국민윤리론'을 주창한 것이다.

정직해야 하는 것을 모르는 사람이 없고 정의를 사랑해야 하는 것이 마땅하지만, 그러해야만 함, 즉 의무만을 강조한다고 해서 그것이 곧바로 실천된다거나 현실에서 그 힘을 발휘하지는 못한다. 국민으로서 이러한 의무를 당연히 그리고 마땅히 받아들여야 할 이론적 근거로 김정설은 효를 주장하였던 것이다. 그리고 이것을 일제강점기와 한국전쟁을 막 벗어난 신생국의 국민에게 진심으로 호소하였다.

우리 민족의 장구한 역사 속에서 자식을 사랑하지 않는 부모 그 어디에 있으며 부모를 공경하지 않는 자식 또한 그 어디에 있었던

가? 말로는 다할 수 없는, 그러나 우리 민족의 가슴속 저 밑바닥 깊숙이 자리 잡고 있는 이러한 지극한 정성, 즉 지정至情(지극한 정)에 호소함으로써 김정설은 이제 막 자리를 잡고 일어서고자 하는 신생국新生國의 국민윤리정신의 핵심이론으로 삼았다.

그리고 가장 이상적인 발현으로서 신라의 '화랑花郞'을 그 표상으로 내세웠던 것이다. 일제강점기의 일인 학자들에 의해 화랑의 정신이 상무정신으로만 국한되던 것에 반대하며 화랑이 갖추어야 할 모든 요소를 고루 조화롭게 갖춘 상태를 그 이상형으로 정하고, 그것을 위해 우리 모두 노력하자는 것이 김정설의 구상이었다. 이러한 구상은 비록 부모에 대한 효에서 출발하고 있지만, 단군의 신도설교와 신라의 화랑, 동학을 거쳐 오늘에까지 이어져 신생국의 국민윤리로 다시 태어나기를 바랐던 것이다.

사회생활이든 가정생활이든 우리 인간사회에서 혼자서는 살아갈 수 없다. 이러한 나의 의견에 물론 동의하지 않는 이도 많을 것이다. 그러나 분명한 것은 인간은 인간을 마주 대하며 가슴과 가슴으로 서로를 이해하며 포용하고 용서하며 살아가야 한다는 것이다. 그러기 위해서는 나 자신부터 보다 조화로운 정신을 가진 사람이 되길 바라며 이것이 나 개인을 넘어서 사회와 국가, 그리고 우주 전체의 대조화로 나아가지기를 바란다. 굳이 '국민윤리론'이라는 어렵고 딱딱한 단어를 쓰지 않더라도 말이다.

이 책은 석사학위 논문으로 '조선시대의 효'와 관련된 글을 썼던 필자의 순전히 개인적인 취향으로 관심을 가지게 된 '범부 김정설'의 '효'라는 키워드를 중심으로 한 그의 '국민윤리론'으로 작성한 학위논문을 일부 수정하여 실은 글이다. 그러다 보니 다소 따분할 수도, 그리고 어떤 면에서는 일부 독자와 그 의견이 상충하는 부분이 분명히 있을 것이라 생각된다. 그러나 그로 인한 질타 역시 김정설을 알게 되면서, 그를 흠모하며 그의 사상을 알고자 노력했던 필자의 짧은 식견으로 인한 것이기 때문에 전적으로 필자의 몫이다.

이 글이 완성되기까지 김정설이라는 인물을 필자에게 알려 주고 전문 경영자일수록 인문학적 마인드를 가져야 한다며 수시로 내 등을 떠밀다시피 했던 영남대학교 최재목 지도교수님께 진심으로 감사의 인사를 드린다. 그리고 사업성이 전혀 없어 보이는 이 책의 출판을 흔쾌히 허락해 주신 도서출판 예문서원의 오정혜 사장님에게 마음으로 감사의 인사를 드린다.

2010년

푸른 잔디가 더욱 아름다운 어느 여름 날 아침

우기정 씀

▌차례

책머리에……5

대담 : 범부 김정설의 국민윤리론을 돌아보며……15

제1장 서론……31

1. 연구의 목적과 의의 _ 32
2. 연구의 범위 및 방법 _ 39

제2장 생애와 국민윤리론 형성……47

1. 생애 _ 48
2. 국민윤리론 형성 _ 58

제3장 국민윤리론 구상의 배경……81

1. 1950년대 국민윤리 형성과정 _ 83
2. 국민윤리 형성과정 속 효의 논리 _ 95
3. '지정=효'에 바탕을 둔 인륜적 국가관 _ 114

제4장 국민윤리론의 내용과 특징……121

1. 「국민윤리특강」의 등장 배경 _ 122
2. 국민윤리론의 강연 의도와 의의 _ 125
3. 국민윤리론 분석 _ 132
4. 국민윤리론의 핵심 정신과 「국민교육헌장」의 대비 _ 161

제5장 국민윤리론의 확대, 정치철학……171

1. 『정치철학특강』의 발간 경위 및 구성 _ 174
2. 김정설이 본 1960년대 한국의 현실 _ 180
3. 『정치철학특강』의 핵심 논리 _ 183
4. 건국 및 국민운동 _ 203

제6장 국민윤리의 변질과 김정설 사상의 단절……229

1. 한국인의 에토스와 그 변질 _ 230
2. 김정설 사상의 단절 _ 241
3. 국민윤리론의 재조명 _ 250

제7장 결론……255

참고문헌……265

▌우기정과 최재목의 대담▐

범부 김정설의 국민윤리론을 돌아보며

왜 철학공부를 하게 되었는가?

최재목 저는 대학, 대학원에서 철학(동양철학)을 전공으로 해서 현재 철학과에서 학생들을 가르치고 있습니다. 말하자면 '철학'을 가르치는 일이 직업인 셈입니다. 철학 때문에 밥을 먹고 살아가는 저로서는 철학, 사상에 관해 이야기하거나 글을 쓰는 일이 일상이 되어 있고 별로 거부감이 없습니다.

그런데 회장님께서는 현재 경영자로서 현실적, 실리적, 실용적인 일에 깊이 관여하며 국제적으로도 많은 활동을 하고 계십니다. 사실 말이죠, 현재의 업무와 관련해서 본다면, 보통의 경우, 현실의 '유용한 것 즉 실용적이고 돈 되는 것'을 추구하는 것에 관심을 갖고 연구 영역을 택할 확률이 높다는 말입니다. 예컨대 정치, 경제 등등에……. 이것은 처음부터 제가 회장님에 대해서 품었던 의문입니다만, 왜 하필 현실에 별로 도움이 될 것 같지 않은 '철학사상' 쪽에 깊은 관심을 갖게 되었는지요?

최재목
영남대 철학과 교수

우기정 최 교수님의 말씀 잘 들었습니다. 재미있는 말씀이고 듣는 대목마다 여러 가지를 생각하게 합니다.

시인이 되는 것이 꿈이었던 제가 대학진로를 결정할 즈음, 당시 연세대 국문과에 교수로 계시던 문효근 박사님을 찾아갔습니다. 제 이모부이시기도 해서 허물없는 얘기 끝에 시인이 되고 싶어 국문과에 가고 싶다고 했더니 한참 생각 끝에 "시인이 되려거든 철학과를 가거라. 학문의 기본과 깊이가 더할 때에 훌륭한 시가 만들어질 거야." 그래서 철학과를 지원했죠.

입학하고 보니 새로운 세계가 열리는 것 같았습니다.

그 당시 문과대학의 동기생들로는 현재 문단에 활동 중인 최인호, 윤후명 등이 친구였죠. 그러나 저는 철학의 재미에 빠져 버린 채로 지내다가 졸업 후 바로 사회로 나오게 되었습니다. 지금도 친구들끼리 그때를 회상하며, 공부는 안 하고 철학에만 빠져 있었다고 웃곤 하죠. 항상 저의 뇌리를 떠나지 않고 있던 것이 바로 대학시절 접했던 철학에 대한 생각들이었습니다. 저의 철학공부에 큰 감명을 주신 분으로는 지금도 또렷이 떠오르는 고故 구본명 교수(도가철학), 고故 배종호 교수(儒學), 고故 정석해 교수(서양철학), 고故 이규호 교수(前 문교부장관, 언어철학), 주임교수이셨던 박영식 교수(現 학술원부원장, 前 문교부장관)가 떠오릅니다. 이규호 교수께서는 흥미로운 서양철학에 관한 얘기를 들려주셨으며, 특히 구조주의 철학을 처음 들었을 땐 참으로 신기하다는 생각이 들었습니다. 박영식 교수님의 논리학 강의를 들을 때는 정말 이런 학문도 있구나 하고 놀라기도 했죠. 얼마나 재미있었던지. 방금 최 교수께서 왜 하필이면 현실과는 거리가 있다고 여기는 철학에 관심을 가지게 되었느냐는 질문에 대해서는, 제 출발 지점의 설명은 잠깐 드렸고, 사회에 나와서 생활을 하다 보니 자꾸만 인

우기정
저자

문학 철학에 대한 관심이 남달랐다고 할까요. 해가 갈수록 느끼는 것은 인간에게 기본적으로 깔려 있는 근본이 있어야만 하겠다. 그리고 그것이 무엇이 되든지 간에 우리나라, 우리 국민에게만 해당되는 것이 있을 것이다. 이러한 연유에서 자연스럽게 '우리나라', '철학'이라는 개념이 다가온 거죠.

사람이 산다는 것은 예나 지금이나 별반 다를 것 없나 봐요. 2천여 년 전 희랍의 철학자였던 아리스토텔레스가 "요즘 젊은 사람들은 예의도 없고 버르장머리가 없다"라고 한 말이 아직도 전해 오고 있습니다. 그런데 요즘도 우리는 그러한 얘기를 심심찮게 듣고 있지 않습니까?

인간이 사는 세상은 많은 시간이 흘렀어도 그 본질상 근본은 같은 것 같습니다. 기본적으로 사람 사는 틀은 같다는 얘기죠. 이러한 것을 보면서 철학도 역시 인간 근본의 틀과 연결되는 부분은 거의 같다고 보고, 그 시대 환경에 따라 사고하는 사람들의 방향과 방법이 달라지는 것 같습니다. 이런 생각 위에서 요즘 혼란스러운 세태를 보고 있으면 어떤 때는 절망스럽다가도 꼭 그렇게만 생각할 것도 아니라는 희망도 가져 봅니다. 언제나 가지는 인간 본래의 숙제를 그때그때 그 시대에 맞게 풀어내고 미래에 대한 비전을 제시하는 철학들이 존재한다고 봅니다. 그렇다면 "오늘을 사는 우리는 어떤 것에 바탕을 두고 삶의 문제를 직시하고 또한 사회생활의 길라잡이를 삼으면 활짝 편 문화

속에 평화롭고 밝은 세상이 올까?" 하고 고심하던 끝에 '우리민족의 시대적 에토스'는 무언가 하는데 이르게 되었고, 최 교수님을 뵙고 의논을 드린 겁니다. 이때 '범부 김정설'을 저에게 소개해 주셨고 풍류, 화랑, 조화, 멋 등등 흥미로운 범부의 사상을 만나면서 '국민윤리론'에까지 이르게 되었습니다. 이 점은 지금도 최 교수님께 감사하게 생각하고 있습니다.

범부 연구에 관심을 갖게 된 계기는?

최재목 처음 제가 언젠가 우동기 전영남대 총장과 함께했던 우연한 자리에서 회장님을 처음 뵈었을 때, '철학을 하고 싶다'는 말씀과 함께 명예박사학위가 아니라 "대학원에서 석사박사 과정을 정식으로 밟고 싶다"는 말씀을 들었습니다. 여담이지만 그때 우 총장님은 회장님께 지금까지 해오신 것으로 보면 명예박사로도 충분한데 왜 굳이 정식과정을 밟고자 하느냐고 핀잔을 주기도 하셨습니다만, 결국은 본인의 고집대로 대학원 석사과정에 들어오게 되었습니다. 그때 회장님은 한국의 전통 에토스인 '효孝'라는 것에 대한 관심을 언급하셨고, 그것을 기반으로 해서 한국문제에 대한 제반 문제를 말씀하셨습니다.

이어서 한국 전통의 뿌리가 되는 철학사상에 대해 말

씀을 하시기에, 저는 문득 "그러면 풍류사상을 하시면 어떻겠냐?"라는 제안을 하였습니다. 바로 그것이 크게 보면 범부 연구로 이어가게 되는 발화점이 되었습니다.

저는 "조선시대의 효 사상을 한번 공부해 보시고 그 다음에 그것을 토대로 멋과 풍류 넓게는 한국인의 에토스를 검토해 보는 것이 좋지 않겠습니까?"라는 연이은 제안을 드렸습니다. 그때는 제가 마침 범부 김정설에 많은 관심을 갖고 있었고, 또한 범부연구회를 만들려고 하던 참이었습니다. 그렇게 자연스럽게 범부 연구 가운데서도 '효'(한국인의 에토스)에 관해 제안을 드린 기억이 납니다. 범부 자신이 한국의 '국민윤리론'을 운운하면서 "효라는 데서 다시 출발하는 것이 중요하다"라고 한 것을 제가 기억하고 있었기 때문입니다.

제가 우 회장님께 그러한 제안을 드렸을 때는 그 부분에 대한 이론적 배경을 가지고 말씀을 드린 것이었는데 마침 회장님께서는 흔쾌히 그 제안을 받아들이셨습니다. 그래서 석사과정에서는 조선시대의 효 사상에 대해 2년간 연구한 것을 마무리하여 "조선시대의 효 사상 연구"라는 제목의 논문으로 석사학위를 받으셨고, 이어서 박사과정에서는 범부의 국민윤리론에 대해 연구하셔서 「한국에서의 국민윤리론 성립에 대한 연구-범부 김정설의 국민윤리론을 중심으로」라는 논문으로 올해(2010.9) 박사학위를 받으셨습니다.

결론적으로 말씀드리자면, 제가 제안한 것을 다 받아주셨고, 또 그것을 충분히 소화하시어 학위과정을 두루 잘 마치신 데 대해 고맙기도 하고 또한 진심으로 치하를 드리고 싶은 바입니다.

우기정 고맙기는 제가 고맙죠. 어찌 보면 당연한 귀결 같습니다마는 항상 뭔가 아쉬운 마음으로 있었던 것이 박사학위 논문으로 인해서 제 스스로 어느 정도 숙제를 풀어가고 있다는 생각이 듭니다. 항상 복잡하게 이것저것 생각하고 있던 것을 잘 정리해 이끌어주셔서 다시 한번 정말 고맙다는 말씀을 전합니다.

근자에 이르러 우리나라를 들여다보면 걱정스러운 것이 한두 가지가 아닙니다. 많은 사람들이 갖가지 시각으로 현실을 진단하고 안타까운 점을 지적하고 개선책을 부르짖고는 있지만 정작 이 시대의 '시대정신'(에토스)이 무엇인가 하는 데 대한 자각과 연구는 아쉽다고 생각합니다. 이러한 때에 범부 선생님의 국민윤리론 연구는 시사하는 바가 크다고 봅니다.

조선시대 이후 근대기를 맞이하여 우리나라는 일제강점기를 거치면서 우리나라의 정신이 많이 왜곡되었습니다. 더욱이 해방 이후에도 국내외의 복잡한 사정에 의해 국민들이 공유할 만한 건전한 시대정신이 없지 않았나 생각도 합니다. 효에 대한 것이 중시되곤 했지만 그것은 특정 가문家門을 과시하고 혹은 정권을 유지하기 위한 도구로 사용되는 데에 많이 이용되었습니다. 그 탓에 효 사상은 점차 우리로부터 멀어져 갔습니다. 일제 40년의 공백은 그렇다 치고, 새롭게 광복 이후 지나온 60년은 오로지 경제발전과 민주화에만 목표를 두고 살아왔기 때문에, 오늘에 이르러서는 뭔가 정리가 되어야 할 시기가 되지 않았나 생각됩니다.

요즈음 사회에서 일어나고 있는 현상은 마치 우리의 경제가 세계적 선진국이고, 문화 역시 유구한 역사 속에 찬란히 빛나는 유산을 자랑하는, 세계에서 손가락을 꼽을 만큼 잘 사는 나라라고 생각하고 있습니다. 하기야 세계 어디를 가도 우리만큼 잘 사는 나라를 보기도 힘듭니다. 그렇게 생각하면서도 무언가 켕기는 것은 왜일까요?

신문과 TV에 비추어지는 세태는 '정말 이래서 어떻게 하지?' 하는 걱정의 소리가 저절로 나오고 정치문화사회에 깔려 있는 포퓰리즘은 사회를 점점 더 어지럽게 합니다.

혹시 지금 우리가 아주 잘 사는 선진국이 되어 있고 문명국이 되어 있다는 착각 속에 살고 있지 않은가요. 인간의 역사라는 것은 유구하지요. 몇 천 년을 살아왔듯이 앞으로 2천 년, 3천 년을 또 우리는 살아가야만 합니다. 그런데 우리는 지난 60년 동안 마치 민주주의가 다 완성되고 민권이, 민복이 다 완성된 것처럼 뭔가 착각하고 있는 것은 아닌지 자문해야 합니다. 이제 이쯤에서는 우리 국민들 서로가 서로에게 묻고 서로가 확인하는 우리들의 지혜가 필요한 때입니다.

굳이 말한다면 철학이라고 얘기할 수도 있겠죠. 하지만 그것을 더 쉽게 얘기하면 2010년 현재 '한국의 시대정신'은 무엇인가, 과연 어떤 것을 대표 시대정신으로 얘기해서 우리의 마음을 한데로 묶고 이 나라를 굳건히 반석 위에 올려 놓을 수 있을까 하는 것이 제가 범부 김정설의 '국민윤리론'을 연구하면서 갖고 있던 문제의식입니다.

아까 말씀하신 제 석사학위 논문은 조선시대의 '효사상'에 대한 것으로, 최 교수님이 말씀하셨듯이 '효'를 말하기 위해서는 조선시대의 효 사상 · 교육을 깊이 살펴보지 않으면 안 된다는 당위성 때문에 이것을 연구하게 되었고, 그 바탕 위에서 박사과정 연구로 범부 김정설의 '국민윤리론'을 접하게 되니 아주 편한 행보를 할 수 있었습니다.

저의 박사학위 논문에서는 우선 '범부라는 분이 어떤 분인가' 하는 것을 살펴야 했습니다. 제 학위논문에 대해 조금만 더 말씀을 드리면, 논문에서는 우선 범부의 '국민윤리론國民倫理論'을 중심으로 한국에서 1950~60년대 국민윤리가 성립해 가는 과정을 살펴보고 이러한 시대적 배경 하에 범부가 행한 「국민윤리특강國民倫理特講」은 어떤 의미를 지니고 있는지, 그리고 다양한 개념이 혼재하던 당시에 범부가 의미하던 '국민윤리'는 어떤 것인지 그 윤곽을 파악해 보았습니다. 나아가 범부의 '국민윤리론'이 그의 저작 속에서는 어떻게 확대되며, 혼란했던 당시의 시대 속에서 어떻게 변용되어 왔는지를 검토해 봄으로써 '국민윤리'가 한국에서는 어떻게 변질되어 왔는지를 「국민교육헌장」과의 비교를 통해 살펴보았습니다. '국민윤리'의 정치적 변질로 인해 그 용어 자체에서부터 부정적 이미지를 떠안게 되었고, 결국 범부의 '국민윤리론' 역시 제대로 된 평가를 받지 못한 채 묻혀왔음을 알 수 있었습니다.

지금까지 한편으로는 잊혀져 갔고 한편으로 거의 전설로만 남아 있는 분이기에 이 분을 오늘날 우리 앞에 다시 나타나게 할 사명감 같은 것을 느꼈습니다. 최 교수님의 지도로 범부와 관련된 행적을 찾기 위해 국내외 필드워크를 여러 차례 해 가면서 범부의 여러 면모를 제대로 살필 수 있었던 것은 큰 즐거움이었고 행운이었다고 생각합니다.

범부의 국민윤리론이 갖는 시사점은?

최재목 역사적으로 보면 철학사상에 관여한 선지자先知者들은 대부분 인간의 삶과 사회의 진행 방향, 역사의 법칙, 우주만물의 존재 근거에 대한 근원적 물음을 갖습니다. 범부라는 분도 한국 사상을 관통하는 '풍류, 멋'이라는 것을 발굴하고자 했습니다. 따지고 보면 범부가 말하는 멋과 풍류라고 하는 것은 우리 한국인들이 가지고 있는 선험적인 가치가 아니었나 하는 생각도 듭니다. 우리는 모르고 있지만 '이미 우리 마음과 몸속에서 살아 움직이는 것'을 범부는 풍류, 멋으로 보았습니다. 범부는 이것을 오증론五證論(다섯 가지 방법에 의한 증명론)이라는 방법으로 논증하고자 하였습니다. 그 가운데 하나가 '혈증血證'입니다. 즉 쉬운 말로 하면 '한국인의 핏줄 속에는 누구에게나 멋과 풍류라는 증거가 깃들어 있다. 그것이 바로 한국인의 보편적인 가치일 수 있다'라고 하는 확신이 있었던 것 같습니다.

요즘 '국민윤리'라고 하면 과거 군사독재정권에 대한 반감이 있고, 과거 교과목에는 『국민윤리』라는 것이 있었지만 최근에는 다 없어져 버렸습니다. 잘 아는 사람이 많지 않습니다만, 사실 국민윤리란 말 자체가 범부가 언급한 말이고, 그 이후에 한국사회의 보편적인 개념이 되어 왔던 것입니다. 이 점은 우 회장님께서도 익히 알고 언급하신 부분입니다. 좋든 싫든 간에 우리의 학술사 · 지성사 속에서 국민윤리란 무엇이고, 또 어떤 것이었나, 이후 되돌아볼 경우 우리의 논의는 범부의 국민윤리론에서 시작되는 점이 있습니다. 국민윤리는 국민과 윤리라는 말이 합쳐진 말입니다. 지금 국민윤리라고 하면 우리의 왜곡된 근현대사 때문에 별로 긍정적으로 들리지는 않습니다만, 범부가 구상했던 국민윤리나 국민이란 개념은 해방 이후 한국사회가 느끼고 있던 해방 신생국의 자부심에 근거한 대단히 긍정적이고 희망적인 느낌을 담은 개념이기도 합니다. '우리 국가의 국민은 우리 독자의 윤리를 갖고 주체적으로 살아야 한다. 그러기 위해서는 우리가 무엇을 갖고 있고 무엇을 어떻게 할 것인가'라는 그의 야심과 문제의식이 담긴 논의가 그 근저에 있는 것이지요. 아마도 우 회장님은 이러한 맥락을 잘 아시고 어느 자리에서나 "우리 국가는 아직도 발전과정에 있고 완성된 것이 아니다. 그러기 위해서는 즉 완성을 향해 가기 위해서는 윤리가 필요하고 어느 부분은 범부의 구상에 주목할 필요가 있다"는 말씀을 종종하셨습니다. 현재적인 관점에서 '범부의 국민윤리론'이 갖는 시사점이라면 무엇이겠습니까?

우기정 위의 이야기와 이어집니다만, 저는 우리나라가 '이제 건국한 지 60년밖에 안 된 나라다'라는 것을 직시해야 한다고 생각합니다. 범부의 역사관인 즉관적卽觀的 방법으로 본다면 유구한 역사를 가진 65년짜리 신생국이라고 봐야 합니다. 우리 역사와 전통은 가지고 있지만 새롭게 시작한 나라로서 어떻게 앞으로 몇 천 년을 흘러갈 자랑스러운 나라를 만들 수 있는가 하는 관점에서 본다면 지금이 바로 우리 국민이 '국민윤리'를 세워야 할 아주 중요한 시기가 아닌가 합니다.

지금 우리는 무엇이 다 완성된 최고의 상태에 있는 것이 아니라, 지금이 곧 출발이라고 생각하면서 어떻게 한국 국민의 끈끈한 연대를 가지고 우리 핏속에 흐르는 유구한 정신을 표출해 낼 수 있을까 하는 것이 제일 중요합니다. 그렇기 때문에 이 시기에 범부의 국민윤리론이 적합한 역할을 할 수 있을 것이라고 봅니다.

인생의 가치기준과 여생의 꿈은?

최재목 앞서서 가치 문제를 언급했습니다만 우리는 살면서 일상적으로 많은 가치대립을 겪게 됩니다. 재화의 문제, 생명, 진선미, 종교 등등. 많은 가치의 갈등을 겪으면서도 그 서열을 정하는 일이 개인적으로 쉬운 것 같지 않습니다.

회장님의 고등학교 시절에는 시문학이라는 가치가 있었고 그것이 철학이라는 것과 팽팽히 맞서다 일단은 철학을 택하게 되셨고, 결국은 이렇게 한국학, 그 중에서도 철학사상 영역의 연구로 학위를 받게 되셨습니다. 최근에는 뵙고 나서 알게 되었지만, 가곡에도 각별한 관심과 애정을 가지고 독창회도 개최하시며 그 실력도 수준급이신 걸로 알고 있습니다. 뿐만 아니라 골프도 45년 경력의 프로 수준이라고 알고 있습니다.

이렇듯이 제가 아는 것만으로도 문학·철학·음악·스포츠의 네 가지 주요한 가치 외에도 회장님은 현재 한국골프경영협회 회장을 맡고 계시고, 경영자로서는 대구C.C 회장, 마그네트를 생산하는 한국마그네트알로이의 회장, 송암장학재단 이사장 그리고 장애인을 위한 한국스페셜올

림픽 회장을 맡고 계시면서, 영남대학교에서는 특수체육학과의 겸임교수로도 활동하고 계십니다. 한편으로 생각하면, 표현이 좀 그렇긴 합니다만, 회장님에게는 현실적인 돈이나 권력의 문제도 주요한 가치일 수도 있을 것이며, 또 한편으로는 학문과 예술도 가치의 한 축이 될 것 같아, 이처럼 큰 두 축을 모두 인생의 주요 가치로 추구해 가고 계십니다. 이 부분은 제가 조심스럽게 더 여쭙습니다만, 앞으로의 여생 동안 추구하고 싶은 것은 무엇인가요? 남은 생애 동안 '이것만은 꼭 하고 싶다'는 말씀을 듣고 싶군요.

우기정 고맙습니다. 저는 앞서 말씀하신 그 모든 과정들을 쭉 지나오며 제가 가지게 된 확고한 가치가 있습니다. 다시 말해 저의 생각과 행동을 결정하는 모든 것의 기준이 있습니다.

첫째로, 『논어』에 보면 "견리사의見利思義"(이로움을 보면 의로운가를 먼저 생각하라)란 말이 있듯이 이것이 과연 '정의로운가'를 가장 깊이 생각합니다. 그리고 둘째로, '정의'와 함께 생각하는 것은, 앞의 『논어』 "견리사의"에 이어 나오는 "견위수명見危授命"(위태로움을 당했을 때는 목숨을 바치라)처럼 '용기'라는 단어입니다.

'정의롭다'는 가치에 대한 뜻은 일반적으로 인간적인 측면에서 이것이 정말로 보편타당한 올바른 길인가 하는 것이 될 것입니다. 그리고 내가 무엇인가 하고자 할 때에는 '이것이 정의로운 길이라면 내가 이 용기를 가져야 할 것인가' 하는 문제가 늘 따라다니곤 하죠.

정의로운데도 내가 하지 않을 때에 용기가 없는 것이 되고, 옳지 않은 길에 필요 없는 욕심을 갖는다면 용기 있지 못한 만용이 될 것입니다.

이런 정의와 용기를 바탕으로 저는 살아가고자 합니다. 아울러 '문화'의 소중함과 중요성을 잃어버리지는 않을 것입니다. 일찍이 백범 김구 선생은 '높은 문화의 힘으로 인류의 모범이 되는 나라'를 꿈꾸었습니다. 저는 최근 문화에 대해 관심이 많습니다. 제 자신과 사회가 문화의 힘을 갖게 되는, 더욱 우리들이 문화의 중요성을 아는 그런 시대를 만들어 가는 것 말입니다.

그리고 마지막으로 최 교수께서 말씀하신 바, 여생 동안 무엇을 원하고 이루고 싶으냐는 부분인데요. 글쎄요, "한 마디로 저는 시인詩人이 되고 싶습니다."

최재목 하하하, 이제 우 회장님께서도 이제 시집을 한 권 내셔야겠습니다. 부디 그러시길 빕니다. 시인, 인문학 CEO……, 생각만 해도 참 즐겁습니다. 감사합니다.

제1장

서론

1. 연구의 목적과 의의

이 책은 범부凡父 김정설金鼎卨(1897~1966)이 1950년대 초반경에 행한 연속 강의인 「국민윤리특강國民倫理特講」에서 논한 그의 '국민윤리론國民倫理論'[1)]을 중심으로 아직까지 국내 학계에서 생소한 김정설이라는 인물과 그의 사상을 총괄적으로 조명해 보고, 산재해 있는 문헌자료를 조사·연구하여 한국에서 국민윤리론이 어떻게 성립되었는가를 연구할 것이다. 아울러 국민윤리론의 확대로서 국민운동國民運動을 주창한 김정설의 '정치철학론政治哲學論'도 같은 맥락에서 파악하게 될 것이다. 따라서 시기적으로는 1950~1960년대에 걸친 논의가 될 것이다.

김정설은 흔히 동·서양의 종교와 철학을 종횡으로 꿰뚫을 만큼 심오한 세계를 갖추고 있었던 천재사상가로 알려져 왔다. 그는 일제 강점기에 오랜 세월 산사에서 머물면서 폭넓고 해박한 지식으로 동방사상 강의를 하여 국내외에서 자못 명성이 높았다. 그러나 정작 광복 이후 그가 계획했던 동방사상에 관한 저술을 거의 남기지 못하고 세상을 떠남으로써, 오늘날 전설적인 인물로만 구전되어 왔었다.[2)]

---

1) 김정설, 「國民倫理特講」, 『花郞外史』(대구: 이문출판사, 1981), 7쪽 참조. 이 책의 3간 서문에서 凡父선생유고간행위원회 회장이었던 故 이종후 교수는 「國民倫理特講」이 김정설 선생 생전인 1950년대 초반에 모단체 회원들에게 행한 연속 강의의 속기록을 정리한 것으로 『花郞外史』의 사상적 배경을 이해하는데 도움을 줄 것이라고 말하고 있다.

최근까지도 김정설의 사상에 관한 연구는 극히 미미한 실정이었다.[3] 그 이유로는 다음의 몇 가지 예를 들 수 있다. 첫째, 김정설이라는 인물의 존재가 국내 학계에 별로 알려져 있지 않았다. 둘째, 김정설이 살았던 시기는 일제강점기에서부터 해방과 한국전쟁을 거쳐 4·19혁명과 5·16쿠데타에 이르는 외침과 내전, 혁명의 소용돌이에 휩쓸린 격변기였다. 그 결과 김정설은 연구와 저술에만 몰두할 수 없었기 때문이다. 셋째, 김정설이 남긴 저술들이 대부분 강의원고 형태로 흩어져 있다가 분실되었기 때문이다. 지금 그 중 일부만이

---

2) 진교훈, 「凡父 金鼎卨의 생애와 사상」, 『철학과 현실』 64호(철학문화연구소, 2005), 217쪽 참조.

3) 凡父의 사상과 관련해서 현재까지 이루어진 연구물은 다음과 같다. 김용구, 「凡父 김정설과 동방 르네상스」, 『한국사상과 시사』(불교춘추사, 2002); 진교훈, 「凡父 金鼎卨의 생애와 사상」, 『철학과 현실』 64호(철학문화연구소, 2005); 진교훈, 「동방사상의 중흥조 '凡父 김정설'」, 『대중불교』 제113호(대원사, 1992. 4); 정달현, 「한국 전통 사상의 현대적 구현: 凡父의 風流道론」, 『우리시대의 정치사회사상』(영남대출판부, 2003); 정달현, 「凡父의 國民倫理論」, 『현대와 종교』 10집(현대종교문제연구소, 1987); 최재목 · 이태우 · 정다운, 「凡父 金鼎卨 연구를 위한 예비적 고찰」, 『일본문화연구』 제24집(동아시아일본학회, 2007. 10); 최재목 · 정다운, 「「鷄林學塾」과 凡父 金鼎卨(1)－'設立期'를 중심으로」, 『동북아 문화연구』 제16집(동북아시아 문화학회, 2008.9); 최재목 · 이태우 · 정다운, 「「凡父文庫」를 통해서 본 凡父 金鼎卨의 東洋學 지식의 범주」, 『儒學研究』 제18집(충남대학교 유학연구소, 2008. 12); 우기정, 「凡父 金鼎卨의 '國民倫理論' 構想 속의 '孝'」, 『동북아문화연구』 제19집(동북아시아 문화학회, 2009.6); 최재목 · 정다운 · 우기정, 「凡父 金鼎卨의 日本 遊學 · 行蹟에 대한 檢討」, 『일본문화연구』 제31집(동아시아일본학회, 2009.7); 凡父연구회, 『凡父 金鼎卨 研究』(경산: 대구프린팅, 2009); 최재목 · 정다운, 「凡父 金鼎卨의 『風流精神』에 대하여」, 『동북아 문화연구』 제20집(동북아시아 문화학회, 2009. 9).

후학들에 의해 편찬되어 80년대 이후 빛을 볼 수 있었다. 넷째, 김정설이 독재정권의 이데올로그로서 인식된 점 또한 김정설에 대한 연구를 가로막는 장애가 되었다. 김정설의 '국민윤리'·'국민운동' 등의 개념이 김정설 사후 정치적 목적으로 변용되는 과정에서 이러한 오해가 퍼지게 된 것이다.

김정설이 생전에 자신의 사상을 체계적으로 저술해서 발표하지는 않았지만, 현재까지 단편적으로 남아 있는 유고들을 통해 그의 사상을 엿볼 수 있다. 풍류도風流道, 국민윤리론, 동방학론東方學論, 음양론陰陽論, 정치철학론 등이 그의 사상을 대표한다고 하겠다. 이 중 전체적으로 그의 사상을 일관하면서 핵심을 이루는 근본 사상은 '풍류도'이다. 김정설의 '국민윤리론'의 저변에 깔려 있는 핵심 정신 역시 '풍류사상風流思想'이라 할 수 있다. 김정설은 풍류정신을 기반으로 삼고 동양적인 '효孝'를 가져와 확대시킴으로써 국가와 국민의 나아가야 할 바른 방향을 제시하고자 노력하였다.

김정설은 현대라는 시대적 대세를 진단하고, 인간의 위기를 구출하기 위한 방법을 모색하여 동방적 르네상스 운동을 제창하였다.4) 이것은 동방적 정신에 의한 인간건설을 모색하고자 한 취지라고 볼 수 있다. 특히 그는 해방 이후 혼란한 시대상황에 처해 있는 조국과

4) 김용구, 「凡父 김정설과 동방 르네상스」, 『한국사상과 시사』(불교춘추사, 2002), 260~290쪽 참조.

민족의 현실을 직관하여 거국·거족적 정신자각을 역설하였다. 그의 '국민윤리론'은 이러한 시기에 처해 있는 한국 국민에게 민족의 전통정신인 풍류정신에 기반을 둔 정신적 지침을 제공하고자 한 것이다.5)

김정설이 주장한 '국민윤리론'의 핵심과 성립, 그리고 확대에 대한 연구를 위해 이 책에서는 그의 사상 전체 속에 차지하는 국민윤리론의 위상을 살펴보고, 국민윤리의 개념과 기본 성격을 구명해 보고자 한다. 그리고 김정설의 국민윤리론과 이를 확대시킨 '정치철학론'이 당시 우리 사회에 어떠한 영향을 미쳤는지를 각각 「국민교육

---

5) 용어 그 자체만을 두고 보면 예전 각급 학교에서 사용하였던 '國民倫理'라는 교과목 명칭과 같은 의미로 오인할 수도 있다. 특히 박정희 정권기 후반 이후 이 명칭이 체제유지의 정당화를 위한 도구로 많이 사용되었다. 이것은 결과적으로 김정설의 사상 전체를 국수주의나 파시즘적 성향을 띤 것으로 오인하게 함으로써, 김정설의 의도와는 달리 김정설이라는 인물과 그의 사상을 심각하게 왜곡시킬 수 있는 문제점을 안고 있다. 이 점에 대해 정달현은 "凡父는 '國民倫理'라는 용어를 조어하여 '민족의 전통정신', '민족 구성원의 전통적 에토스'라는 의미로 개념 정의하였다. 그러나 이 '國民倫理'라는 개념은 박정희 정권기 후반 이후 민주화가 진전되기 이전까지 지배세력이 지배권력을 정당화하는 도구로 활용함으로써 凡父가 본래 의도한 것과는 다른 의미를 지니게 되었다"고 평가하고 있다.(정달현, 「한국 전통 사상의 현대적 구현: 凡父의 風流道론」, 『우리시대의 정치사회사상』, 영남대출판부, 2003, 365쪽 참조)
아마도 김정설은 초반기의 박정희 정권이 왜곡되어 갈 것을 충분히 예상하지 못했을 것이다. 더욱이 그는 그런 과정을 다 지켜보지 못한 채 작고한다. 김정설의 국민윤리는 박정희 정권기 후반 이후 민주화가 진전되기 이전, 국가와 민족을 위한 순수한 충정에서 구상되었다고 할 수 있다. 따라서 그 이후 전개되는 박정희 정권 후반기의 왜곡 건은 별도의 맥락에서 추후 다시 논의할 필요가 있다.

헌장國民敎育憲章」과 '새마을운동'을 통해 검토해 볼 것이다. 무엇보다 이 연구는 국민윤리라는 용어를 처음으로 조어造語[6]하여 사용한 김정설의 '국민윤리론' 내용을 살펴보는 것 외에, 그의 '국민윤리론'이 현대 한국인의 정신적 지표로서, 그리고 현대 한국의 시대정신으로서 여전히 그 의미를 지닐 수 있을 것인지를 성찰해 보는 데 그 의의가 있다.

이 연구의 수행을 통해 우리는 다음과 같은 몇 가지 성과를 기대할 수 있다.

첫째, 김정설에 의해서 제기된 '국민윤리'가 한국에서 어떻게 성립되었는지를 확인할 수 있을 것이다. 한국전쟁 후 국가 재건이라는 시대적 과제 속에서 김정설이 '국민윤리론'을 주창한 이유, 배경, 영향 등의 분석을 통해 1950년대 실시된 '도의교육道義敎育'과 어떠한

6) 진교훈은 「凡父 金鼎卨의 생애와 사상」에서 김정설이 부산 피난시절(1948)에 처음 '國民倫理'라는 말을 사용했다고 기술하였다.(진교훈, 「凡父 金鼎卨의 생애와 사상」, 『凡父 金鼎卨 연구』, 34쪽 참조) 그리고 이종후도 『花郎外史』의 「三刊序」에서 國民倫理特講이 1950년대 초반에 열린 일련의 강의라고 기술하고 있다. 그러나 황경식에 따르면, 우리나라에서 '국민윤리'라는 개념이 공식적으로 쓰이기 시작한 것은 1960년대 중반이며, 국민윤리라는 단어가 쓰이기 시작한 것은 1950년대 초반 김정설 선생의 「國民倫理特講」이라는 강연 제목에서 발견된다고 하였다.(황경식, 「서양윤리학의 수용과 그 영향」, 『철학연구 50년』, 이화여대 한국문화연구원 편, 혜안, 2003, 497쪽 참조) 그리고 김정설의 외손 김정근이 계림학숙 시절에 국민윤리라는 표현을 들어본 것 같다고 기술(김정근, 「金凡父를 찾아서」, 『凡父 金鼎卨 연구』, 50쪽 참조)한 것으로 보아 김정설이 1950년대 초반에 이미 국민윤리에 대해 구상하고, 강의나 담론 등에서 자주 언급했었던 것으로 추정된다.

차이가 있는지 살펴볼 것이다. 또한 김정설의 '국민윤리론'이 1970~1980년대 국민윤리 교과목 형성에 어떤 영향을 미쳤는지를 평가해 봄으로써, 당시 김정설의 '국민윤리론'이 가졌던 위치와 영향을 확인할 수 있을 것이다.

둘째, 김정설이 주장했던 '국민윤리론'과 '국민운동'이 당시 정권에서 추구했던 「국민교육헌장」과 '새마을운동'과 어떤 관련이 있는지를 살펴볼 것이다. 이를 위해 김정설의 「국민윤리특강」과 『정치철학특강政治哲學特講』[7]의 텍스트와 「국민교육헌장」 및 '새마을운동'의 이론서를 검토하여 양쪽의 사상을 비교·대조함으로써 김정설의 사상이 얼마만큼 유신정권에 수렴되고 변형되었는지, 또 그것이 어떠한 과정을 거쳐 이루어졌는지를 검토해 볼 것이다. 이러한 연구를 통해 ① 김정설 사상 및 말년 행적에 대해 재평가함과 동시에 ② 김정설의 '국민윤리론'과 '정치철학론'에 대한 심층적 이해가 가능할 것이다. 이와 같은 작업은 당시 사회 맥락 속에서 김정설의 사상적 의의를 찾아내 보려는 시도로서, 이제까지 미비했던 김정설의 '국민윤리론' 연구를 확대하는 발판이 될 것이다.

셋째, 김정설이 논의하였던 '국민윤리론'의 요체는 한국 국민의 전통적 에토스[8]를 찾아서 이를 천명함에 있다. 김정설은 한국 민족

---

7) 김정설, 『政治哲學特講－凡父遺稿』(대구: 以文出版社, 1986).

8) 김정설은 「國民倫理特講」에서 '에토스'라는 용어를 빈번하게 사용하고, 또 한국인의 에토스는 무엇인지를 검토한다. 그의 國民倫理論을 이해하는 데 이 '에

의 전통정신을 화랑정신花郎精神 혹은 풍류도風流道라고 천명하고, 멋과 조화調和의 정신이 그 요체라고 하였다. 그런데 김정설은 풍류도의 정신에서 나타난 여러 에토스 중 현대 한국인에게서 가장 잘 발로된 에토스가 효孝라고 하였다. 공간적 폐쇄성을 가지고 있는 효孝

토스'라는 용어의 의미가 중요한 역할을 한다. 에토스는 근대 일본어 번역 과정에서 '習慣'이라고 번역되어 사용되어 왔다.(石塚正英, 『哲學·思想飜譯語事典』, 論創社, 2004, 143쪽 참조) 김정설은 에토스를 각 민족의 혈맥 속에 녹아 있는 성격 혹은 경향으로 파악했으며, 외부의 것을 받아들일 때 이러한 에토스는 마치 거름장치처럼 작용하게 된다고 하였다. 그러므로 아무리 좋은 사상이나 문화도 받아들이는 민족의 에토스에 따라 왜곡될 수 있음을 지적했다. 더 자세한 '에토스'에 대한 설명은 아래에 있는 『철학대사전』(한국철학사상연구회, 동녘, 1992, 850쪽)을 참조.

에토스(ethos): 원래는 관례, 관습이라는 뜻. 도덕적 규범, 도덕적 理想 등을 총괄하는 말. 이 경우에 이러한 도덕적 규범, 도덕적 이상 등은 개인 및 사회집단, 계급, 사회 조직 등에 속하는 성원들의 태도 및 행위에 대한 주관적 동기나 내적인 척도로 작용하며, 사회진보를 이끄는 행위에서 구체적으로 지속 반복되어 표현된다.

그러므로 '에토스'라는 개념은 '도덕'(moral) 개념과 동일하지 않다. '에토스' 개념은 '도덕' 개념에 의해서 파악되는 사회생활의 이데올로기적인 여러 현상 중 특정한 부분만을 지시할 뿐이다. 에토스 개념이 도덕적 규범, 가치 평가 등과 관련되는 경우는, 다만 이들이 거대한 개인들의 집단에서 실제로 내적인 신념, 내부의 관념적 추진력이 '되어', 그만큼 사회적으로 의미 있는 행위로 '이어지고, 또 계속 이어져 나가는 경우', 더 나아가서는 광범위한 진보적인 인간 계층의 미래에 대한 관심사가 됨으로써 휴머니즘적인 의미를 갖게 된 역사적으로 진보 행위방식으로까지 이어지는 경우이다. 즉 '에토스' 개념을 사용할 때는 항상 역사적·비판적인 가치 평가까지 동시에 표현되는 것이다.

에토스는 실재 사회관계의 표현이다. 즉 에토스는 구체적·역사적으로 규정된 그때그때의 사회집단 내지 계급의 사회적인 위치와 과제를 나타내 줄 뿐 아니라, 이 위치와 과제를 조건으로 삼아 역사적인 진보에 대한 관심 속에서 제기되는 역사적인 과제를 해결하고자 하는 인간의 위대한 주체적인 힘과 마음의 준비, 책임감을 불러일으킬 수 있는 능력까지도 표현한다.

라는 에토스의 근거인 경애지심敬愛之心을 발전시켜, 효孝의 에토스가 지정적至情的 국가관과 결합하여 민족의 효孝까지 이르러 현대의 한국적 난국을 타개할 수 있는, 대조화大調和의 풍류도적 전통이 현대에 구현될 수 있을 것이라 보았다. 이러한 김정설의 사상에서 에토스를 검토해 봄으로써, 그가 생각했던 이상국가란 어떤 모습인지를 그려 볼 것이다. 더 나아가 그가 성찰하고 주장하였던 핵심 개념들이 근거가 되어 오늘에 맞는 새로운 한국적 에토스의 가능성을 탐색해 볼 수 있다면, 그것만으로도 그 가치가 충분하리라고 본다.

2. 연구의 범위 및 방법

김정설의 사상은 근래에 이르기까지 『화랑외사花郞外史』, 『풍류정신風流精神』, 『정치철학특강政治哲學特講』 등의 저술과 몇몇 단편들을 통해서 우리에게 알려져 왔다. 그러나 그의 사상에 대한 전모는 아직 제대로 밝혀지지 않았다. 최근에 와서야 그의 아우인 소설가 김동리金東里(1913~1995, 김정설의 막내 동생)[9]와 시인 서정주徐廷柱(1915~

9) 김동리의 문학사상과 관련하여 김정설을 다루고 있는 글로는 김춘준, 「花郞道와 風流精神」, 『한국문학연구』 第18輯(동국대학교 한국문학연구소, 1996); 김춘준, 「風流道의 이념과 문학에의 수용 양상」, 『한민족문화연구』 창간호(한민족문화학회, 1996); 김주현, 「김동리 문학사상의 연원으로서의 花郞」, 『語文學』 77호(한국어문학회, 2002); 김주현, 「김동리의 사상적 계보 연구」, 『語文學』 79

2000) 등의 문학 형성에 사상적으로 지대한 영향을 미친 인물로 조명을 받으면서 오히려 문학계에서 그의 삶과 사상에 관심을 확대하고 있는 실정이다.

김정설의 사상에 대한 연구가 그동안 부진했던 점은 그의 생애와 관련이 많다. 일제강점기에는 한용운韓龍雲(1879~1944), 최범술崔凡述(1904~1974) 등의 애국지사들과 독립운동을 펼치면서 옥고를 치르기도 했고, 해방 후에는 정치인(국회의원)과 교육자(鷄林學塾 학장)로 활동하기도 했으며, 1950~1960년대에는 국민계몽운동과 재건국민운동再建國民運動 등의 사회활동에도 활발히 참여하였다. 이것은 결국 안타까운 민족의 현실을 목격하면서 그가 학문 연구에만 매진할 수 없었던 이유이기도 했다. 따라서 대부분 강연 원고 형태로 쓰인 그의 저술들은 『화랑외사』를 제외하고는 그 생전에 출판되지 못하였고, 그의 사후에 후학들에 의해서 편찬된 것이 현재까지 남아 있는 김정설 저술의 전부이다.[10)]

이처럼 그의 사상을 엿볼 수 있는 자료가 한정되어 있었기에 그동안 그의 사상이 알려지거나 주목받을 수 없었으며, 따라서 그와 관련한 연구물들도 거의 없었다고 해도 과언이 아니다.[11)] 더욱이 그

號(한국어문학회, 2003) 등이 있다.

10) 사실 『화랑외사』는 김정설 손으로 직접 만들어진 것이 아니라 김정설의 이야기를 듣고 조진흠이 받아써서 만들어 낸 책이다. 김동리, 「백씨를 말함」, 『風流精神』(서울: 정음사, 1986) 참조.

가 만년에 군사정부에 관여한 점은 그에게 '유신정권의 이데올로그' 라는 의혹을 불러일으킴으로써, 그에 대한 연구와 평가를 주저하게 만들기도 했다.[12] 그러나 김정설이 사망한 1966년은 유신독재체제가 시작되기 이전이었고, 오히려 근대화에 박차를 가하던 시점이었음을 볼 때, 이제는 그에 대한 섣부른 판단과 선입견을 배제하고 그의 사상을 객관적으로 연구하고 평가해야 할 시점이라고 생각한다.

그의 '국민윤리론國民倫理論'은 1950년대 초반경에 행한 「국민윤리특강國民倫理特講」에서 제시된 것으로, 한국의 고유한 전통사상인 풍류정신과 화랑정신花郞精神을 바탕으로 하는 자각적 '국민윤리國民倫理' 형성 및 그 실천인 '국민운동國民運動' 촉구를 담고 있다. 따라서

---

11) 김정설의 방대했던 사상에 비해 그의 저작은 3편밖에 남아 있지 않다. 따라서 김정설에 대한 연구가 지속되기에는 1차 자료의 부족이라는 한계가 있었다고 할 수 있다. 진교훈은 "그(김정설)에 대한 전설적인 이야기가 많이 있지만, 아직 文跡을 찾지 못해서 이를 확증하기 어려워, 함부로 발표하기 어려운 아쉬움이 있습니다"(진교훈, 「凡父 김정설의 생애와 사상」, 『철학과 현실』 64호, 철학문화연구소, 2005.봄, 226쪽, 본문 참조)라고 그 어려움을 토로한 바 있다.

12) 그렇지만 유신정권의 독재성을 비판하여 가장 큰 희생을 치른 인물 중의 한 사람인 시인 김지하는 역설적으로 역사 속에 있던 김정설을 오늘에 되살리는 데 가장 큰 역할을 한 인물로 평가받고 있다. "(凡父는) 현대 한국 최고의 천재라고 생각한다. 사회주의와 자본주의 이후 제3의 휴머니즘으로 기존의 접근과 다르게 양자의 장점을 키우고 '한국학'에 추구하려 했기 때문이다. 제3의 휴머니즘은 미래 자본주의의 단점을 밀어내고 장점을 취합한 것으로 자기 체계를 가지고 있었다. 다만 그가 책을 많이 안 쓴 것이 아쉽지만 당시 전쟁 전이라 책을 내놓을 수가 없었고 그도 분주했다고 생각한다." 영남대학교 신문방송사, 「영남학과 영남대학」, 『영남대학교 개교 60주년 기념호』(영남대학교출판부, 2007), 16쪽; 최재목 外, 「凡父 金鼎卨 연구를 위한 예비的 고찰」, 『일본문화연구』 제24집(동아시아일본학회, 2007.10), 261~262쪽 참조.

본 연구는 김정설의 「국민윤리특강」과 『정치철학특강』의 텍스트를 중심으로 김정설의 기타 저작 및 김정설에 관해 그간 단편적으로 이루어진 기초 연구물[13]과 국민윤리론 연구[14] 등의 몇몇 연구 성과물들을 토대로 김정설의 사상을 더욱 체계적으로 이해하고 규명하는 방향으로 진행될 것이다.

이를 위한 구체적인 방법으로는 기본적으로 김정설의 저작을 중심으로 하되 관계된 2차 자료, 아울러 필요한 경우는 현지조사를 겸하였다. 그리고 1차 자료 부족의 한계를 보완하기 위해 김정설 말년(1950~1970) 당시의 신문기사 및 김정설의 영향을 받은 제자들의 저작들을 참고로 하여 김정설의 '국민윤리론'의 전반을 파악해 볼 것이다.

이러한 방법을 통해 이루어질 연구 내용은 다음과 같다.

첫째, 김정설의 생애에 대한 조사이다.

김정설에 관한 기존의 연구에서 밝혀진 그의 생애에 새로 확인

---

13) 진교훈, 「동방사상의 중흥조 '凡父 김정설'」, 『대중불교』 제113호(대원사, 1992. 4); 진교훈, 「凡父 김정설의 생애와 사상」, 『철학과 현실』 64호(철학문화연구소, 2005.봄); 최재목 外, 「凡父 金鼎卨 연구를 위한 예비적 고찰」, 『일본문화연구』 제24집(동아시아일본학회, 2007.10); 최재목 外, 「凡父文庫」를 통해서 본 凡父 金鼎卨의 東洋學 지식의 범주」, 『儒學研究』 제18집(충남대학교 유학연구소, 2008.12); 이종후, 「나의 求道의 길 1」, 『철학회지』 제1집(영남대 철학회, 1973.10); 김용구, 「凡父 김정설과 동방 르네상스」, 『한국사상과 시사』(불교춘추사, 2002) 참조.

14) 정달현, 「凡父의 國民倫理論」, 『현대와 종교』 10집(현대종교문제연구소, 1987) 참조.

된 자료를 덧붙여 김정설의 생애를 다섯 가지 면모로 구분하여 제시할 것이다. 김정설의 일생을 통해 ① 선지자先知者로서의 면모, ② 독립운동가, 애국지사로서의 면모, ③ 현실참여자로서의 면모, ④ 교육자로서의 면모, ⑤ 전통적 멋의 소유자로서의 면모라는 다섯 가지 키워드를 찾아내고 '국민윤리론' 형성의 근거가 되는 그의 생애를 더욱 풍부하고 다각적으로 살펴볼 것이다.

둘째, 김정설이 '국민윤리론'을 구상한 성립배경에 대한 조사이다.

'국민윤리론' 구상의 성립배경을 당시 시대상과 연관해서 찾아보고 '국민윤리론'의 핵심 사상을 '효孝'와 관련해서 검토하고자 한다. 이를 위해 먼저 한국 전통사회의 '효孝'와 일본의 '도의道義' 개념의 한국 유입에 대해 조사하고, 이것이 1950년대 한국 내 '도의교육道義教育' 형성 및 김정설의 '국민윤리론'과 어떠한 연관이 있는지에 대해 논의하고자 한다. 그리고 '효孝'라는 개념이 정치적으로 어떻게 이용되었는지를 살펴보고 이를 김정설의 '효孝'와 비교·대조해 볼 것이다.

셋째, 김정설 '국민윤리론'의 내용과 특징에 대한 조사이다.

김정설의 저술에 나타난 '국민윤리론'에 관한 모든 자료를 조사하여 그가 생각한 '국민윤리론'의 내용과 범위를 확정지을 것이다. 1차 자료의 부족이라는 맹점을 보완하기 위해, 김정설의 단편 글을 모아 편찬한 『범부凡父 김정설金鼎卨 단편선』[15]과 『정치철학특강』[16]

15) 최재목·정다운 엮음, 『凡父 金鼎卨 단편선』(서울: 도서출판 선인), 2009.

을 보조 텍스트로 삼고 '국민윤리론'의 토대를 살펴보고자 한다. 그 특징을 ① 민족적 에토스의 확립, ② 국가주의를 넘어서 보편애의 확보, ③ 신라정신新羅精神의 적극적인 평가로 구분하여 살펴볼 것이다. 그 뒤, 김정설 '국민윤리론'의 핵심 정신을 「국민윤리헌장」과 비교하여 살펴보고자 한다.

넷째, 김정설 '국민윤리론'의 확대로서 '정치철학론政治哲學論'에 대한 조사이다.

김정설 '국민윤리론'의 확대로서 그 모습을 나타낸 '정치철학론'의 핵심 내용을 파악하고, 김정설의 사상이 60년대 초에 전국적으로 확대・실시된 '재건국민운동'과 '새마을운동' 등의 현실 정치에 어떠한 영향을 끼쳤는지를 검토해 볼 것이다. 이를 위해 김정설의 『정치철학특강』 텍스트를 분석함과 함께 5·16쿠데타 직후 결성된 국가최고의결기구인 '국가재건최고회의國家再建最高會議' 자료, '재건국민운동본부'에서 발행한 자료, 새마을운동 관련 책자들을 수집・정리・분석하여 활용할 것이다. 덧붙여 1960~1970년대의 신문기사를 적극 활용하여 당시 사회의 흐름 속에서 김정설 사상이 어떻게 받아들여지고 수용되었는지를 살펴볼 것이다.

다섯째, '국민윤리'의 변질과 김정설 사상의 단절에 관한 조사이다.

'국민윤리'가 제대로 정착하지 못하고 정치적으로 변용됨으로써

---

16) 김정설, 『政治哲學特講－凡父遺稿』(대구: 이문출판사), 1986.

국민에게 외면당하고 비판받게 된 까닭을 김정설의 '에토스론'을 중심으로 설명해 볼 것이다. 이를 통해 「국민교육헌장」의 결과로 그 본질이 흐려진 '국민윤리'와 정치적으로 이용된 '화랑花郞'·'효孝'의 개념이 국민에게 내면화되지 못하고 오히려 부정의 대상이 된 원인을 검토해 볼 것이다. 그리고 김정설 사후 그의 사상이 단절된 원인을 개인적·사회적 이유로 정리해 보고 김정설 사상이 현대에 와서 다시 요청되는 까닭이 무엇인지 살펴볼 것이다.

제2장

생애와 국민윤리론 형성

이 장에서는 김정설에 관한 기존의 연구에서 밝혀진 그의 생애[1]를 보완・수정하여 연도별로 제시하고 이것을 다시 다섯 가지 특징적인 면모(선지자, 독립운동가, 애국지사, 현실참여자, 교육자, 전통적 멋의 소유자)로 나누어 살펴보고자 한다.

1. 생애

이제까지 김정설의 생애는 정확한 물증이나 근거자료가 없이 그의 가족이나 후학들에 의한 증언에만 의지해 왔다. 이에 따른 문제

---

1) 이제까지 발표된 글 중 김정설의 생애에 관련해 비교적 구체적으로 제시된 것은 다음과 같다.
오종식, 「잊을 수 없는 사람－뒤에서 감싸준 金凡父형」, 『신동아』(1972.12); 김동리, 「백씨를 말하다」, 『風流精神』(서울: 정음사, 1986); 김필곤, 「凡父의 風流精神과 茶道 思想」, 『茶心』 창간호(1993.봄); 이종후, 「凡父선생과의 만남」, 『茶心』 창간호(1993.봄); 진교훈, 「동방사상의 중흥조 '凡父 김정설'」, 『대중불교』 제113호(1992.4); ______, 「凡父 金鼎卨의 생애와 사상」, 『철학과 현실』 64호(철학문화연구소, 2005.봄); _____, 「凡父 김정설의 생애와 사상」, 『金凡父 선생과 경주문학』(동리목월문학 심포지움 자료집, 2009); 최재목・이태우・정다운, 「凡父 金鼎卨 연구를 위한 예비적 고찰」, 『일본문화연구』 제24집(동아시아일본학회, 2007.10); 최재목・정다운・우기정, 「凡父 金鼎卨의 日本 遊學・行蹟에 대한 檢討」, 『일본문화연구』 31(동아시아일본학회, 2009.7); 김정근, 「金凡父를 찾아서」, 『金凡父 선생과 경주문학』(동리목월문학 심포지움 자료집, 2009); 이완재, 「凡父 선생과 동방사상」, 『金凡父 선생과 경주문학』(동리목월문학 심포지움자료집, 2009); _____, '유헌 선생님 회고담'; http://cafe.naver.com/daemek.cafe?iframe_url=/ArticleRead.nhn%3Farticleid=640.(검색일: 2009.12.11)

점은 이미 기존의 범부 김정설 연구에서 지속적으로 지적되어 왔다.

지금 김정설이 세상을 떠난 지 약 반세기 가까운 세월이 흘렀지만, 불행스럽게도 그의 생전에 혹은 사후에도, 그의 업적들이 체계적인 정리 작업을 거치지 못해 고스란히 방치되어 있다. 문집 및 자료집 간행도 누구하나 손을 대지 않고 있다. 현재 남아 있는 자료의 대부분은 그의 문하생들이 정리한 '강의'를 필기한 것이지만, 강의 내용 또한 대부분 산일되어 버렸거나 어떤 내용들은 문하생들의 저작 속에 흡수되어 있어 어디까지 범부의 것이고 어디까지 문하생의 것인지 알 수도 없는 상황이다. 이것은 그의 학술·사상에서 그친 것이 아니며, 생애 또한 대부분이 추정으로 남아 있고 철저히 고증을 거치지 못해 연구에 장애와 한계를 보여 주고 있다. 물론 범부 스스로 공자의 술이부작述而不作의 정신을 실천했다고 말하는 경우도 있다. 그러나 범부의 인생철학을 음미하기 전에 우리는 후학으로서 범부의 사상세계를 체계적으로 재현하기 위해서 우선 그의 저작 및 유품을 성실하게 수집하고 정리할 필요가 있다.

다행히도 가족, 친인척, 그리고 생존해 있는 문하생들은 기억을 더듬어 구술을 하거나 또는 소장한 자료를 제공해 줌으로써 범부의 생애, 그의 학문 내용, 특질에 대한 윤곽을 잡는 데 큰 힘이 되고 있다. 아마도 우리 연구회에서 미처 파악하지 못한 분들 가운데서도 범부를 기억하거나 그의 자료를 소장한 분들이 있을 것으로 안다. 문제는 범부와 직접 관련을 맺어 그를 기억하는 분들의 숫자가 차츰 줄어들고 있다는 데 있다. 대체로 고인이 된 문하생들의 저술 속에는 범부에 대한 회고나 사상적 영향 관계에 대한 기술이 있다. 하지만 그분들의 충분한 구술 증언, 그분들이 가지고 있는 범부의 강의노트, 사진 등의 자료를 확보할 수 없어 참으로 안타깝다. 더욱이 안타까운 것은 현재 생존해 있는 범부 문하생들도 연세 때문에 기억력에 한계가 있어 회고나 구술 증언을 확보하는 것도 촌각을 다투어야 할 실정이다.[2)]

2000년도에 들어서 그동안 몇몇의 학자들은 이러한 문제점을 보안하기 위해 김정설에 대한 재조명을 시도하였다.[3)] 이러한 성과에

---

2) 崔在穆, 「凡父 金鼎卨 硏究를 위하여－『凡父 金鼎卨 硏究』 刊行에 즈음하여」, 『凡父 金鼎卨 硏究』(경산: 대구프린팅, 2009), i～ii쪽.

3) 최근에 개최된 김정설 관련 학술행사 자료집의 목차를 통해 그동안의 김정설 연구의 진행상황을 알 수 있다.

2009년 4월	4회 동리목월문학제의 일환으로 「金凡父 선생과 경주 문학」이라는 주제로 凡父 사상을 再照明하는 학술 심포지움 열림. 목차는 다음과 같다. · 이완재, 「凡父 선생과 동방사상」 · 진교훈, 「凡父 김정설의 생애와 사상」 · 김정근, 「金凡父를 찾아서」 · 김정숙, 「金凡父와 다솔사의 문인들」 · 손진은, 「金凡父와 서정주」
2009년 6월	영남대학교의 최재목·이태우·정다운·우기정을 중심으로 '凡父연구회'(가칭, 회장 최재목) 결성. 범부연구회가 주체가 되어 대구CC에서 〈제1회 凡父 김정설 연구 세미나〉 개최.(2009.6. 6) 목차는 다음과 같다. · 李完栽, 「凡父 선생과 동방사상」(『제4회 동리목월문학제－金凡父 선생과 경주문학』 심포지움 자료집, [(사)동리목월기념사업회, 2009.4.24]에서 발표한 「凡父 선생과 동방사상」을 보완하여 발표)

힘입어 본 서에서는 기존의 김정설 연보를 보다 상세히 수정・보완할 수 있었다. 김정설의 출생부터 사망까지 행적을 제시하면 다음과 같다.[4)]

	·金正根, 「金凡父를 찾아서」(『제4회 동리목월문학제－金凡父 선생과 경주문학』 심포지움 자료집, [(사)동리목월기념사업회, 2009.4.24]에서 발표한 「金凡父를 찾아서」를 보완하여 발표)
2009년 10월	凡父연구회(회장 최재목)가 영남대 법학전문도서관 2층 영상회의실에서 〈제2회 凡父 김정설 연구 세미나〉 개최.(2009.10.24~25) 목차는 다음과 같다. ・최재목, 「凡父 연구의 방향과 과제, 방법론」 ・진교훈, 「凡父의 미발굴 자료 소개」 ・이완재, 「凡父의 정신세계」 ・김정근, 「凡父의 家系와 가족관계」 ・慧耘, 「多率寺와 3범(凡父, 凡述, 梵山)」 ・秋田, 「金凡父 大茶人을 탐구하며」 ・신주백, 「근대기 東洋·東方 개념성립의 의미」 ・김영수, 「근대기 한국정치사에 있어 國民倫理 담론」 ・김석근, 「신라정신의 '闡明'과 그 정치적 함의－언제, 누가, 그리고 왜」 ・이용주, 「凡父 사상체계와 전통론의 의의」 ・박맹수, 「凡父 金鼎卨의 東學觀」 ・손진은, 「金凡父와 金東里, 그리고 徐廷柱의 상관관계」 ・정다운, 「凡父 金鼎卨의 『風流精神』에 대한 검토」 ・우기정, 「凡父 金鼎卨의 '國民倫理特講' 構想 속의 孝」

4) 아래의 내용은 김정설의 외손자인 김정근 부산대학교 명예교수가 작성하여 〈동리목월 심포지움〉(2009.4.24) 자료집에 수록한 것을 토대로 수정・보완한 것이다.

1897년 (1세) 2월 18일 범부凡父 김정설金鼎卨(일명 金基鳳)은 당시 경주부慶州府 북부리北部里에서 태어났다. 본적은 경주군 경주읍 성건리城乾里 186번지(1953년 주소는 경주읍 校里 59번지)로 되어 있다. 선산김씨善山金氏 집안이었으며, 점필재佔畢齋 김종직金宗直의 15대손이다. 아버지 임수壬守, 어머니 김해허씨金海許氏의 장남이다. 문헌에는 아버지 이름이 덕수德守라고 나오는 데도 있다. 같은 부모에게서 소설가 김동리가 태어났다. 김정설의 집안에서는 어머니 김해허씨의 명석한 두뇌와 뛰어난 판단력이 전설처럼 전해져 내려오고 있다.

1900년 (4세) 4세부터 13세까지 김계사金桂史 문하에서 한문칠서漢文七書 등을 공부했다.

1910년 (14세) 한일합방

1911년 (15세) 경주김씨 옥분玉紛과 결혼했다.

1912년 (16세) 병약한 몸이었지만 일제에 항거하기 위한 창의倡義를 시도했다. 그것에 뜻을 이루지 못하자 경주 남문에 격문을 붙이고 산사에 들어가 초막에서 『월남망국사越南亡國史』를 읽고 여러 가지 병서兵書를 탐독했다.

1915년 (19세) 육영사업 기관인 백산상회白山商會의 기미육영회己未育英會 장학생으로 일본에 건너갔다. 거기서 경도제대, 동경제대, 동양대학, 동경외국어대학 등에서 청강하고 일본의 학자들과 교유했다. 일본에 6년간 머물렀다고 전해지나 일본에서 더 배울 것이 없다고 일찍 돌아왔다는 이야기도 있다.

1920년 (24세) 계림대학장 취임시 본인 이력서에는 2월 동양대학 철학과 졸업으로 기재되어 있으나 확인이 불가하다.

1921년 (25세) 일본에서 귀국하여 동국대학교의 전신인 불교중앙학림佛敎中央學林에서 강의를 하였다. 그 후 병을 얻어 부산에서 칩거하며 경사자집經史子集과 성리학性理學 계통을 공부하였다.

1924년 (28세) YMCA 강당에서 임마누엘 칸트 탄신 200주년 기념강연을 하였다.

1927년 (31세) 경남 양산 사직당에서 양산청년회에서 개최한 조선사강좌에서 4일간(8.26~8.29) 청강생들과 합숙하며 조선사와 관련된 강의를 연속으로 행하였다. 『동아일보』 1927년 9월 7일자 4면에 보도되었다.

1933년 (37세) 서울 종로 안국동 40번지에 있는 선학원禪學院(1921년 10월 4일 상량식)에 일시 머무른다. 당시 선학원은 일제의

1933년 (37세) 사찰 장악 정책에 대항하기 위해 세운 민족불교운동의 거점이다.

1934년 (38세) 승려 최범술崔凡述의 주선으로 사천 다솔사多率寺에 머물기 시작했다. 이때 일본 천태종 비예산문 이하比叡山門 대승직자大僧職者들과 대학교수단 40여 명을 대상으로 청담파淸談派의 현리사상玄理思想를 1주일간 강의하였다. 그러나 『다심茶心』 창간기념호의 이종후 회고 글에는 1941년경 일본의 선종계 스님들과 불교대학교수들이 내방하여 이들을 상대로 "중국 위진시대의 현담파玄談派와 격의불교格義佛敎"라는 제목의 학술 강연을 행한 것으로 기술되어 있다.

1941년 (45세) 다솔사에서 해인사 사건으로 일제에 피검되어 1년간 옥고를 치렀다. 효당 최범술과 함께 경남도경 유치장에 수감되었다.

1945년 (49세) 광복을 맞이했다. 동래 경찰서 동네 집에서 일제 패망의 소식을 듣고 너무 기쁜 나머지 미친 사람처럼 고함을 지르며 큰 길을 마구 달렸다. 곧이어 부산에서 곽상훈 · 김법린 · 박희창 · 오종식 · 이시목 · 이기주 등 여러 사람과 더불어 〈일오구락부一五俱樂部〉를 조직하여 건국방책에 대한 연속 강좌를 열었다.

1948년 (52세) 서울에서 〈경세학회經世學會〉를 조직하고 건국이념을 연구하는 한편 일련의 강좌를 열었다. 그해 겨울에 첫 저술이 될 『화랑외사花郎外史』를 구술하였다. 제자였던 시인 조진흠이 파괴된 명동의 한 구석에서 추위에 손을 불면서 구술을 받아 적어 원고를 만들었다. 조진흠은 그 뒤 한국전쟁 때 행방불명되었고, 결국 원고는 출판되지 못하였다.

1950년 (54세) 5월 30일 부산 동래구에서 무소속으로 출마하여 2대 민의원民議員(국회의원)으로 당선되었다. 이후 4년간 민의원직을 수행했다. 6월 22일 무소속 국회의원 모임 '자유구락부'를 결성하였다.

1953년 (57세) 3월 2일 재단법인 문파교육재단汶坡教育財團 이사에 취임하였다.

1954년 (58세) 원고뭉치 상태로 보관되어 오던 『화랑외사』가 출판의 기회를 얻었다. 당시 해군정훈감으로 있던 해군대령 김건金鍵의 주선으로 해군본부정훈감실 간행으로 햇빛을 보게 되었다. 당시에는 한국전쟁 직후 국군장병의 사상무장을 위한 교재로 출간되었다. 초간본에는 김건 대령의 서문이 맨 앞에 실려 있다. 「역사와 폭력」을 새벽사에서 펴내는 『새벽』, 송년호(1954.12)에 발표했다.

1955년 (59세) 경주 계림대학장(문파교육재단)에 취임했다. 김정설이 강의한 교과목은 「역사철학」, 「문화사」, 「윤리학사」, 「정치학」, 「한국정치사」 등이었으며, 1957년 재정난으로 대구대학교(현 영남대학교)와 통합되었다.

1958년 (62세) 건국대학교에서 정치철학 강좌를 담당했다. 이와 동시에 같은 대학에 부설된 〈동방사상연구소〉 소장으로 취임했다. 건국대학교 유석창劉錫昶 이사장의 초청이 있었다. 연구소는 건국대학교 낙원동 캠퍼스에 있었다. 이 시기에 역학과 오행사상五行思想의 대의大義를 3년 동안 강설했다. 이때 강의를 들은 사람은 오종식・이대위・이종익・이종규・황산덕・이항녕・이종후・신소송 등 교수와 학자 수십 명이었다.

1959년 (63세) 「경전經典의 현대적 의의 : 병든 현대는 동방의 빛을 구하라」라는 짧은 글을 서울대학교의 『대학신문』 1959년 10월 26일자 지면에 발표했다.

1960년 (64세) 「풍류정신風流精神과 신라문화」를 한국사상강좌편찬위원회가 엮고 고려문화사가 간행한 『한국사상韓國思想』, 강좌 3(1960.4)에 발표했다. 「최제우론崔濟愚論」을 국제문화연구소가 동학창도백주년기념 특집으로 펴낸 『세계』 2(1960.5), 227～240쪽에 발표했다. 7월에 열린 총선거에 입후보

하였으나 당선되지는 못하였다.

1961년 (65세) 11월 11일 〈재건국민운동 중앙위원회〉 50인에 위촉되어 국민교육분과위원으로 참여하였다. 「방인邦人의 국가관과 화랑정신」을 국가재건최고회의가 펴내는 『최고회의보』(1961), 132~135쪽에 발표했다.

1962년 (66세) 1월에서 7월까지 부산 동래에 칩거했다. 부산대학교에서 정치철학 강좌를 열었다. 이때 "건국정치建國政治의 이념"라는 제목으로 정치철학적인 논저를 저술했다. 결과물은 출판의 기회를 얻지 못하고 원고 상태로 보관되었다. 9월부터 서울의 동양의약대학에서 동방사상東方思想 강좌를 열었다. 이 강좌는 학장인 이종규 박사의 초청에 의한 것이었으며, 내용과 참여자는 이전의 〈동방사상연구소〉 때와 연속성이 있었다.

1963년 (67세) 5·16쿠데타 세력의 외곽 단체인 〈오월동지회〉 부회장에 취임했다. 이 단체의 회장은 박정희 최고회의 의장이었다. 박정희 의장이 대통령이 된 뒤에는 정치 자문을 위해 자주 청와대를 출입했다.

1964년 (68세) 「동방문화東方文化의 유형에 대하여」를 광주사범대학 학도호국단이 펴내는 『서광瑞光』(1964.7)에 발표했다.

1965년 (69세) 「우리는 경세가經世家를 대망待望한다」를 정경연구소가 펴내는 『정경연구』 1(1965.6), 9~14쪽에 발표했다.

1966년 (70세) 서대문 소재 적십자병원에서 세상을 떠났다. 병명은 간암이었다. 영결식은 조계사에서 있었으며, 이때 제자였던 시인 서정주는 조시 「신라의 제주祭主 가시나니 : 곡哭 범부 김정설 선생」을 지어 와 울면서 읽었다. 장지는 수유리 독립유공자 묘역이었다.

2. 국민윤리론 형성

위에서 살펴본 김정설의 생애는 그동안의 필드워크와 증언들로 자세하게 밝혀진 것으로 우리는 그동안 잘못 알려지거나 혹은 알려지지 않은 부분을 보완하는 성과를 얻을 수 있었다. 본서에서는 이러한 김정설의 생애를 발판으로 삼아 보다 다각적인 측면에서 그의 생애를 조명해 보고자 한다. 즉 시기에 따른 김정설의 활동을 중심으로 그의 다양한 면모를 고찰하고자 하는 것이다.

김정설은 여러 가지 모습을 동시에 지니고 있기 때문에 엄밀한 구분은 힘드나 대략적으로 선지자, 독립운동가, 현실참여자, 교육자, 전통적 멋의 소유자로 나눠서 각각의 면모를 대략적으로나마 살펴보도록 하겠다.

1) 선지자

미당 서정주에 의해 "하늘 아래 제일로 밝던 머리"[5]라고 예찬되던 김정설은 그의 천재성에 대한 숱한 일화를 가지고 있다. 그러나 정확한 기록이 남아 있지 않아 전설처럼 회자되기 일쑤였으며, 지금까지 밝혀진 정보들도 정확한 고증을 거치지 않은 심증과 구술에 의존한다는 단점을 안고 있다.

『풍류정신風流精神』의 「앞머리」에 김정설의 막내 동생 김동리는 김정설을 백씨伯氏라 칭하며 그가 들은 전설적인 이야기를 적고 있다.

---

5) 서정주, 「신라의 祭主 가시나니」, 『花郎外史(재판)』(서울: 삼화인쇄주식회사, 1967), 3쪽 원문은 다음과 같다.

「新羅의 祭主 가시나니－哭 凡父 金鼎卨 先生」

하늘 밑에서는 제일로 밝던 머리 / 쫓기어 헤매다가 말도 없이 가는 머리. / 學費 없어 退學맞아 서성이다 殞命하는 小學校 一等生의 入棺을 보는 듯 설웁습니다. / 先生님! //

한밤중 들으시던 땅속의 부흥이 소리 인제는 그만 우리에게 다 맡기시고 / 하늘에선 路資 없이도 댕기시리니 그 다 말 못하시고 간 講義 날마다 하시러 내려오시옵소서. //

열아홉 살 때 太宗武烈王陵에서 품에 品이셨던 匕首, / 그때 마련하셨던 新羅의 祭祀 그릇, 거기 담으셨던 陵앞 湖水던 렵 풀 나물, / 二月 陵 앞던 山茱萸 향기, 인제는 두루 우리에게 맡기시고 新羅의 大祭主이시여 / 마음놓으시고 하늘에 드시옵소서. //

옛날 四天王寺 앞 길에서 月明이 한밤에 불던 피리, / 先生님이 이어 받아 부시던 피리, 인제는 그것도 우리에게 주옵소서. / 거기 先生님의 마음을 받아 담아 우리 길이 불고 따라 가오리니……

이 밖에 내가 백씨에 대해서 남에게 들은 것은 열두 살에 사서삼경을 떼었다고들 했고, 열 살쯤 되었을 때부터 신동으로 온 고을에 알려졌다고 하고, 평생 동안 도장이란 것을 몸에 지니고 다닌 적이 없었다 하고, 칸트 탄신 이백주기(1924) 기념으로 서울 YMCA강당에서 칸트철학에 대한 강연을 가졌던 것이 스물여덟 살의 청년 때였다는 것이다. 이 밖에도 백씨에 대한 전설적인 이야기는 너무나 많지만 생략하기로 한다.[6]

김동리는 자신의 회고록에서 김정설에 대해 다음과 같이 기술하기도 하였다.

내가 이러한 반신적半神的 인간이 지상 어디에 반드시 있을 것이라고 믿게 된 계기는 이 밖에도 또 한 가지가 있었다. 그것은 내 백씨(凡父선생)였다. 나는 백씨가 지상에 있었던 두드러진 천재의 한 사람이라고 믿고 있다. 그에게 만약 그의 천재를 뒷받침할 만한 건강과 의지와 그리고 기회가 주어졌던들 공자나 기독에 준하는 일이라도 할 수 있지 않았을까 생각한다.[7]

또한 김정설의 막내사위인 진교훈秦敎勳은 「범부 김정설의 생애

---

6) 김동리, 「백씨를 말하다」, 『風流精神』(서울: 정음사, 1986), 4쪽.

7) 김동리, 『김동리 전집 8－나를 찾아서』(서울: 민음사, 1997), 421쪽.

와 사상」에서 김정설이 천리대학天理大學 교수들에게 학생의 신분으로 강의를 하였다는 전설적인 이야기를 적고 있다.

> 그분은 스물여덟 살 때(1924) 칸트 탄신 200주년을 맞이하여 서울 YMCA강당에서 기념강연을 하신 바 있고, 일본의 천리대天理大에서 교수들에게 불교에 관한 특강을 했다든가, 그에 대한 전설적인 이야기가 많이 있지만, 아직 문적文跡을 찾지 못해서 이를 확증하기 어려워, 함부로 발표하기 어려운 아쉬움이 있습니다.[8)]

이와 같은 증언에서 보듯이 김정설은 유년기부터 그 천재성을 인정받았으며, 특유의 비상한 머리로 동양 철학은 물론 서양 철학까지 폭넓은 지식을 습득했음을 알 수 있다. 김정설이 이렇듯 서양 철학까지 섭렵하게 된 배경에는 백산상회白山商會[9)] 1회 장학생으로 일본으로 유학을 가 동양대학·동경대학·경도대학 등에서 동서비교철학 등을 공부한 이력이 크게 작용한다.

---

8) 진교훈, 「凡父 김정설의 생애와 사상」, 『철학과 현실』 64호(철학문화연구소, 2005.봄), 226쪽 참조.

9) 백산상회는 1914년 白山 안희제가 부산 동광동에 설립한 민족기업이었다. 1919년 11월 부산에서 백산상회 주주들과 영남 지역 지주들이 중심이 되어 '장차 독립운동을 위한 인재양성'을 위하여 우수한 청년들을 선발하여 국내 및 해외로 유학시키기 위해 장학재단인 '己未育英會'가 조직되었다. 己未育英會를 통하여 양성된 인재로는 초대 문교부장관 안호상, 국문학자 이극로, 신성모, 전진한 등이 있다.

그러나 김정설에 대한 회고들은 정확한 근거 없이 구술로 이어져 온 것이 대부분이기 때문에 이것만으로 연보를 구성하기에는 100% 신뢰하지 못한다는 단점이 있었다. 「범부 김정설의 일본 유학遊學·행적에 대한 검토」[10]는 이에 대한 문제의식을 갖고 김정설의 유학·행적을 재구성한 논문으로 이제까지 김정설의 약력으로 알려졌던 '동양대학 철학과 졸업'이라는 오류를 바로잡았다. 김정설이 동양대학에서 공부를 하였다 하더라도 그것은 정규생 입학이 아니라 청강생의 신분으로 머물렀을 가능성이 더 높다.[11]

선생의 이와 같은 깊은 학식은 어느 스승에게 배운 것이 아니라 그의 천재적 소질로서 자득自得한 것이다. 그는 이미 12세 때에 의병의 격문檄文을 초草할 정도로 조숙하였으며 일제 때에 친일하는 속인들과 사귀기가 싫어서 수석水石을 따라 승지勝地를 섭렵하고 심산명찰深山名刹에 은둔하여 학문과 수양에 전념하였다. 그는 공부해서 알았다기보다는 그의 선천적 예지의 힘으로 진리를 깨달았다.

그의 학문이 어느 정도 진전하자 좀 더 많이 배우고자 일본의 경도대학 철학과에 청강하러 갔다가 배울 것이 없다고 하여 다시 귀국하여 산간에서 홀로 연학研學에 정진하였다. 내가 범부선생의 명성을

10) 최재목·정다운·우기정, 「凡父 金鼎卨의 日本 遊學·行蹟에 대한 檢討」, 『일본문화연구』 31(동아시아일본학회, 2009.7), 449~468쪽 참조.

11) 최재목·정다운·우기정, 「凡父 金鼎卨의 日本 遊學·行蹟에 대한 檢討」, 『일본문화연구』 31(동아시아일본학회, 2009.7), 459쪽 참조.

듣기는 해방 전에 하동군청河東郡廳에 있을 때였다.[12]

이항녕의 증언을 참고하면 김정설은 장학생으로 유학을 갔지만 스스로 진학을 포기하고 돌아왔다고 한다. 오종식도 김정설의 유학에 대해 "일본으로 유학留學보다는 유학遊學으로 나섰다. 동경 경도에 유留하면서 대학의 철학강의를 들어보았으나 자기를 계도啓導할 만한 것이 없었다고 했다"라고 회상하였다.[13]

이상에서 확인한 바와 같이 김정설의 비상함은 일면 전설적으로 회자되어 온 것 같지만 일관성 있게 기술되는 것을 알 수 있다. 그리고 독립운동을 하다가 피검된 사실[14] 등의 일화는 지식의 습득뿐만 아니라 실천에도 깊은 의지가 있었음을 알 수 있다. 1950년대 국민윤리國民倫理를 주창하고 우리 국가와 민족의 앞길을 모색했던 것 역시 선지자로서의 책임감과 소명의식에서 출발했음을 짐작해 볼 수 있다. 이런 점에서 김정설을 자신이 지닌 지적 재능을 한국의 앞길을 위해 사용할 줄 아는 선지자였다 할 수 있을 것이다.

---

12) 李恒寧, 「現代를 산 國仙－金凡父의 人間과 思想」, 『경향신문』, 1966년 12월 17일, 5면.

13) 吳宗植, 「잊을 수 없는 사람－뒷전에서 감싸는 金凡父 형」, 『신동아』 12(동아일보사, 1972), 216쪽.

14) 구체적인 내용은 본 서 제2장 2-2) 참조.

2) 독립운동가, 애국지사

김정설이 14세 되던 해 우리나라는 일본에 의해 강제적으로 합방이 되었다. 김정설은 어린 시절부터 이러한 현실을 인식하고 나라를 위해서 무엇을 할 수 있는지를 고민했다.

> 1912년(16세) : 병약한 몸이었지만 일제에 항거하기 위한 창의倡義를 시도했다. 그것에 뜻을 이루지 못하자 경주 남문에 격문을 붙이고 산사에 들어가 초막에서 『월남망국사越南亡國史』를 읽고 여러 가지 병서를 탐독했다.[15]

이렇듯 어릴 적부터 나라를 걱정하는 마음이 남달랐던 김정설이 성인이 되고 난 후 독립운동을 한 것은 어떻게 보면 당연한 결과일지도 모른다. 김정설은 일본 유학을 접고 돌아온 후 최범술崔凡述(1904~1979, 曉堂)[16]의 주선으로 해인사海印寺, 다솔사多率寺[17] 등에 머물면

---

15) 김정근, 「金凡父를 찾아서」, 『凡父 金鼎卨 硏究』(경산: 대구프린팅, 2009), 58쪽.

16) 효당 최범술. 승려이자, 3·1운동 때는 영남 지방에 독립선언서를 배포했고 훗날 비밀결사인 만당을 조직한 독립운동가이자, 제헌국회의원으로 활동한 정치가, 국민대학을 창설한 교육자, 다도인이다.
1904년에 다솔사 앞마을에서 태어난 최범술은 곤양보통학교를 졸업한 다음 해인 16년에 다솔사로 출가한다. 그는 승려 신분으로 일본에 유학하여 대정대학에서 불교학을 공부하고, 국내로 돌아와서는 박렬의 일본천황 암살 계획을 돕고자 상해로 건너가 폭탄을 운반한다. 이 때문에 8개월 동안 옥고를 치렀는데, 단재 신채호의 유고를 간행해 또 한 차례 고초를 겪는다. 그 뒤 만해 한용운의

서 당시 독립운동가들과 교류했다. 특히 김정설이 오랜 시간 거처했던 다솔사는 김동리 소설 「등신불」의 배경이 되는 곳[18]이자 한용운과 최범술이 이끈 불교 내 독립운동 단체인 만당卍黨의 근거지가 된 곳이다.[19] 김정설은 이곳에서 독립운동을 하다가 두 번 피검된다.

제자가 되었으며 해방 뒤에는 해인사 주지를 지내는 등 다양한 경력과 일화를 남기면서 60년 그의 나이 56세를 분기점으로 하여 79년 입적 때까지 다솔사 조실로 주석하면서 자신의 여생을 차로 회향한다. 최정설은 최범술의 주선으로 다솔사에 운거한다.

17) 경상남도 사천시 곤명면 용산리 봉명산(와룡산) 동남쪽 기슭에 있는 절로 대한불교조계종 제13교구 본사인 쌍계사의 말사이다. 503년(신라 지증왕 4) 緣起祖師가 개창하면서 靈岳寺라 했다. 636년(선덕여왕 5) 慈藏이 사우 2동을 짓고 陀率寺로, 다시 義湘이 676년(문무왕 16)에 靈鳳寺로 고친 것을 신라 말기 道詵이 불당 4동을 증축하면서 다솔사라 불렀다고 한다. 고려 공민왕 때 나옹이 중건하고, 조선에 들어와 사세를 유지하다가 임진왜란 때 불타버렸다가 숙종 때에 큰 중건불사가 행해졌다. 경상남도 유형문화재 제83호로 지정된 대양루(大陽樓 : 1748)를 비롯해 寂滅寶宮・응진전・명부전・선실・요사채가 있다. 김정설은 38세 때 최범술의 주선으로 다솔사에 우거하였다. 김정설, 『花郎外史(삼판)』(대구: 이문사, 1981), 241쪽 참조.

18) 김동리는 「등신불」을 쓰게 된 동기를 다음과 같이 밝혔다.
"1937년 가을인가, 38년의 봄인가, 그 무렵 卍海 한용운 씨가 多率寺에 왔을 때의 일이다. 나는 다솔사에서 10리 남짓 떨어진 院田이란 곳에서 광명학원 노릇을 하고 있었는데, 연락을 받고 다솔사로 달려갔던 것이다. 절 큰 방에는 만해와 내 백씨와 그 절의 지주인 石蘭師가 앉아 있었다. 석란사는 엽차를 끓여서 모두에게 대접했다. 차를 마실 때 만해가 무슨 이야기 끝에, '凡父, 우리나라 승려 중에서 분신공양한 분이 있소?' 하고 내 백씨에게 물었다. '형님이 못 보신 걸 난들 어떻게 알겠소.' 백씨의 대답이었다. '분신공양이 뭡니까?' 내가 물었다. 석란사가 설명해 주었다. 나는 심한 충격을 받았다. 나는 일찍부터 충격받은 이야기는 작품으로 멍을 푸는 방법을 쓰고 있었다. 일종의 카타르시스랄까."(김동리, 「「등신불」에 대한 작가의 변」, 『조선일보』, 1981년 2월 1일, 5면)

19) 흔히 최범술을 말하면 다솔사를 떠올리고, 다솔사 하면 일제강점기 독립운동의 모태로서 기억한다. 왜냐하면 한용운, 김정설, 김법린, 변영만, 변영로 등 기라

1938년(42세) : 조선불교청년총동맹이란 공식 조직을 통해 활동하였다. 1938년 재정비된 만당 당원들이 검거되기 시작하며 1938년 8월 김법린·장도환·박근섭(쌍계사 승려) 등이 진주경찰서에, 10월엔 김범부金凡父·노기용 등이 경기도 경찰부에 체포·구금되었다.[20)]

1941년(45세) : 다솔사에서 해인사 사건으로 일제에 피검되어 1년간 옥고를 치렀다.[21)]

평소에도 몸이 약한 것으로 알려져 있던 김정설이 자신의 몸을 아끼지 않고 독립운동에 뛰어든 것은 바로 자신이 말하던 '화랑정신花郞精神의 발현'이요, '지정적 국가관의 지극한 심정'이었을 것이다.[22)]

1945년(49세) : 광복을 맞이했다. 동래 경찰서 동네 집에서 일제 패망의 소식을 듣고 너무 기쁜 나머지 미친 사람처럼 고함을 지르며 큰길을 마구 달렸다. 곧이어 부산에서 곽상훈郭尙勳, 김법린金法麟, 박희창朴熙昌, 오종식吳宗植, 이시목李時穆, 이기주李基周 등 여러 사람과 더불어 일오구락부一五俱樂部를 조직하여 건국방책에 대한 연속 강좌를 열었다.[23)]

성 같은 독립 운동가, 지식인들이 여기를 들락거렸기 때문이다. 다솔사와 김정설, 김동리의 깊은 인연은 뗄 수가 없다. 김정숙, 「제1장 가계, 4. 형제들－凡父, 영봉」, 『김동리의 삶과 문학』(서울: 집문당, 1996), 42～57쪽 참조.

20) 임혜봉, 『불교사 100장면』(서울: 가람기획), 2001.

21) 김정근, 「金凡父를 찾아서」, 『凡父 金鼎卨 硏究』(경산: 대구프린팅, 2009), 58쪽.

22) 김정설, 『政治哲學特講－凡父遺稿』, 115쪽 참조.

이러한 과정 속에서 맞이한 광복은 김정설에게 '미친 사람처럼' 기뻐할 만한 사건이었을 것이다. 그러나 김정설은 독립의 기쁨이 채 가시기도 전에 또 다시 나라의 앞길을 걱정하고 도모하였다. 김정설은 우리나라가 독립을 얻은 것에만 만족할 것이 아니라, 신생국으로서 '완정국가完定國家'로 가기 위한 방안을 고민하였다. 그의 나라를 생각하는 마음은 그저 국가가 독립만 하면 그만이라는 안이한 생각이 아니라 어떻게 하면 나라를 바른 길로 이끌 것인가에 대해 늘 골몰하고 실천하는 것이었다. 진정으로 나라를 사랑하는 사람이라면, 결코 나라가 나쁜 길로 가는 것을 반기지 않을 것이라 생각했던 것이다. 김정설의 '충忠' 역시 이와 같은 맥락에서 생각해 볼 수 있다. 독립이 된 후에도 일생을 나라의 앞길을 밝히려 했던 김정설은 진정한 의미의 '애국지사愛國志士'라고 할 수 있을 것이다.

3) 현실참여자

김정설의 약력 중에서 가장 독특한 부분을 뽑으라면 아마 1954년 '2대 민의원 당선'을 들 수 있을 것이다. 어찌 보면 김정설에게 굳어진 선지자·교육자적 면모와 '정치가'라는 모습이 서로 상반된다는 일반적인 선입견 때문이기도 한다. 게다가 김정설이 살았던 시

23) 김정근, 「金凡父를 찾아서」, 『凡父 金鼎卨 硏究』(경산: 대구프린팅, 2009), 59쪽.

대의 정치는 독재와 반민주로 얼룩져 있었기 때문에 민주주의를 옹호하고 독재에 항거하던 김정설과 한편으로는 모순적으로 보이기 때문이기도 할 것이다.

그러나 김정설은 민의원 이외에도 1961년 재건국민운동再建國民運動 중앙위원회 부회장, 1963년 5월 동지회 부회장 등을 지내는 등 적지 않은 정치경력을 지니고 있다. 이러한 경력들이 김정설의 사상이나 영향을 온전히 이해하는 데 장애가 되는 것도 사실이다.[24)]

김정설을 사상가로 보는 견해도, 정치가로 보는 견해도 범부 김정설을 이해하는 데 있어 절반 정도밖에 성공하지 못할 것이다. 김정설의 사상과 정치적 삶을 구분하는 것은 김정설 연구에 올바른 접근방식이 아니기 때문이다. 김정설에게 철학과 정치는 이론과 실천이라는 연장선상에서 이해되었다. 그에게 철학이란 회의를 통한 인식이며 이 인식을 통해 얻은 결과는 실천을 수반한다.[25)] 김정설의 사상 역시 늘 이러한 '실천'을 염두에 두고 있었다.

외할아버지는 술상을 앞에 두고 사람들과 이야기하는 것을 좋아했다. 내가 집에 있을 때는 상을 들이고 내는 일을 주로 맡아서 했다.

---

24) 김정설의 정치 경력은 이후 박정희 정부와 이어지면서 독재정치를 옹호하고 뒷받침했다는 비판으로 이어지기도 했다. 국문학자 김철은 그의 저서 『국문학을 넘어서』(국학자료원, 2000, 49~52쪽)에서 김정설의 사상을 파시즘의 전형으로 규정한 바 있다.

25) 김정설, 『政治哲學特講－凡父遺稿』, 5~11쪽 참조.

부엌은 어머니가 담당하고 있었다. 외할머니와 함께 움직이는 때도 있었다. 주말에 하루 종일 밥상과 술상을 나르고 나면 힘이 들 때도 있었다. 상을 넣어 두고 기둥 옆에 붙어 앉아서 말씀을 엿들어 보면 무언가 대단히 중요한 내용이긴 한 것 같은데 나로서는 도무지 이해하기 어려웠다. 나이가 어린 탓도 있었지만 아무래도 내 머리가 그런 계통은 아닌 것 같았다. 지금 유추해 보면 나라를 새롭게 시작하는 방책에 관한 내용이 아니었을까 싶다. '건국철학'과 같은 표현을 그때 얼핏 들어본 것 같기도 하다. 새 나라의 국민이 갖추어야 할 정신 문제를 말씀한 것 같기도 하고 '국민윤리國民倫理'라는 표현을 역시 그때 들어본 것 같기도 하다.[26]

해방이 되고 난 후에 김정설은 사람들과 '건국建國'을 이야기하고 '국민윤리'에 대해 고민했던 것이다. 이종후는 이러한 김정설의 정치철학을 "오늘날에도 우리 사회의 각계 지도층 인사들이 꼭 가짐직한 건전한 양식의 주요 요소가 될 수 있을 것이다. 그런 의미에서 본서(『정치철학특강』)는 지도층 국민의 필독 사상독본思想讀本 구실을 할 수 있을 것으로 기대되는 바이다"라고 평가하기도 하였다.

김정설의 정치관련 이력을 연도별로 나열하면 다음과 같다.

---

26) 김정근, 「金凡父를 찾아서」, 『凡父 金鼎卨 硏究』(경산: 대구프린팅, 2009), 50쪽.

[표 1] 김정설의 정치관련 이력

1945년(49세)
一五俱樂部 조직,[27] 건국방책에 대한 강좌를 베풂.

1948년(52세)
서울에서 經世學會를 조직, 건국이념에 대한 연구 및 강의를 하는 한편 첫 저서로서 『화랑외사』를 저술

1950년(54세)
5·30 총선에서 부산 동래구 무소속으로 출마. 제2대 민의원(국회의원)으로 당선됨

1950년 초반 『국민윤리특강』 강의

1958~1961년(62~65세)
건국대에서 정치철학 강좌를 담당함과 동시에 건국대부설 동방사상연구소장으로 취임.
易學 및 五行思想의 大義를 3년간 강설.

1960년(64세)
7·29 총선거에 참의원으로 무소속 입후보 했으나 낙선.

1961년(65세)
〈再建國民運動 중앙위원회〉 50인에 위촉.
국민교육분과위원으로 참여.

1962년(66세) 『건국정치의 이념』 저술

※ 韓國政經協會 토요강좌 :「花郎과 風流道」(救國方略),[28]
4월 15일 오후 2시 중앙공보관.

1963년(67세)
五月同志會 부회장으로 취임.
※〈오월동지회〉 주최 월요교양강좌 중 김정설 강연.
제목 :「한국국민혁명의 과제와 전망」[29]

이상에서 보듯이 김정설의 삶은 정치적인 측면과 긴밀히 이어져 있다. 우리는 이러한 김정설의 삶에서 현실참여자로서의 모습을 느낄 수 있을 것이다.

4) 교육자

김정설은 유학에서 돌아온 후 25세의 젊은 나이로 주역 강의를

27) 一五俱樂部는 해방 직후 부산에서 곽상훈, 김법린, 박희창, 오종식, 이시목, 이기주 등과 함께 만들어진 단체로 일종의 정치적 모임이었다. 제1대 국회의원 선거에 일오구락부의 후보인 姜達秀(1904~?)가 참가하여 당선된 사실을 볼 때 정당의 성격도 지니고 있었던 것으로 보인다.

28)『경향신문』, 1961년 4월 9일자 신문에는「救國方略」으로 공고가 나갔지만 4월 14일에는「花郎과 風流道」으로 공고가 났다.「救國方略」에서「花郎과 風流道」로 강연 주제가 바뀐 것으로 보인다.

29)『동아일보』, 1963년 6월 13일, 1면 참조.

하고, 28세의 나이로 칸트 탄생 200주년 기념 칸트 강의를 하는 등 교육자로서의 면모를 보이기 시작한다. 김정설이 일찍부터 교육자로서의 길을 걷게 된 것은 일본 유학의 영향이 컸던 것으로 보인다. 당시 서양의 학문을 받아들이며 학문적 발전을 이루어 나가던 일본을 경험하고 나서 우리나라도 배워야 한다는 것을 몸소 느끼고 왔기 때문이다.

이렇게 시작된 김정설의 강의는 그의 일생에 걸쳐 계속되는데, 그 중 특히 계림학숙 학장으로 있었던 시기(1955~1957)가 가장 교육자로서의 면모가 두드러진다. 계림대학鷄林大學으로도 불리는 등 세간에 잘 알려져 있는 계림학숙[30]은, '최부자 가문의 마지막 부자'라 불리는 최준崔浚(호는 汶坡, 1884~1970)[31]이 1955년에 경주 교동校洞에 세운 초급대학이다.

---

30) '鷄林學塾'과 '鷄林大學'이 혼용되어 사용되었던 듯하다. 보통 鷄林大學으로 알려져 있긴 하지만 공식 명칭은 鷄林學塾이다. 개교 당시 김정설이 이름 지은 '계림학숙'이라는 교명으로 교육부 정식인가를 받았다고 하나, '學塾'이라는 명칭이 농민들에게 다소 생소한 용어임을 염려하여 '계림학숙'이라는 용어도 사용하였다고 한다.(최인환의 진술)

31) 崔浚(1884~1970, 호는 汶坡)은 조선 역사상 가장 오래 '만석꾼'의 지위를 누린 경주최씨 집안의 조선시대 마지막 후손으로 상해임시정부에 평생 자금을 지원한 독립운동가이며 현 영남대를 창설한 교육 사업가이다. 3백 년간 이어오던 '만석'의 재산을 모두 조국 독립과 교육 발전을 위해 헌납한 인물이기도 한 그는 '중용과 의로움'을 일생의 좌우명으로 삼고 살았다. 최준에 대한 더 자세한 내용은 최해진, 『경주 최부자 500년의 신화』(서울: 뿌리깊은 나무, 2006)와 전진문, 『경주 최 부잣집 300년 부의 비밀』(서울: 황금가지, 2005)을 참조 바란다.

계림학숙은 1955년 4월 1일 개교하여 김정설이 초대학장을 맡고,[32] 문파 최준이 이사장을 맡았다. 1957년 휴교하여 그의 전 재산을 모두 바친 문파교육재단을 대구대학재단으로 기부하고, 운영하던 계림학숙도 대구대학(현 영남대학 전신)과 통합하였다.[33]

이후 김정설이 오랜 기간 머물며 강의를 했던 곳은 건국대학建國大學이었다. 김정설은 여기서 3년간 '정치철학강좌政治哲學講座'를 강설했다. 우리는 그의 이력을 통해 정치(철)학이나 건국이념에 관한 일련의 강의를 확인할 수 있다. 그 흐름은 '해방 이후 1950년대 초반 국민윤리특강·건국이념 → 1955~1957 정치학·한국정치사 → 1958~1961 정치철학강좌'로 정리할 수 있다. 김정설은 해방 직후부터 우리나라가 가져야 할 '정치철학', 그리고 우리나라를 이끌어 나갈 '건국이념' 등에 대해 깊은 관심을 가지고 있었던 것이다.

김정설은 또한 『주역』에도 밝았으며 서양 철학에도 조예가 깊었음을 특강 형식의 강연들을 통해 이를 확인할 수 있다. 다음은 김정설이 행했던 강연을 연도순으로 정리한 것이다.[34]

---

32) 예컨대, 김정설의 기본 약력을 싣고 있는 『花郎外史』에서는 鷄林大學의 초대학장을 김정설이 지냈다는 기록을 확인할 수 있다.(김정설, 『花郎外史(삼판)』, 241쪽)

33) 최재목·정다운, 「「鷄林學塾」과 凡父 金鼎卨(1)」, 『凡父 金鼎卨 硏究』(경산: 대구프린팅, 2009), 86쪽.

34) [표 2]는 崔在穆, 「凡父 金鼎卨 硏究를 위하여-『凡父 金鼎卨 硏究』 刊行에 즈음하여」, 『凡父 金鼎卨 硏究』(경산: 대구프린팅, 2009), viii쪽의 표를 보완·수정한 것이다.

[표 2] 김정설의 강연 목록

순번	강의명	일시·장소 및 기타	나이
1	周易講義(?)	1921년, 佛敎中央學林 (동국대 전신)	25
2	칸트 탄생 200주년 기념 칸트 강의	1924년	28
3	조선사 강좌	1927년 8월 26일~29일(4일간), 경남 양산 사직당, 양산청년회 개최.	31
4	淸談派의 玄理思想 강의	1934년(일주일 간), 다솔사(일본 比叡山 訪問團: 승려, 교수 등), 최범술 선생의 주선	38
	中國 魏晉時代의 玄談派와 格義佛敎	1940년 전후, 다솔사」(일본 比叡山 訪問團: 승려, 교수 등)	45(?)
5	建國方策에 대한 강좌	1946년, 일오구락부	50
6	國民倫理特講, 建國理念 강의	1950년대 초반, 經世學會(?)	54~ 59
7	歷史哲學, 文化史, 倫理學史, 政治學, 韓國政治史	1955년, 3년(?) 간, 경주 鷄林大學 학장	59~ 61
8	易學과 五行思想	1950년대 후반(1958?)부터 3년간, 建國大學 附設 東方思想硏究所 (당시 東方思想硏究所長)	62~ 65
9	政治哲學講座	1958년(?), 建國大學	62
10	花郎과 風流道(救國方略?)	1961년 4월 15일 오후 2시, 中央公報館, 韓國政經協會 토요강좌.	65

11	東方思想	1962년 9월～?, 東洋醫藥大學(현 경희대)	66
12	한국국민혁명의 과제와 전망	1963년 6월 13일, 오월동지회 주최, 월요교양강좌	67
13	칸트 탄생 240주년 기념 칸트강의	1964년	68

김정설의 실제 강연은 이보다 훨씬 더 많았을 것으로 추측된다. 최근에는 김정설에 대한 연구가 활성화되고 있는 데 힘입어 기존보다 많은 자료가 수집되었다. 앞으로 강연의 유무뿐만 아니라 그 구체적인 내용의 파악까지 연구가 확대될 것으로 보인다.

표에서 보듯이 김정설은 유학 후의 모든 생을 교육자로서 지내왔고 그 밑에서 강연을 직접 들었던 후학인 오종식, 이대위, 이종익, 이종규, 황산덕, 이항녕, 이종후 등 역시 향후 한국 사상사에 많은 영향을 끼치게 된다. 김정설은 평소 자신이 생각한 건실한 국가를 만들기 위해서는 '자각'과 국민운동을 올바로 이끌어 나갈 '선각자'[35]가 있어야 함을 역설하였다. 그리고 김정설 스스로 일생을 교육에 헌신함으로써 앞으로 나아가야 할 방향과 이를 지켜나갈 인물들을 양성해 냈던 것이다.

---

35) 김정설, 『政治哲學特講－凡父遺稿』, 119쪽.

5) 전통적 멋의 소유자

김정설이 살아생전에 발표한 첫 번째 책이자 마지막 책은 바로 『화랑외사花郞外史』이다. 비록 『화랑외사』가 주된 저서는 아니지만 김정설이 친필하였던 문장들인 만큼, 이것을 통해서 김정설의 한 많은 인생과 뛰어난 직관력을 어느 정도 엿볼 수 있다.[36] 그의 사위였던 진교훈 교수의 회고를 살펴보면 김정설의 신선과 같은 풍채를 더욱 잘 알 수 있다.

사람들은 아버님을 두고 『화랑외사花郞外史』에 나오는 백결선생百結先生을 연상하기도 하고, 또 매월당梅月堂 김시습金時習을 연상하기도 하면서 그분의 박람강기博覽强記에 탄복해 마지않았지만, 저는 아버님을 가까이 모시면서 살아 있는 신선 같은 분이라는 느낌을 가졌습니다. 아버님은 도무지 그 무엇에 구애를 받지 않고 사신 듯, 늘 옥골선풍玉骨仙風의 풍모를 하고 계셨습니다. 그분을 뵈올 적마다 신선도神仙圖에서나 볼 수 있는 신선이 산수 좋은 곳에 정자亭子를 짓고, 정자관程子冠에 학창의鶴氅衣를 걸치고 거문고를 타거나 시를 읊거나 차를 마시면서 만 권 서책을 두루 읽으며 사는, 유유자적하는 모습과 방불하다고 느끼곤 했습니다.

누구든지 아버님 앞에서는 옷깃을 여미고, 아버님의 말씀과 그 신

36) 김동리, 「백씨를 말함」, 『風流精神』(서울: 정음사, 1986) 참조.

선 풍미에 도취하고 말았습니다. 아버님은 문자 그대로 무불통지無不通知라고 말해도 과찬이 아닌 것 같았으며, 사람으로서 알 수 있고 생각할 수 있는 것이면, 그 무엇이건 다 알고 있는 분같이 보였습니다.[37]

이런 풍류도風流道를 소유한 사람으로서의 김정설을 가장 잘 표현한 글은 이항녕이 신문에 기고한 「현대를 산 국선國仙－김범부의 인간과 사상」이다.

그뿐 아니라 선생은 소설가와 시인으로서도 특출하였으며 평생 풍류를 즐겼고 그러는 가운데에서도 항상 민족과 인류의 장래를 걱정한 경륜가經綸家이기도 하였다. 그의 전인적全人的 풍모는 독일의 괴테나 인도의 타고르에 비할 수 있겠는데 그것보다도 우리는 선생이 신라의 화랑도花郎道를 몸소 행한 분이라고 하는 것이 좋을 것 같다.……

그때 사천군 곤양면에 있는 다솔사라는 절에 김범부라는 석학이 있다는 말을 듣고 한번 찾아보고 싶었으나 그때 나는 일제의 앞잡이 노릇하는 하나의 속리俗吏요 또 범부선생은 요시찰인要視察人이라 감시가 심하다고 하여 결국 뜻을 이루지 못하고 있다가 해방이 된 후 내가 양산중학梁山中學에서 교편을 잡고 있을 때에 학부형이던 노암魯岩 지영진池榮璡 선생 댁에서 선생을 처음 접하게 되었다. 그때 나는 선생에게서 선풍도골仙風道骨의 인상을 받았다.……

---

37) 진교훈, 「凡父 金鼎卨의 생애와 사상」, 『철학과 현실』 64호(철학문화연구소, 2005), 36쪽.

선생이 경향신문에 「췌세옹贅世翁 김시습金時習」이라는 연재소설을 쓰실 때 원고를 신문사에서 쓰셨는데 집필이 끝나면 당시의 주필主筆 석천昔泉 오종식吳宗植 선생과 더불어 일배주一杯酒를 기울이면서 소설의 주인공인 매월당의 한 많은 심기에 몰입할 때에는 범부선생이 바로 매월당 같은 기분이 들었다.

그 뒤에 동양사상연구회에서 선생의 주역 강의를 들었는데 그야말로 전인미답全人未踏의 경지를 개척하였다. 선생의 학문은 유불선儒佛仙을 종합하여 그 어느 것에도 구애가 없었으며 서양의 최신식 과학문명과의 연결을 잊지 않았으며 궁극에 가서는 우주와 인생의 조화 속에서 무궁을 찾고자 하였다. 그는 신라의 문화 특히 그 화랑도정신 속에서 이 조화의 극치를 발견하고 몸소 그것을 실천하였다.

이제 선생이 가시고 보니 그 초탈한 모습과 심오한 학문과 그리고 대하면 대할수록 뼈와 살에 스며드는 그의 위대한 인간성이 다시 그리워진다.[38)]

이항녕은 김정설을 "화랑도花郎道를 몸소 행한 분"이라고 표현하였다. 그리고 그에게서 "선풍도골仙風道骨의 인상"을 받았다고 하면서 김정설이 "신라의 문화 특히 그 화랑도정신 속에서 이 조화의 극치를 발견하고 몸소 그것을 실천하였다"고 회고하였다. 김정설이 첫 저서로 『화랑외사花郎外史』를 편찬하고, 평생토록 '화랑' · '풍류정신

38) 李恒寧, 「現代를 산 國仙－金凡父의 人間과 思想」, 『경향신문』, 1966년 12월 17일, 5면.

風流精神'이란 말을 즐겨 사용했던 것으로 미루어 보면 평소 그가 얼마나 '화랑도정신'을 숭상했는지를 알 수 있다. 때론 '매월당' 같은 모습이, 혹은 '백결선생' 같은 모습이 김정설의 풍채에서 풍겨져 나왔음을 위 진술들을 통해 볼 수 있다.

평생토록 백결선생과 같은 삶을 살고자 하였던 김정설은, 전 생애에 걸쳐 교육자로서의 모습이 강하게 드러난다. 말년에는 현실참여자로서의 모습 역시 드러났는데, 이는 박정희 군사정권의 독재를 옹호하기 위함이 아닌, 이승만정권의 부패에 대한 대안으로 새로운 정권에 거는 기대가 표출된 것으로 볼 수 있다.

『화랑외사』는 한마디로 해방 후 신라사 속의 화랑도에서 우리 민족의 진로를 생각하고 저술한 것[39]이다. 김정설은 혼란한 시대상황 속에서도 백결선생과 같은 삶을 종신토록 유지하고자 하는 마음을 가졌으며 또한 그러한 정신을 계승시키고자 하였다. 이항녕의 진술 그대로 김정설은 진정 '현대를 산 국선'이었던 것이다.

그러나 한편으로는 김정설에게 수학한 적이 있는 이완재(영남대 철학과 명예교수)가 "일반적으로 말하듯이 범부의 사상적 기반은 예컨대 법학자이자 범부에게서 수학한 황산덕이 이어받은 데서 알 수 있는 '삼현학三玄學'의 정신, 그리고 신라의 풍류도라 할 수 있는 유불

39) 진교훈, 「凡父 金鼎卨의 생애와 사상」, 『凡父 金鼎卨 연구』(경산: 대구프린팅, 2009), 39쪽.

선 삼교의 합일적 기풍, 해박한 서양 철학적 지식 등등을 포섭적으로 고려할 수 있지만, 궁극적으로 그가 토대로 삼은 것은 유학儒學이 아닐까 한다. 아울러 그가 사표로 삼은 것은 춘추전국기의 혼란했던 사회를 구하고자 인륜도덕 확립을 외치며 천하를 주유했던 공자였다고 볼 수 있다. 그는 자신을 공자에 비기거나 투영시켜 가며 사상활동을 하였던 것이다"[40]라고 증언한 바에 귀를 기울일 필요가 있다. 다시 말해서 범부는 당시 한국의 혼란스런 현실에서 '국가'와 '국민'을 구하고 국민이 딛고 나아갈 '윤리'를 확립하는 데 심혈을 기울인 것이다. 이것은 그가 「국민윤리특강」의 말미에서 인간의 지정至情으로서, '이지적'인 것이 아닌 '생리적'으로 '무조건적, 헌신적'으로 몸에 배어 드러나는 '효'를 우리나라의 전통적 에토스로서 크게 강조하고 그것을 기반으로 국민윤리를 구축하고자 했던 것과도 통한다.

40) 이완재의 이 구술 증언은 학위논문 심사시(2010년 5월 21일 금요일 12:00, 영남대학교 국제관 신라애)에 행한 것이었음을 밝힌다. 이완재의 이러한 진술은 본 서 제3장 3절의 구상과 일치한다.

제3장

국민윤리론 구상의 배경

이 장에서는 김정설의 '국민윤리론國民倫理論' 구상 배경을 '효孝' 와의 관련성을 중심으로 살펴볼 것이다. 먼저 국민윤리가 정책적으로 보급되던 1950년대의 국민윤리 형성과정을 통해 그 역사적 배경을 살펴보고 동시대에 김정설이 행한 「국민윤리특강國民倫理特講」은 어떠한 의미를 가지는지 검토해 볼 것이다. 마지막으로 이러한 일련의 과정 속에서 전통적 의미의 '효孝'는 어떻게 변질되는지를 살펴보고 김정설의 '국민윤리'가 추구한 '효孝'의 진정한 의미는 무엇이었는지 검토해 볼 것이다.

근대화로 접어들면서 서양의 Morality, Ethical Value 등의 개념은 일본을 거쳐 다양하게 번역되고 받아들여졌는데, 일본은 서양에 대응되는 동양적인 개념으로서 '도의道義'라는 용어를 사용했다. 이 개념은 일본뿐만 아니라 한국, 중국까지 전파되었다. 일본에서 '도의'의 핵심으로 삼았던 것은 바로 전통유교에서 전파된 '효孝' 논리였다. '효孝'를 '충忠'으로 확대시킴으로써 천황에 대한 충성과 나라를 위해 목숨을 바친다는 무사도武士道 정신을 식민지 국가에 주입시킨 것이다.

'국민윤리 확립'이란 과제가 새로운 근대 국가 성립에 있어서 피할 수 없게 됨에 따라 일본이 그들만의 윤리를 만들어서 국민에게 전파했던 것과 마찬가지로 한국 역시 새로운 국가에 알맞은 새로운 윤리가 절실히 필요하게 되었다. 이러한 요구에서 1950년대 이후 '윤리'라는 용어가 하나의 이슈가 되어 논의되었다. 김정설은 이런 분위기에서 「국민윤리특강」이라는 강연을 하게 된 것이다.

하지만 주지하다시피 한국의 윤리 교육은 정치적인 목적에 의해 왜곡되고 변질됨으로써 현재까지도 비판의 대상이 되어 왔다. 전통적 유교사상인 '효孝'[1]가 '충忠'을 강조하는 하나의 보조 수단으로 사용되고 강조됨으로써 그 본질까지 회의와 의심을 받기도 하였다. 여기서는 '효孝'가 가지는 본래 의미가 무엇인지를 생각해 보고, 김정설이 주장한 윤리의 시작으로서의 '효孝'가 어떠한 의미를 지니는지를 당시 정책적으로 표명되었던 '효孝'와의 비교・대조를 통해 살펴볼 것이다.

1. 1950년대 국민윤리 형성과정

1) 일제와 1950년대 한국의 도의교육

'도의교육道義教育'에서 '도의'는 일제가 제국주의적 침략전쟁에

---

1) '孝' 자는 '耂(=老)'자와 '子'자를 합한 것이다. 後漢 때의 학자 許愼(30~124, 자는 叔重)은 『說文解字』에서 孝는 부모를 모신다는 뜻으로 老의 생략된 부분에 子가 종속되어 봉양의 의미가 있으며 子가 老를 받들고 있다고 하여 '孝'자를 풀이하기를 '부모를 잘 섬기는 자'라고 하였다.(최재목, 「儒教에서 '老'의 의미와 기능」, 『儒教思想硏究』 제33집, 한국유교학회, 2008, 276~284쪽 참조). 이러한 '孝'는 조선시대에 들어오면서 국가 이데올로기로 강조되기 시작하였다. 조선은 관료귀족과 승려귀족의 폐해와 민란 같은 사회적 불안 요소를 극복하기 위해 중앙집권적인 강력한 통치체계를 필요로 하였다. 이러한 사회적・정치적인 이유로 孝는 더욱더 필요한 실천적인 행동규범으로 체계화되기 시작했다.(손인수, 『한국인의 가치관』, 서울: 문음사, 1984, 133쪽)

자국 국민과 조선인을 동원하기 위해 사용했던 구호로서, 윤리성을 부과하여 일제에 대한 충성을 강요[2]했던 용어였다. 그런데 해방 이후 우리 정부는 '도의'라는 이 용어를 무비판적으로 수용해 내걸었던 것이다.

일본에서 도덕(윤리)교육이 강조된 것은 명치유신 이후 1872년의 '학제學制'가 발표되면서이다. 특히 소학교에서는 도덕 교육이 중요시되었는데 1·2학년 학생들에게만 '수신구수修身口授'라는 '수신'의 전신인 교과를 두고 교사가 충효忠孝를 가르쳤다.[3] 일본의 도덕 교육은 1890년 「교육칙어(教育ニ関スル勅語)」[4]로 집약되고 강조된다.

한국에서 '도의'는 징병제와 학도병 지원제를 실시한 고이소 쿠니아키(小磯國昭, 1880~1950) 총독이 1943년 운동대강으로 '도의 조선'을 표면에 내겖[5]으로써 본격적으로 뿌리내리기 시작한다.

---

2) 이유리, 「1950년대 '道義教育'의 형성과정과 성격」, 『韓國史研究』 144(한국사연구회, 2009), 275쪽.

3) 세키네 히데유키, 「日本의 道德教育」, 『도덕윤리과교육연구』 no.6(한국도덕윤리과교육학회, 1995), 204~205쪽 참조.

4) 일본의 「교육칙어」는 1912년 1월 4일 한국의 관립학교에 보급되고, 1912년 3월 16일 그 해설서(『教育勅語衍義』)가 보급되면서 국내에 확산되었다. 1912년 3월에는 『教育勅語衍義抄』가 편찬되고 1917년에는 '修身教科書'가 편찬·보급되었다.(「교육칙어」가 한국에 어떻게 배포되었는지는 鄭泰晙, 「植民地朝鮮における「教育勅語」の普及論理」, 『日本語教育』 vol.17 no.1, 한국일본어교육학회, 2000을 참조)

5) 1940년 10월 제2차 세계대전을 앞두고 일본에서 대정익찬회라는 전체주의적 조직체가 결성되자 조선에서도 이에 호응, 위의 연맹을 전면적으로 개편, 강화하면서 명칭도 '국민총력연맹'이라 개칭하였다. 고이소 구니아키 총독은 1943년

대동아건설은 일본 황도皇道를 기본으로 하여 대동아민족에게 인간최고의 도의道義를 펼치는 데 있습니다. 무릇 이것을 펼치려고 하는 데 있어 도의 없이는 지도국민이 될 수 없음은 원래부터 명백합니다. 일본전 국민의 도의 수련이 여기에서 절대 긴요함은 말할 필요도 없고, 이 점 조선에서 특히 강조하여 관민의 맹서猛誓를 촉구하는 바입니다.[6)]

이렇듯 일본 정부로부터 주장된 '도의'는 본래 서구제국주의에 대비되는 일본의 자기정체성 담론이었다. 서구제국주의에 대한 도덕적 우월감을 나타내기 위해 시작된 '도의' 담론은 나아가 '동아시아'의 일원인 중국이나 조선을 향해 서구제국주의에 대항하는 대열에 참가하도록 종용하는 논리로서 발화된다.[7)] 이러한 '도의' 논리는 최남선과 이광수 등을 통해 내선일체론 및 학도출진론의 배경으로 재생산되고 이 과정에서 '화랑도花郎道' 정신을 흡수·이용하게 된다.[8)]

운동대강으로서 ① 도의 조선의 확립, ② 황국신민의 錬成, ③ 결전생활의 확립, ④ 필승 생산력의 확충, ⑤ 징병제실시 준비의 5대 목표를 세웠다. 이 기구에 조선의 지도층 인사들이 간부로서 다수 가담하였음은 말할 것도 없었다.(송건호, 「송건호 전집 5－한국현대사의 빛과 그늘」, 한길사, 2002, 10쪽 참조)

6) 朝鮮總督府情報課編, 『新しき朝鮮』, 朝鮮行政學會, 1944, 24쪽.(강해수, 「'道義의 제국'과 식민지조선의 내셔널 아이덴티티」, 『韓國文化』 vol.41, 서울대학교 규장각 한국학연구원, 2008, 195쪽에서 재인용)

7) 강해수, 「'道義의 제국'과 식민지조선의 내셔널 아이덴티티」, 『韓國文化』 vol.41 (서울대학교 규장각 한국학연구원, 2008), 187～188 참조.

8) 강해수, 「'道義의 제국'과 식민지조선의 내셔널 아이덴티티」, 『韓國文化』 vol.41

일제의 마지막 총독 아베 노부유키(阿部信行, 1875~1953)[9]가 떠나면서 남긴 말은 당시의 이러한 정신교육이 해방 후 한국에서도 여전히 영향 끼칠 수 있음을 예측하게 한다.

> 우리는 패했지만 조선은 승리한 것이 아니다. 장담하건대, 조선민이 정신 차리고 찬란하고 위대했던 옛 조선의 영광을 되찾으려면 100년이라는 세월이 훨씬 더 걸릴 것이다. 우리 일본은 조선인민에게 총과 대포보다 무서운 식민교육을 심어 놓았다. 서로 이간질하며 노예적 삶을 살 것이다.…… 나는 다시 돌아온다.[10]

이러한 아베의 예언을 증명이라도 하는 듯이 '도의'는 몇 년 뒤 다시 그 모습을 드러내기 시작했다. 해방과 동시에 사라진 것 같았

(서울대학교 규장각 한국학연구원, 2008), 193쪽 참조.

9) 아베는 1875년 가나자와(金澤)의 사무라이 집안에서 태어나 청일전쟁 중 육사에 입학했다. 육군대학을 졸업하고, 1923년 간토대지진(關東大震災) 때 계엄사령부 참모장을 지냈다. 1929년 하마구치(濱口) 내각의 육군차관에 이어 육군장관 대리를 거쳐 사단장·군사참의관 등을 역임하고 1933년 육군대장으로 승진, 1937년 전역하였다. 1939년 8월 히라누마(平沼) 내각의 뒤를 이어 총리가 되어, 중일전쟁의 조기 타결, 제2차 세계대전 불개입정책을 세웠으나 軍部의 지지를 얻지 못해 5개월이란 단명 내각으로 그쳤다. 그 후 중국특파 전권대사를 거쳐 1944년 마지막 조선총독으로 부임, 이듬해 1945년 9월 8일 서울에 진주한 미군 사령관 J.R. 하지 중장 앞에서 항복문서에 조인하였다.

10) 박병선, 「[역사 속의 인물] 마지막 조선총독 아베 노부유키」, 『매일신문』, http://www.imaeil.com/sub_news/sub_news_view.php?news_id=50594&yy=2009 (검색일: 2010.05.24)

던 일제의 '도의' 담론은 1950년으로 넘어서면서 혼란했던 사회를 바로잡기 위한 국민윤리담론에서 다시 등장하였던 것이다. 결정적으로 전쟁을 계기로 해서 강력한 반공교육을 내세운 '새교육운동'이 추진되었다. 이는 이승만 정권 하에서 정책적으로 정립・보급되었다. 이 논리는 일제가 사용했었던 '도의교육'이라는 명칭으로 수급되고, '도의'는 강력한 사상통제 역할을 하게 된다.[11]

1949년 교육법 제정을 거쳐 1954년 의무교육제가 본격적으로 시작되었다. 그리고 같은 해 문교부는 초등학교에 '도덕과道德科'를 개설하기에 이른다. 다음은 문교부에서 제정한 도덕과 창설 의의이다.

[표 3] 도덕과 창설 의의[12]

1. 전쟁으로 인한 국민정신의 구열龜裂[12]
2. 생활불안에서 오는 사회적 혼란
3. 민주주의 사상의 독선적인 오해
4. 도덕관념의 불확립 퇴보
5. 세계정세와 민심의 동요
6. 남북 미통일未統一과 사상의 퇴미退迷

11) 이유리, 「1950년대 '道義教育'의 형성과정과 성격」, 『韓國史研究』 144(한국사연구회, 2009), 272쪽 참조.

12) 李順鐘, 「道義教育의 現在와將來」, 『地方行政』 vol.3 no.7(대한지방행정협회, 1954), 72쪽.

그리고 이어 1955년 10월 11일 문교부에 〈도의교육위원회〉가 조직[13]되었다. 당시 도의교육에서 중시한 지도방법에는 조회, 주훈, 용의·학용품 등의 정기적 생활검사, 국가 상징물 신성시 등이 있었다. 이는 일제강점기 황민화교육에서 행해졌던 통제교육의 방법들로서 해방 이후에도 온존해 있던 관행들이었다. 이러한 일제 잔재는 마찬가지로 일제의 용어였던 도의로 표현되는 교육의 일환으로 수용되었다.[14]

해방 후 일제 전체주의 교육에 대한 비판을 내세웠던 정부의 교육정책에 비추어 볼 때 매우 모순적인 상황이 아닐 수 없다. 특히 1949년에 공포된 교육법 중 7개 조항은 일본의 학교교육법과 거의 일치하는 것으로[15] 이와 같은 사실을 반증해 준다고 할 수 있다.

청산하려고 했던 식민지 교육 경험이 오히려 민주적 민주교육의 자원으로 활용[16]되고 있었던 것이다. 이승만 정권이 추구했던 통제교육의 본질을 민주주의로 포장할 수 있는 방안으로 고안된 것이 도의교육이었다.[17] '도의교육'이라는 용어가 가진 윤리성은 국가가 추

---

13) 金永敦, 「道義教育의 現況과 文教政策」, 『基督教 思想』 vol.2 no.6(대한기독교회, 1958), 61쪽.

14) 이유리, 「1950년대 '道義教育'의 형성과정과 성격」, 『韓國史研究』 144(한국사연구회, 2009), 277쪽.

15) 손인수, 『한국 교육 운동사』(문음사, 1994), 160쪽.

16) 이유리, 「1950년대 '道義教育'의 형성과정과 성격」, 『韓國史研究』 144(한국사연구회, 2009), 252쪽.

구하는 가치를 국민에게 효율적으로 전달하기에 가장 적합했던 것이다.

여기서 왜 '도의'라는 용어를 채택하였는지를 생각해 보게 되는데, 실상 '도의'라는 용어는 일제강점기를 거치며 무의식중에 대중에게 내면화되어 있는 용어였다. 최현배의 지적[18]과 같이 도의의 역사성이나 정치성과 무관하게 이 용어는 대중에게 익숙한 것이었다. 게다가 윤리로 포장된 가치는 그 자체로 저항을 봉쇄하고 의무적인 실천을 요구하기에 용이하였다. 즉 1950년대에 추구했던 국민윤리國民倫理는 그 자체가 국가에 대한 '충성'이었던 것이다.[19]

이렇듯 '도의교육'은 새교육이라는 이름 하에 민주주의의 옷을 입고 재등장하게 된다. 그리고 국가에 대한 '윤리'를 내세우며 국가에 대한 충성을 강조하였다. 이는 '화랑'이라는 개념이 일제강점기 및 해방 후 '군사적 화랑'·'순국' 등 정치적으로 이용[20]당한 것과 같은 흐름 속에서 파악해 볼 수 있다. 정치적인 목적을 갖고 '도의'·'화랑' 같은 용어를 표면에 내세움으로써 '국가에 충성하는 국민'의 양

---

17) 이유리, 「1950년대 '道義教育'의 형성과정과 성격」, 『韓國史研究』 144(한국사연구회, 2009), 264쪽.

18) 최현배, 「도덕 용어론 : "도덕"과 "道義"의 혼란을 바로잡기」, 『새교육』 11(대한교육협의회, 1959)

19) 이유리, 「1950년대 '道義教育'의 형성과정과 성격」, 『韓國史研究』 144, 한국사연구회, 2009, 263~264쪽 참조.

20) 이에 대한 자세한 논의는 崔在穆, 「韓國における「武の精神」·「武士道」の誕生」, 『陽明學』 제22호(한국양명학회, 2009.4)를 참고하기 바란다.

성을 추구했던 것이다.

2) 도의교육 비판론과 「국민윤리특강」

당시 문교부에서 주창한 '도의교육'은 명칭상의 문제는 물론이고, 정치적 목적으로 만들어졌다는 한계를 가지고 있었다. 하지만 이러한 문제점에도 불구하고 '도의(혹은 윤리/도덕)교육'을 실시해야 한다는 사실에 대해서는 일치된 의견을 보였다.[21] 그 내용과 방식에 대한 논의가 계속해서 전개되는 중에 특히 정부의 시행 정책에 관한 다양한 비판과 수정의견이 제기되었다.

이러한 비판은 주로 두 가지로 이야기되는데 첫째, 이념에 관해 우리 현실에 적합한 목표와 표준을 제시하지 못하고 있다는 주장과 둘째, 방법과 관련해 선진국의 교육론을 무비판적으로 모방함으로써 이것이 한국 교육현실과 조응하지 못하고 있다[22]는 것이다. 논란은 '용어' 상의 문제점도 해결되지 않은 채 지속되었다.

> 왜정 말기에 왜인 총독 아베가 '도의道義 조선 건설'이란 표어를 내걸고 취임하여서 이 '도의'란 말을 매우 시끄럽게 떠들어 댔기 때문

---

21) 「道義教育을 말하는 좌담회」, 『새교육』, 1954.6.

22) 이유리, 「1950년대 '道義教育'의 형성과정과 성격」, 『韓國史硏究』 144(한국사연구회, 2009), 266쪽.

에 당시에 이 말씨에 젖은 사람들은 그 말씨의 권위에 위압됨이 심하였기 때문에 제 스스로도 깨치지는 못하지만은 부지중 '도의'란 말씨에 무슨 권위와 깊은 뜻과 맛이 있는 양으로 느끼고 있는 것에 말미암은 것이라고 나는 생각한다. 곧 이는 사십 정도의 사람들의 하의식下意識에 남아 있는, 제도 자각 없는, 일본 잔재에 불과한 것……[23]

김정설의 「국민윤리특강」이 강연된 시기 역시 이러한 비판이 확장되던 때였다. 김정설은 다른 학자들과 마찬가지로 국민윤리(도덕)의 필요성을 인식했지만 당시의 교육으로는 그것이 불가능함을 인식하고 새로운 국민윤리가 있어야 함을 천명했다.

국민도의國民道義라고 하는 것이 연래年來에 와서 대단히 문제가 되니까 혹 도의道義 문제를 운위하는 사람들이 가령 이러이러한 것을 숭상했으면 도의가 바로 서지 않겠는가 이런 생각으로 혹 글도 쓰고 말

---

23) 최현배, 「도덕 용어론 : "도덕"과 "道義"의 혼란을 바로잡기」, 『새교육』 11(대한교육협의회, 1959), 70~71쪽 참조.
최현배에 따르면 1957년 10월 대한교육연합회 주최 '道義教育연구회'의 전체회의에서 이 용어 문제를 토로한 결과 만장일치로 '道義'를 버리고 '도덕'으로 바꾸기로 결의하고 이를 대한교육연합회와 문교부에 건의하기로 했다고 한다. 1958년에 있은 중고등학교 교장 수양회에서도 이 문제를 논하게 되어 25인 중 '도덕' 찬성 23인, '道義' 찬성 2인의 결과가 나왔다고 한다.
이러한 분위기에 맞춰 1963년 2월에 문교부령 제119호로 공포된 국민교육과정 개정에서는 초등학교와 중학교에서는 '도덕'으로, 고등학교에서는 '國民倫理'로 표기하였다.

도 하는 사람이 있습니다. 그런데 그것이 성과가 있을 줄 모두가 기대하는 모양인데 결코 그렇지가 않아요. 왜 그러냐 하면 정직이 좋은 줄은 누구도 알고, 진실이 좋은 것도 누구도 알며, 정의를 사랑해야 되는 것도 누구도 잘 안다 이 말이요. 이런 것을 진열해서 자꾸 정직을 요구하고 진실을 요구한다고 해서 이것이 실효가 나느냐 하면 안 난다 말입니다. 그러니까 이 민족이 소유한 윤리적 생리, 도덕적 생리를 강구해서 그것에 호소하지 않으면 안 되는 것입니다.[24)]

김정설은 '윤리倫理'와 '도덕道德'이라는 말을 구분해서 사용하는데, '윤리'가 '도덕'보다 우리의 '에토스'에 더 근접한 의미를 가진다고 파악했던 것 같다.[25)] 사실 '국민윤리'라는 용어는 1893년 일본에서 출판된『국민윤리학』[26)]에서 처음 사용되었다. 이 책은 여러 가지 도덕에 관한 키워드를 66개로 정리한 것인데, 김정설이 의미했던 '국민의 에토스로서의 국민윤리'와는 차이가 있는 것으로 보인다.[27)]

---

24) 김정설,「國民倫理特講」, 235쪽.

25) 김정설,「國民倫理特講」, 203쪽 참조.
"그리고 倫理라는 말과 道德이라는 말을 區別해서 써야 하겠는데 道德이란 西洋 말 '모랄'(moral)에 해당한다고 본다면 윤리는 '에티크' 혹은 '에토스'에 해당하지 않나 생각됩니다. 도덕이라는 말은 대단히 의의가 큽니다. 그것은 다분히 형이상학적 의의를 가진 것입니다. 그것은 인간에 있는 선량한 관습이라는 정도의 의미로 이야기하는 것이 아닙니다. 그러므로 도덕이라는 말보다 윤리라는 말을 쓰는 것이 좋다고 생각합니다. 그러므로 國民道德이라고 하지 않고 國民倫理라고 한 소견은 여기에 있는 것입니다."

26) 吉見経倫,『國民倫理學』(大阪: 文陽堂, 1983).

이와 같이 김정설은 국민윤리를 우리의 에토스 속에서 찾아야 할 것으로 인식하여, 정치적 목적에 의해 만들어질 것이 아니라고 보았다. 이러한 김정설의 입장은 이선근李瑄根(1905~1983)의 『화랑도연구花郎道硏究』[28]에 대한 언급에서도 잘 드러나 있다. 즉 김정설은 '화랑도花郎道'라는 우리의 정신을 연구하는 것을 긍정적으로 평가했지만 그것이 목적성에 의해 도구로 사용되는 것에 대해서는 지적하기도 했다.[29]

김정설의 「국민윤리특강」은 1950년대 초반, '도의교육이 제기되고 또 비판받았던 시기에 행해졌던 강연이다. 김정설이 '국민윤리'를 강조한 것은 앞에서 제시한 '도의교육정책'의 확산과 무관하지 않을 것이다. 전후에 이렇게 도의교육 강화가 활발히 주장되던 이유는 당시 지도층들이 전쟁으로 인해 문란해진 윤리·도덕과 이기주

---

27) 오히려 일본에서는 '道德教育', '國民道德'이라는 용어가 더욱 활발하게 사용되었다. 일본의 國民道德에 관한 서적으로는 井上哲次郎, 『国民道德』(大阪: 隆文館, 明44[1911]); 藤井健治郎, 『國民道德論(訂正 5版)』(東京: 北文館, 大正11[1922]); 櫻井賢三, 『國民道德と現代思想』, (東京: 東京寶, 大正14[1924]); 深作安文, 『國民道德綱要(15版)』(東京: 弘道館, 昭和17[1942]) 등이 있다.

28) 李瑄根, 『花郎道研究』(서울: 東國文化史, 1949).

29) 김정설, 「國民倫理特講」, 217쪽.
"그리고 最近에 와서 李瑄根氏가 花郎道研究란 것을 몇 해 前에 出版을 했습니다. 可觀할 點이 있습니다. 그것은 무엇이냐 하면 花郎의 全體에 對한 研究에 着眼한 것이 아니라 現在의 國民運動과 青年運動에 關聯을 가지고 여기에 對한 根據 깊은 傳統을 찾을려고 하니까 이 花郎問題에 到達된 것입니다. 그래서 亦是 國民運動 青年運動을 中心으로 花郎問題를 觀察한 것입니다. 그러므로 花郎問題에 對해서는 그렇게 仔細하지 못합니다."

의, 물질만능주의를 제거하여 건전한 사회기풍을 확립해야 한다는 생각을 공유하고 있었기 때문이다. 도의질서의 확립만이 국가를 혼란에서 부흥으로 이끌 것이라는 주장이었다.[30]

평생을 교육자로서 살아온 김정설 역시 비슷한 생각을 공유하고 있었을 것이며 이러한 면에서 보면 '국민윤리'는 김정설에게 하나의 과제이자 의무였을 것이다. 물론 이는 비단 김정설에게만 해당되던 것이 아니라 당시의 사회적인 과제이기도 했다.

1950년대 실시되었던 도의교육은 그 이념 및 방법이 가지는 내부적 한계를 극복하지 못했고 국민에게도 내면화되지 못함으로써 실패로 끝나고 만다. 겉으로는 민주주의적 가치들로 포장되었지만 그 내부를 들여다보면 일제의 논리를 답습하였던 도의교육이 전략적 차원의 굴곡에도 불구하고, 대중의 인식 속에 분단국가가 요구하는 국가정체성을 깊이 뿌리내리지 못하게 된 것이다. 이에 균열은 다층적으로 존재하게 되었고, 4·19는 이러한 누적된 균열의 폭발이었다.[31]

주목할 만한 점은 김정설이 4·19에 대해서 아주 긍정적으로 평가[32]하였다는 점으로, 이승만 정권이 내세웠던 가치의 내적 모순을

30) 이유리, 「1950년대 '道義教育'의 형성과정과 성격」, 『韓國史研究』 144(한국사연구회, 2009), 271쪽 참조.

31) 이유리, 「1950년대 '道義教育'의 형성과정과 성격」, 『韓國史研究』 144(한국사연구회, 2009), 280~281쪽.

32) 김정설, 『政治哲學特講』, 108쪽 참조.

김정설도 인식하고 문제로 삼고 있었던 것을 알 수 있다. 김정설은 기존의 모순된 정책을 넘어서 일본의 잔재나 미국의 모방이 아닌[33] 우리 민족의 에토스에 맞는 국민윤리가 이 땅에 구현되기를 기대하였던 것이다.

2. 국민윤리 형성과정 속 효의 논리

1) 도의교육에서의 효

조선 후기 태동된 실학사상과 개화기 때 유입된 서양의 합리적인 사고로 상대적으로 그 자리를 잃어갔던 효孝와 충忠은 1950년대 이승만 정권(1948.7~1960.4)에서 '도의교육道義教育'이라는 이름으로 다시 부활한다.[34]

부모에 대한 마땅한 의무로서의 '효孝'는 '충忠'이라는 이름을 뒤집어쓰고 군주 혹은 국가에 대한 마땅한 의무를 요구하기 시작한다. 다시 말해 '효孝의 확장으로서 충忠'이 요구된 것이다. 이러한 흐름은 '도의교육'이라는 이름으로 포장된다.

---

33) 김정설, 「國民倫理特講」, 189~190쪽 및 『政治哲學特講』, 55~58쪽 참조.

34) '孝'에 대한 내용은 김충렬, 『김충렬 교수의 유가윤리강의』(예문서원, 1994); 김용옥, 『효경 한글역주』(통나무, 2009)를 참고 바란다.

1950년대 '도의교육'이라는 이름으로 발간된 도서들은 다음과 같다.

① 심태진沈泰鎭・권상철權相澈, 『도의교육의 이론과 실천』, 서울: 민교사, 1954.
② 중앙교육연구소(편), 『도의교육의 지침』, 서울: 대한교육연합회, 1955.
③ 문교부도의교육위원회, 『도의교육』, 서울: 문교부도의교육위원회, 1957.
④ 문영한文榮漢, 『도의교육지침』, 서울: 정문사, 1958.
⑤ 문교부도의교육위원회(편), 『도의생활지도요령』, 서울: 교학도서, 1958.

이 가운데서 가장 먼저 발간된 『도의교육의 이론과 실천』에서 '도의'와 '도의교육'은 다음과 같이 정의되었다.

> 원래 '도道'라는 말은 인간으로 걸어갈 길, 인간이 지켜야 할 도리 또는 인도人道를 말함이요, '도道'라는 말은 올바른 도리, 올바른 법칙, 또는 사회 공공公共을 위하는 정의심을 말함이니 도의道義란 말은 결국 인간이 사회를 조직하고 공동생활을 하는 데 있어서 준수실천遵守實踐하여야 할 올바른 생활준칙을 말함이다.……
>
> 윤리倫理란 말에 있어서 '윤倫'이란 말은 동류란 뜻과 조리條理란 뜻이요, '리理'란 말은 의리란 뜻이니 윤리란 말은 결국 인간 공동사회

의 근본 질서, 공동체의 근본 도리, 인도의 근본 원리라고 할 수 있다.

도덕道德이란 말에 있어서 '도道'는 앞서 말한 바와 같이 인도로서 '덕德'은 선량한 품성이요, 도道를 체득한 인격이다. 다시 말하면 '도道'는 인륜의 근저인 인도로 '덕德'은 그의 구체적 체현이요, 실현의 점에 있어서 도덕은 윤리보다도 자의상字意上 좋은 말이라고 할 수 있다.

그러나 도의道義 윤리의 말에 있어서도 행위적 주체의 실천으로부터 유리시켜서 해석할 수는 없으니 도의나 윤리나 도덕을 근본적으로는 동일물同一物로 간주하여도 무방할 것이다. 단지 종래의 도의교육에서 많이 사용된 관념으로 미루어 볼 때에 윤리라 하면 인도의 근본적 이론 탐구에 치중하였고, 도덕이라면 협소한 도학자적道學者的 기성 도덕체계의 실천에 치중된 감이 있는 것은 부인할 수 없는 사실이다. 그러므로 윤리에 비하여 주체적 실천을 중시하고 도덕에 비하여 더 비근卑近하고 광범하게 생활을 통제하는 면을 치중한다는 의미에서 도의란 말을 사용하는 것이 무난할 것이다. 다시 말하면, 외면적 형식보다도 내면적 실천을 중시하는 도덕 교육의 현대적 동향을 포함시키려는 것이다.……

물론 인간의 정신활동을 이론적으로는 지적知的·정적精的·의적義的으로 분석할 수도 있고 인간생활을 의식과 행동으로 분석할 수도 있을 것이지만은 실제에 있어서는 언제든지 전인적으로 활동하기 때문에 특히 도의교육에 있어서는 각각 분리하여 교육하여서는 소기의 목적을 달할 수 없다. 실로 "이론 없는 실천은 맹목盲目이요, 실천 없는 이론은 공허"라는 나트롭(Natorp)의 명언과 같이 우리들의 의식과 행동, 이론과 실천은 불가분不可分의 관계에 있다는 것을 잊어서는 아

니 될 것이다.[35]

이 외에도 '도의교육'과 '도의'에 대한 정의는 문영한文榮漢의 책 『도의교육지침道義教育指針』(서울: 정문사, 1958)에서도 찾아볼 수 있다.

도의교육道義教育을 논하는 만큼 도의道義라는 것과 도의교육이라는 것, 그리고 오늘날 우리가 지향하는 도의교육의 새로운 방향이라고 할 것을 먼저 따져야 할 것 같다. 그리고 우리의 각 방면에 있어서의 도의교육의 방향을 재천명해야 할 줄로 안다.

대체 도의란 무엇인가? 매일 심심하면 사용하다시피 하는 도의란 도대체 어떠한 것이기에 그다지도 중대하고 우리의 머리와 손발을 떠날 줄을 모르는가? 그것은 도의는 바로 생활이기 때문이다. 실에 있어서 도의란 별 것이 아니다. 도의라는 이름이 붙었으니까 말이지 하나의 생활체제 그리고 그 실천형태에 지나지 않는다.[36]

문영한의 정의처럼 '도의'라는 것은 당시 '하나의 생활체제' 그리고 그 '실천형태'로 국민에게 요구되던 것이었다. 이러한 생활체제, 혹은 실천형태로서의 '도의', '도의교육'은 그의 책 목차에도 그대로 반영되고 있다.

35) 沈泰鎭, 權相徹, 『道義教育의 理論과 實踐』(서울: 民教社, 1954), 11~18쪽.
36) 文榮漢, 『道義教育指針』(서울: 정문사, 1958), 43쪽.

[표 4]『도의교육지침』목차

〈전편〉	
제1장 이론적 인간상 제1절 불안 속에서 제2절 민주적 질서를 사랑하는 사회 제3절 자기를 발견하여 사회를 발견할 수 있는 사회 제4절 협동하는 사회 제5절 이상적 인간상	제2장 도의와 도덕교육 제1절 도덕교육의 새로운 방향 제2절 정치와 도덕교육 제3절 경제와 도덕교육 제4절 과학과 도덕교육 제5절 예술과 도덕교육 제3장 실천의 원리 제1절 현대 제 외국의 도덕교육 제2절 방법론
〈후편〉	
제1장 학교에 있어서의 도덕교육 제1절 국민학교의 도덕교육 제2절 중고등학교의 도덕교육 제2장 각 교과를 통한 도덕교육 제1절 일반 학습지도에 있어서의 도덕교육 제2절 각 교과를 통한 도덕교육 제3절 소년기 제4절 청년기 제3장 가정에 있어서의 도덕교육	제5장 타역사회에 있어서의 도덕교육 제1절 타역사회 교육에 있어서의 도덕교육의 내용 제2절 사회교육시설에 있어서의 도덕교육 제3절 각종 단체를 통한 도덕교육 제6장 생활지도를 통한 도덕교육 및 개성지도 제1절 환경의 미화 제2절 자주적 판단력의 양성 제3절 「홈룸」의 운영

제1절 유아기 제2절 아동기 제4장 학교와 가정의 공동계획에 의한 도덕교육 제1절 가정과 학교와의 도덕교육에 대한 이념의 차 제2절 가정의 주체성 제3절 교사의 지혜	제4절 자치활동의 추진 제5절 개인지도 제7장 도덕교육의 평가 제1절 도덕교육에 있어서의 평가의 의의 제2절 도덕교육의 평가절차와 문제점 제3절 평가의 실제 제4절 평가상의 유의점

『도의교육의 이론과 실천』의 저자 중 한 명인 심태진沈泰鎭은 후에 최현배崔鉉培·김두헌金斗憲이 작성한 「국민윤리강령國民倫理綱領」 초안을 검토하였던 공헌장기초위원(崔鉉培·金斗憲·金基錫·徐思淑·沈泰鎭) 중 한 명이다. 「국민윤리강령」은 이후 아래 [표 5]와 같은 일련의 과정을 겪으며 초안이 완성된다. 이 과정에서 「국민윤리헌장」과 「국민윤리강령」의 명칭이 혼재되어 사용되기도 한다.

[표 5] 「국민윤리강령」 초안완성 과정

년도	내용	출처(근거자료)
1958	왜 「국민윤리헌장」 제정이 필요한가를 국민에게 알리기 위한 글이 발표	「긴절緊切한 국민윤리헌장」, 『동아일보』(1958.12.17), 1면 8단

1959	최현배 · 김두헌이 초안을 검토 대중이 알기 쉽고, 외우기 쉽고, 행하기 쉬우면서 국민도덕의 가장 기본적인 것을 충분히 포함한 것을 채택하고자 함	「국민윤리헌장 – 초안을 검토 중」, 『동아일보』(1959.1.20), 3면 10단
	「국민윤리강령」 기초위원회가 채택한 초안을 〈도의교육위원회〉 내의 〈윤리분과위원회〉에서 다시 검토함 → 여론 참작 → 〈도의교육위원회〉 전체회의에 회부하여 통과됨 → 문교부장관의 승인 → 공포 * 관련인물: 기초 위원은 최현배 · 김기석 · 김두헌 · 서사숙 · 심태진의 5명	「깨끗하게 명랑하게 부지런하고 검박한 산림 「國民倫理綱領」 마지막 草案作成, 『동아일보』(1959.2.21), 3면 3단 
	기본 내용은 초안 검토에 관한 내용. 그 중 「국민윤리강령」이 개인, 가정, 공동사회, 조국 및 직장의 다섯 부문으로 나누어 행동의 규범이 되는 것 여섯 항목씩을 정하고 있음을 밝힘. "윗물이 맑으면 아랫물 따라 맑고 윗물이 흐리면 아랫물이 맑을 수가 없다"를 강조	「국민도덕은 제가끔 실천해야 한다」, 『국민보』(1959.3.4)

1960	1960년 1월 26일 오전, 회의를 소집하고 동위원회에서 성안한 「국민윤리헌장」을 최종적으로 검토	「국민윤리헌장 26일 최종검토」, 『동아일보』(1960.1.23), 3면 9단
	문교부 〈도의교육위원회 원리분과위원회〉는 1960년 1월 지난 26일 전문과 12개 항목으로 된 최종적인 초안을 완성함. 고광만 · 김기석 · 김두헌 · 최현배 · 심태진 등의 새로운 위원에 의해 작성	「교위총회 거쳐 이월중 공포 「국민윤리강령」을 완성」, 『동아일보』(1960.02.01), 3면 5단
	국민생활의 준칙이 되는 윤리 강령이 만들어진다는 데 큰 의의가 있으나 초안 기초 위원의 한 사람인 고광만은 '일반 국민보다 지식층이나 특히 지도층에서 이러한 강령을 더 잘 명심해 주는 게 더욱 필요하다'는 점을 강조	「성실 정직하여 품위 있는 사람이 되자」, 『국민보』(1960.03.09)

1959년 2월 21일 〈기초위원회〉에서 채택한 「국민윤리강령 · 안」은 다음과 같다.

1. 부지런하고 검박하며 남김 있는 살림을 한다.
2. 제 힘으로 살며 내 나라 것을 존중한다.
3. 부모에게 효도하고 부부는 서로 공경하며 이웃을 사랑한다.
4. 사람의 존귀함과 평등함을 알며 남의 인격과 의견을 존중한다.
5. 슬기로운 생각으로 나를 이기며 너그러운 마음으로 서로 돕는다.

6. 성실하고 정직하며 깨끗하고 명랑하게 산다.
7. 사심을 버리고 공정하게 하며 옳은 일을 위하여 몸을 바친다.
8. 예의와 염치를 알며 신의와 절개를 지킨다.
9. 편리에 앞서 의무를 다하며 자유와 함께 책임을 존중한다.
10. 창의로써 항상 더 좋게 하며 믿음과 참음으로 소망을 이룬다.

「안」은 '부모에게 효도'하고 '너그러운 마음으로 서로 도우며' '예의와 염치를 알며 신의와 절개를 지킬' 것을 강조하고 있다. 아직까지 「안」에서는 '국가에 대한 무조건적인 충성'이라는 모습은 보이지 않는다.

그러나 이후 박정희 정권 하에서 완성된 「국민교육헌장國民敎育憲章」은 그 내용이 사뭇 달라진다. 「국민교육헌장」은 철학자 박종홍朴鍾鴻 등이 기초 위원으로 참여한 가운데 1968년 12월 5일 완성, 선포된다. '반공'과 '민족중흥'이라는 집권세력의 통치 이데올로기를 사회적 이상으로 삼고 그 실현을 국민교육의 지표로 삼은 까닭에 「국민교육헌장」은 선포 당시부터 정치적 논란을 빚었다. 「국민교육헌장」은 곧바로 한국 교육의 이념과 동일시되어, 1960년대 말에서 1990년 초까지 초·중등교육을 받은 한국인들은 통째로 헌장 내용을 외워야 했다.

그 전문은 아래와 같다.

[표 6] 「국민교육헌장」 전문

우리는 민족 중흥의 역사적 사명을 띠고 이 땅에 태어났다. 조상의 빛난 얼을 오늘에 되살려 안으로 자주독립의 자세를 확립하고, 밖으로 인류공영에 이바지할 때다. 이에 우리의 나아갈 바를 밝혀 교육의 지표로 삼는다. 성실한 마음과 튼튼한 몸으로 학문과 기술을 배우고 익히며, 타고난 저마다의 소질을 계발하고 우리의 처지를 약진의 발판으로 삼아 창조의 힘과 개척의 정신을 기른다. 공익과 질서를 앞세우며 능률과 실질을 숭상하고, 경애와 신의에 뿌리박은 상부상조의 전통을 이어받아 명랑하고 따뜻한 협동 정신을 북돋운다. 우리의 창의와 협력을 바탕으로 나라가 발전하며 나라의 융성이 나의 발전의 근본임을 깨달아, 자유와 권리에 따르는 책임과 의무를 다하며, 스스로 국가 건설에 참여하고 봉사하는 국민정신을 드높인다. 반공 민주 정신에 투철한 애국 애족이 우리의 삶의 길이며, 자유세계의 이상을 실현하는 기반이다. 길이 후손에 물려줄 영광된 통일 조국의 앞날을 내다보며, 신념과 긍지를 지닌 근면한 국민으로서 민족의 슬기를 모아 줄기찬 노력으로 새 역사를 창조하자.

'국민에 대한 국가의 우위'로 요약되는 이 헌장은 천황의 절대권력을 정당화하고 천황에 대한 무조건적인 복종과 충성을 강요하는 내용으로 구성된 일제의 「교육칙어教育勅語」[37]를 그대로 본뜬 것이

37) 일본 메이지 천왕이 1890년 10월 30일에 선포한 이 「教育勅語」에서 '일본'을 '대한민국'으로 바꾸어 보면 「國民教育憲章」과 「教育勅語」의 유사성을 더 잘 알 수 있다.
「教育勅語」의 내용을 참고로 실어 보면 다음과 같다. 번역은 윤해동, 「'국체'와

라는 비판에 직면했는데, 이에 대한 공개적인 첫 비판은 유신체제하인 1975년 3월 1일 재야단체인 민주회복국민회의에 의해 제기되었다. 민주회복국민회의는 「국민교육헌장」에 맞서 "우리는 자유와 평화와 정의를 사랑하고, 압제와 불의를 거부하는 민주국민이다"로 시작하는 「민주국민헌장」[38]을 발표했다. 「국민교육헌장」은 선포된

'국민'의 거리-탈식민시기의 식민주의」, 『역사문제연구』 no.15(역사문제연구소, 2005)에서 인용하였다.

"짐이 생각건대 皇朝皇宗이 나라를 열어 宏遠한 덕을 세움이 심후하도다. 우리 신민이 지극한 충과 孝로써 억조창생의 마음을 하나로 만들어 대대손손 그 아름다움을 다하게 하는 것이 우리 국체의 정화인바 교육의 연원 또한 진실로 여기에 있을 터이다. 그대들 신민은 부모에게 효도하고 형제에게 우애하며, 부부 서로 화목하고 붕우 서로 신뢰하며, 스스로 삼가 절도를 지키고 박애를 여러 사람에게 끼치며, 학문을 닦고 기능을 익힘으로써 지능을 계발하고 훌륭한 인격(德器)을 성취하며, 나아가 공익에 널리 이바지하고 세상의 의무를 넓히며, 언제나 국헌을 무겁게 여겨 국법을 준수해야 하며, 일단 국가의 위급한 일이 생길 경우에는 의용을 다하여 공을 위해 봉사함으로써 천지와 더불어 무궁할 皇運을 扶翼해야 한다. 이렇게 한다면 그대들은 짐의 충량한 신민이 될 뿐만 아니라 족히 그대들 선조의 유풍을 현창할 수 있을 것이다. 이러한 도는 실로 우리 황조황종의 유훈으로 자손인 천황과 신민이 함께 준수해야 할 것들이다. 이는 고금을 통하여 오류가 없으며, 이를 중외에 베풀더라도 도리에 어긋나는 바가 없다. 짐은 그대들 신민과 더불어 이를 항상 잊지 않고 지켜서 모두 한결같이 덕을 닦기를 바라는 바이다."(明治 23년[1890] 10월 30일)

「教育勅語」의 초안을 작성한 사람은 모토다 에이후(元田永孚, 1818~1891)로 그는 이황과 주희의 학문을 존신하였던 인물이다. 그가 작성한 「教育勅語」 역시 유럽화 일변도였던 당시 사조를 깊이 우려하고 국민교육의 핵심을 전통적인 유학사상을 토대로 하여 그 위에 서구적인 감각을 가미한 것이었다.(성해준, 「일본인들의 조선 인식-근세 유학자들의 퇴계관을 중심으로」, 『일본어문학』 vol.20, 일본어문학회, 2003 참조) 이것이 「教育勅語」가 「國民教育憲章」으로 변용될 수 있는 하나의 배경으로 작용하였던 것으로 보인다.

38) 1974년 11월 27일 종로 5가 기독교회관에서 열린 '민주회복 국민선언대회'에

지 25년 만인 1993년에서야 초등학교 교과서와 정부 공식행사에서 사라졌다.

1950년대의 효孝와 충忠, 그리고 1960년대 후반에 선포된 「국민교육헌장」은 아래의 도표와 같은 관계성을 가진다.

[표 7] 효・충과 「국민교육헌장」

1968년 「국민교육헌장」:
국민에 대한 국가의 우위

↑

忠: 국가에 대한
국민의 의무

↗ ↖

정서적 기반
孝: 부모에 대한
자식의 의무

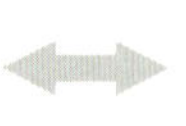

이론적 기반
1950년대 '道義',
'道義教育'론

서 발표되었다. 이 자리에는 이인・양일동・김영삼・김대중・이희호・유진오・함석헌・정일형 등이 참가하였다.

보도사진연감

이러한 사상적 배경에서 김정설은 재야인물이었음에도 불구하고 1950~60년대 중요 논의의 중심에 있었던 것으로 보인다. 아래의 [표 8]은 이와 관련된 일련의 사건들을 김정설과의 연관성 속에서 살펴본 것이다.

[표 8] 김정설과 1950~60년대 시대상황

번호	년도	사건	비고
1	1950년대 초	김정설이 「국민윤리특강」을 함	『화랑외사』(대구: 이문사, 1981) 故 이종후의 「三刊序」 중 "「국민윤리특강」은 凡父 생전(1950년대 초반) 모단체 회원들에게 행한 연속 강의의 속기록을 정리한 것"
2	1950년대	'도의', '도의교육'에 관련된 서적 세간에 간행	
3	1960년 1월 26일	「국민윤리헌장」 초안 작성	문교부 「도의교육위원회 원리분과위원회」
4	1961년 5월 16일	5·16쿠데타	
5	1961년 5월 19일	'군사혁명위원회'를 '국가재건최고회의'로 그 명칭을 바꿈	1961년 5월 16일 군사정변을 일으킨 박정희 소장 중심의 주체세력은 군사혁명위원회를 구성하고 계엄령을 선포하는 한편 곧 바로 내각과 제2공화국 당시의 민의원 · 참의원 ·

			지방의회를 해산. 이어 5월 18일 장면 국무총리로부터 계엄령 추인과 함께 정권을 인수받고 5월 19일 '군사혁명위원회'의 명칭을 '국가재건최고회의'로 바꿈.
6	계엄령 상황 시	박정희가 김정설을 찾아감[39]	재야인사들에게 자문을 구하는 시기로 추정
7	1961년 11월11일	〈재건국민운동 중앙위원회〉 50인에 김정설을 위촉. 국민교육분과위원으 로 참여	기자미상, '재건운동 중앙위원 50명을 위촉', 『동아일보』, 1961.11.12.
8	1963년 2월	김정설, '각국 국민운동의 제례', 『자유문화』 창간호(특집), 자유문화연구센터, 1963.	김정설을 선생으로 모시던 오종식은 5·16혁명이 좌파혁신세력을 일소하고 자유민주주의의 실현을 표방함에 선생은 적극적으로 혁명을 지지하고 군사혁명이 자유민주주의의 기틀을 확고히 해 줄 것을 기대했다. 이러한 기대에 부응하고자 하여 1962년 창설한 것이 〈자유문화연구센터〉이다. 이 센터는 회칙 제2조에서 "본회는 민족정기에 입각하여 민족문화를 재흥케 함으로써

39) 이와 관련된 사항은 추후 보완조사가 필요하다.

			국가재건과 나아가서 인류사회의 문화발전에 공헌함을 목적으로 한다'고 그 목적을 밝히고 있다. 그러나 재정악화로 몇 해 지속하지 못하였다.[40]
9	1963년 6월 13일	〈오월동지회〉 창설 회장: 박정희(국가재건최고회의 최고회의장) 부회장: 이주일(국가재건최고회의 부의장), 김정설(민간인)	소선규 범국민당 발기선언 관련 방송[41] 중, "지난 13일에는 정치와는 관계가 없다는 〈오월동지회가 창립대회를 열고 회장에 박정희 최고회의장〉을 추대했습니다. 그리고 부회장에는 이주일 부의장과 민간인 김범부 씨를 선출했습니다. 박의장은 이 날 회장으로 추대를 받고 5월동지회 회원들은 정치에는 관여 말라고 당부를 했습니다. '본 동지회는 발기 취지 선언문에도 명백히 명시되어 있는 바와 같이 이것은 어디까지든지 비정치단체로서

40) 李完裁, '榴軒 李鍾厚 先生 회고담' 중의 일부 내용을 발췌, 인용하였다. 원문은 http://blog.daum.net/ironyi/16886934?srchid=BR1http%3A%2F%2Fblog.daum.net%2Fironyi%2F16886934(검색일: 2009.4.1) 참조.

41) 동아방송 '주간방송' 중 「소선규 범국민당 발기선언」(동아방송DBS, 1963년 6월 13일)에 관한 내용. 원문은 http://dbs.donga.com/comm/view.php?r_id=04336&r_serial=01(검색일: 2009.4.23)

			회원동지 상호간의 친목을 돈독히 하고 소양을 넓히고 우리 서로가 상부상조하며 힘을 뭉쳐서 사회봉사를 하고 나아가서는 국가재건에 이바지 할 수 있는 그러한 노력을 하겠다는 것이 본 동지회의 취지라고 본인은 알고 있습니다.' 그러나 건전한 정치 풍토를 조성하도록 보다 높은 차원에서 노력하겠다고 밝힌 그들의 진로와는 달리 벌써부터 재건국민운동과 그 성격이 모호해지고 있다는 평을 받고 있습니다."
10	1968년 12월 5일	「국민교육헌장」 완성, 선포	박정희의 지시에 따라 박종홍 등 학계중심인물들이 「國民敎育憲章」을 완성
11	1974년 11월 27일	「민주국민헌장」 발표	종로 5가 기독교회관에서 열린 '민주회복 국민선언대회'에서 발표
12	1993년	공식석상에서 「국민교육헌장」 사라짐	

2) 「국민윤리특강」에서의 효

앞에서도 이야기하였듯이 김정설의 「국민윤리특강國民倫理特講」은

"범부 생전(1950년대 초반) 모단체某團體 회원들에게 행한 연속 강의의 속기록速記錄을 정리한 것"[42]이다. 이 단체가 어떤 단체였는지 구체적으로 알려진 바는 없다. 그러나 일련의 과정 속에서 김정설의 「국민윤리특강」을 시발점으로 하여 '도의', '도의교육' 나아가서는 「국민교육헌장」에까지 이르게 된다.

강연한 것을 받아쓴 형태를 취한 이 글은 「해제」를 시작으로 「국민윤리의 현상」, 「국민윤리의 역사성」, 「국민윤리의 보편성과 특수성」, 「한국적 국민윤리의 전통」이라는 5개의 장으로 이루어져 있다. 김정설은 이 글, 특히 「한국적 국민윤리의 전통」의 장에서 한국적 국민윤리의 전통으로 화랑정신花郎精神을 강조하고 있다. 그리고 이 화랑정신의 근간이라 할 수 있는 풍류정신風流精神 속에서 대조화大調和의 정신을 이끌어 내어 국민대화합을 실현할 것을 역설하고 있다.

여기에서 김정설은 화랑의 요소를 세 가지로 나누고 있다.

> 화랑花郎을 진정하게 인식하려면 화랑정신花郎精神 가운데 세 가지 요소를 먼저 규정하고 그 규정 밑에서 이 화랑정신을 살펴야 화랑의 전모를 관찰할 수 있습니다. 그 세 가지가 무엇이냐 하면 첫째는 종교적 요소입니다. 둘째는 예술적 요소입니다. 셋째는 군사적 요소입니다. 그런데 일반적으로 화랑에 대한 상식은 대개 어떠한 관념으로 규

42) 李鍾厚, 「三刊序」, 『花郎外史(삼판)』(이문출판사, 1981) 참조.

정되었느냐 할 것 같으면 군사면으로 주로 치중되어 있을 것입니다. 일반의 상식화해 있는 화랑에 대한 관념이 종교면과 예술면이라는 것이 결여해 있을 것으로 생각합니다.[43]

이처럼 김정설에게 있어서 화랑은 무속적 요소를 지니고 있는 종교적 요소가 첫 번째요, 심미적인 요소에 의한 어울림이 있는 예술적 요소가 두 번째요, 그리고 나라를 지키기 위해 목숨을 다하는 군사적 요소가 세 번째였던 것이다. 이 모두가 어느 하나 결여되지 않을 때 비로소 화랑의 완성된 모습이 갖춰지는 것이라고 김정설은 보았던 것이다. 김정설은 1950년대 당시 화랑이 단지 군인의 상무정신尙武精神을 고취시키기 위한 목적으로 발굴된 하나의 키워드[44]로 자리 잡혀가고 있는 것에 대해, 그리고 일본인들에 의해 그것이 왜곡[45]되고 있는 현실에 대해 화랑의 진면목을 알리고 그 속에서 국민

---

43) 李鍾厚, 「三刊序」, 『花郎外史(삼판)』(이문출판사, 1981), 218쪽.

44) 당시 새로이 부각된 키워드들로는 花郎 외에 이순신, 이황 등이 있다. 이에 관해서는 최재목, 「이퇴계의 초상화에 대하여」, 『퇴계학논집』 제2호(영남퇴계학연구원, 2008.6) 및 崔在穆, 「韓國における「武の精神」・「武士道」の誕生」, 『陽明學』 제22호(한국양명학회, 2009.4)를 참조 바란다.

45) 일본에 의한 花郎精神 왜곡에 대해 김정설은 두 가지 사례를 제시한 바 있다. "그 후 일본인 속에 鮎貝라는 자의 조선 역사에 관한 저술 가운데 花郎考란 것이 있는데 그 花郎考는 큰 可考는 없습니다.…… 도대체 조선사람이라는 것은 역대로 보아서 신라의 화랑과 같은 정신이 다른 데에는 잘 없는데 일본 武士道와 유사하다. 그러나 아마 일본 무사도가 신라에 들어와서 된 것이 아니냐 이러한 말을 했는데,…… 그 다음에 성명은 잘 기억되지 않지만 『花郎研究』라는 책이 있어서 花郎을 상당히 연구한 사람이 있는데 그 사람은 또 틀린 것이

대화합을 이끌어 내고자 하였던 것이다.

해방 이후 화랑도花郎道는 민족의 혼으로서, '국가' 재건의 윤리(國家主義)로서, 그리고 6·25 한국전쟁 당시 남 측의 국가방위 이론으로서, '남南(新羅)의 무사도정신'으로서 재등장하였다.[46] 이것은 일제의 유산인 '화랑=군사'설이 이승만과 박정희 정권의 국가재건에 기여하였던 역사학자들에 의해 '화랑도'로 국가적 정신의 모범으로서 새로운 가치를 점유하게 된 것[47]과 그 맥을 같이한다.

김정설은 자신의 '국민윤리론'을 완성하기 위해 민족적 정기로서 화랑정신花郎精神을 끌어오기는 하지만, 궁극적으로 그가 말하고자 하는 것은 화랑정신을 통한 국민화합이었다. 이를 위해 가장 근본적

무엇이냐 하면 馬來의 원시시대의 男丁訓練하는 것이 있어 가지고 그것이 일본을 통과해서 조선에 들어온 것이 아니냐, 이런 말을 했습니다."(김정설, 「國民倫理特講」, 216~217쪽)

일본의 花郎 왜곡에 대해서는 대표적으로 鮎貝房之進을 예로 들 수 있을 것이다. 그는 신라의 花郎精神을 '충의를 위하여 죽음을 택하는 것'이라고 이야기하면서 이것을 일본의 정신과 연결시켰다.(김태식, 『풍납토성, 500년 백제를 깨우다』, 김영사, 2001, 77쪽 참조) 또한 1944년 1월 도쿄에서 최남선과 이광수가 대화한 소위 '東京對談'에서 최남선은 일본 무사도와 신라시대 화랑정신의 일치를 강조한 바 있다. 일제의 가마쿠라시대의 무사도와 우리 화랑도를 동일선상에서 보았고 이것은 곧 내선일체의 근거이자, 학도병 진출의 정당성을 뒷받침해 주는 근거로 사용하였다.('東京對談'에 대한 자세한 사항은 김윤식, 『일제말기 한국인 학병세대의 체험적 글쓰기론』, 서울대학교출판부, 2007 참조)

46) 崔在穆, 「韓國における「武の精神」・「武士道」の誕生」, 『陽明學』 第22호(한국양명학회, 2009.04), 351쪽.

47) 崔在穆, 「韓國における「武の精神」・「武士道」の誕生」, 『陽明學』 第22호(한국양명학회, 2009.04), 351쪽.

으로 제기하였던 것이 전통적인 '효孝'였다. 이 화랑정신을 통한 '효'를 '차별애差別愛를 넘어 보편애普遍愛로의 가능성을 열어 주는 하나의 창구'로 인식하였던 것으로 보인다.

3. '지정=효'에 바탕을 둔 인륜적 국가관

김정설이 우리 민족의 에토스이자 대단결을 위해 가장 기본으로 제시한 것은 바로 '효孝'이다. 이것은 상황에 따라 '신의信義' 또는 '충의忠義' 등으로 그 발현 형태를 달리할 수 있지만, 핵심은 '지정至情'으로 이야기할 수 있다.

> 이러한 유례를 열거하기로 한다면 아마 책권이나 족히 될 것이다. 그런데도 세상에서 흔히들 알고 있지 않으니 중에서 실례를 찾는 것이 한결 의미가 있다고 볼 것이다. 그런데 이상에 예거例擧한 금고今古의 인인의사仁人義士들 그 심정心情과 행동과 생활을 관찰해서 넉넉히 한 개 유형의 국가관을 파착把捉할 수 있는데 대관절 그 상통하는 일맥 그것이 무엇일까?
>
> 그것은 일언으로 폐지왈'지정'蔽之曰至情이란 것이다. 그대의 심중에는 분명히 부귀 따위의 요소는 발견할 수 없고 아마 공명까지도 점거할 여황이 없었을 터이다. 그저 나라를 위하고 동포를 위해서 신명身命을 돌아볼 틈도 없이 분투하고 정진했을 뿐이다. 그러니 그 심경

을 신밀하게 살펴본다면 그건 대소 간의 이해타산보다도 그저 '측달惻怛한 감분感憤' 그리하지 않고는 배길 수 없는 '무조건의 혈충血衷' 말하자면 이것을 '지정至情'이라 하겠는데 지정이란 부모가 자식을 사랑하는, 자식이 부모를 애경하는 심정을 지칭하는바 이거니와 부모가 자식에게 유리한 기대를 아니하는 바도 아니오 자식이 부모에게 이덕利德을 기망企望하지 않는다는 것도 아니다. 그러나 이런 것은 일종의 변태현상變態現狀을 제외하고는 결코 제일 조건은 아니고 역시 이해득실을 초월한 곳에서 천연天然으로 유로流露되는 부자의 지정을 파취把取할 수 있는 것이다. 그리고 인인의사仁人義士의 나라에 대한 심정도 기실인즉 이해득실을 초월해서 당연히 그리해야 하고 그리 않고는 할 수 없는 '무조건의 감분' 다시 말해서 효자가 부모에게 대한 측달惻怛한 심정 곳 지정이라 할 수밖에 딴 이유가 없는 것이다. 그런데 이러한 심정들은 이것을 국가관으로서 규정하자면 역시 윤리적 혹은 인륜적人倫的 국가관으로 해야 할 것이다. 그리고 또 다시 말하자면 한국은 국인國人의 역사적 심정을 기본으로 해서 '인륜적 분의협조체分義協調體의 국가관'으로 규정할 수도 있을 것이다.[48]

김정설에게 효孝는 "이해득실을 초월한 곳에서 천연天然으로 유로流露되는 부자父子의 지정至情을 파취把取할 수 있는 것"으로 파악

48) 김정설, 「邦人의 國家觀과 花郎精神」, 『最高會議報』 2, 國家再建最高會議, 1961. (최재목 · 정다운, 『凡父 金鼎卨 단편선』, 서울: 선인출판사, 2009, 62~63쪽에서 재인용)

되었고, 이것이 국가로 넘어가면 "인인의사仁人義士의 나라에 대한 심정도 기실인즉 이해득실을 초월해서 당연히 그리해야 하고 그리 않고는 할 수 없는 '무조건의 감분感憤'으로 발현된다"고 보았다. 이것은 국가를 어떠한 목적성에서도 배재하여 바라본 것으로 동양적이며 인륜적인 국가관이라고 할 수 있다.

김정설이 강조하고 예찬한 '화랑정신花郎精神'도 결국은 지정至情=효孝=무조건적 사랑에 바탕을 둔 '인륜적 국가관'과 연결해 생각해 보아야 할 필요가 있다. 즉 김정설은 국가와의 관계는 이해득실의 관계도 아니고 일방적인 방향으로 흘러가는 것도 아닌, 부모가 자식을 사랑하듯이 자식이 부모를 사랑하듯이 이루어져야 한다고 생각한 것이다.

> 효孝를 중시하게 되면 어떻게 되느냐 하면 옛날 사람들이 말한 바와 같이 완전히 천하가 평안하게 된다는 겁니다. 부모한테 효성을 하면 천하가 평안하게 된다. 이런 말을 하면 어째서 그럴 것이냐 이런 생각이 날 것이오.
>
> 이것은 놀랍게 생각하지 말고 달리 생각해 보면 알 것이오. 왜냐하면 효孝라는 것은 자식이 부모를 공경하고 사랑하는 것인데, 이 공경과 사랑 그것은 부모에게만 한정된 것이 아니오, 이것을 잘 양성할 것 같으면 누구한테라도 경애지심敬愛之心을 표시할 수 있다는 것이오. 그래서 이 경애지심이 친구 사이에 이루어질 때에는 신의가 되는 것이고, 나라에 그것을 표시할 적에는 충의가 되는 것이오. 옛날이나

지금이나 나라를 위해서 또는 민족을 위해서 아니면 다른 어떤 인간을 위해서 진충盡忠하는 사람은 대개 효성이 있는 사람이오. 충무공 이순신이라는 이는 나라에 충성만 다한 것이 아니라 효성으로 지극한 이오. 충신은 효자의 가문에서 나오는 법이오. 진충한 이가 불효자가 있는가 찾아 보라, 있을 도리가 없다 이 말이오. 부모한테서 부모를 경애하는 그런 지정至情 속에서 양성된 사람이 어디서든지 지정으로 행하는 것이오, 어디서든지 경애지심을 발하는 것이오. 만일 불효한 자가 다른 데 가서 일을 잘하는가 보십시오. 부모를 거역하는 사람이 무슨 짓을 못하겠는가 말이오. 그러므로 부모에 대하여 불효하거든 친구라도 믿지 말라고 하지 않습니까?……

그러니 그것을 정직이라고 숭상했다가는 천하는 망하고 만다는 말입니다. 인간이 망할 때 무엇이 남는단 말이오. 이것은 여러분이 그저 관념으로만 생각지 말고 직접 효행을 통해서 생각해 보란 말이오. 효孝를 하면 부모한테만 하는가? 다른 데도 효를 하는가? 어째서 그러면 이 효가 천하를 평안하게, 좋게 하는 도리가 되는가? 한 사람이 자기 부모한테 효성을 다함으로써 천하가 좋게 될 것인가? 그러나 조금도 의심할 일이 아닙니다. 왜냐하면 부모가 없는 집이 없고 어떤 자식도 부모가 다 있으며, 인간치고는 다 부모가 있고 인간치고는 자식이 다 있다 이 말이오. 그러면 친자간의 이 지정을 떼어 놓고 인이나 박애를 잘 실천할 수 있느냐 하면 그럴 수가 없다는 것입니다. 왜 그런고 하니 생리화生理化되지 않았기 때문이오. 이것을 생리화하는 데는 지정에서 양성하지 않으면 안 된다 이 말이오. 또 강조하겠는데, 왜 하필이면 천하를 좋게 하는 대조화의 정신인 인을 부모한테서 출발하자고 하느냐 하면, 이것이 경애지심이 발하는 제일 간절한 표준이기 때문이란 말이오. 부모자식간이 제일 지정이 움직거리는 표준이다 이 말입니다. 그래서 여기서 출발하지 않으면 안 된다는 것입니다. 옛날에 효를 말하는 이들도 결단코 부모에게만 그치는 것이 아니라고 했습니다. 진정한 실천성이 있는 덕행을 양성하려면 지정至情에서부터 출발해야 한다는 말을 옛날 효를 말한 이에게서도 찾아볼 수 있고, 효경孝經에서도 찾을 수 있습니다.……

그렇기 때문에 옛날에 유약有若이란 이가 무슨 말을 했느냐 하면, "효야자孝也者 기위인지본여其爲仁之本歟"이라고 했던 거요. 인仁이라는 것은 유교儒敎에서 주장하는바 덕행으로서의 최고 이상인데 이 덕을 실행하는 데는 효제孝悌에서 출발해야 한다는 것입니다. 효는 부모한테 하는 것이고, 이 경애지심敬愛之心을 형제에게 옮길 때는 제悌가 되는 것이고, 이것을 나라에 옮길 때는 충忠이 되는 것입니다. 요컨대 이 모두가 '효孝' 한 자字에서 출발하는 것입니다. 그런데 이런 효행의 전통이 유교에서 온 것인가? 누누이 말하지만 설령 이것이 유교에서 왔다고 하더라도 이것은 이미 우리의 전통이 된 거요. 효를 숭상하는 정신은 이미 유교가 들어오기 전에 이 민족의 고유한 정신이 되어 왔던 거요. 그러니까 우리에게 있어서는 벌써 역사를 기록하기 전부터 있어 온 것입니다. 우리는 우리의 것이 남의 것보다 좀 못할지라도 우리의 전통이니 잘 살려 나가야 되겠습니다. 설령 좀 잘 못생겨도 내 코니 어쩌란 말입니까. 못 생겨도 내 코란 말이오. 남의 좋은 코가 내 코 되어 주지는 않는단 말이오. 그러니 불가불不可不 못 생겨도 내 코란 말이오. 걸음을 잘못 걸어도 내 발이란 말이오. 부스럼이 좀 나도 내 팔이란 말이오. 그러니까 우리는 우리의 전통 중에서 의의 있는 것을 계승해서 이것을 살리는데 다만 문제는 이 정신을 이 시대 가운데서 살리고, 이 시대를 이 정신 가운데서 살리면 되지 않느냐 말이오. 조금도 이것이 이 시대에 어그러지지 않을까 그런 걱정은 추호도 안 해도 좋을 것입니다. 부모를 경애敬愛하는 데 시대가 무슨 시대냐, 거기 무슨 시대가 그것을 장애하며 어떤 경애의 정신이 이 시대의 발전을 장애하느냐 말이오. 절대로 그런 법은 없는 것입니다. 이것은 얘기 듣는데 그치지 말고 여러분이 심정적으로 자꾸 음미를 해 보십시오. 거듭 음미를 해 보면 재미가 절로 날 것입니다.[49)]

이처럼 김정설은 '전통적인 애경愛敬의 정신인 〈효孝〉 →(확대) → 〈충忠〉(이런 내용은 결국 '花郎精神'으로 수렴) → 〈국민대단결〉'의 논리적 · 이념적 도식을 자신의 '국민윤리론'의 저변에 깔고 있는 것처럼 보인다.

김정설은 전통적인 애경의 정신인 효孝를 확대, 발전하는 형태로 충忠을 구축하는 틀을 갖는다. 이 효孝–충忠을 모두 담는 것은 신라의 화랑정신이었고 효孝와 충忠을 포함하는 '인륜적 국가관'의 발현으로서의 화랑정신은 김정설에게서 국민대단결을 위한 주요 이론으로 역할 하였다. 그리고 그의 '국민윤리론'의 가장 바닥에 자리 잡고 있었던 '효孝'는 이승만 독재에 항거하며, 국민대단결을 이끌어 내기

---

49) 김정설, 「國民倫理特講」, 237~240쪽.

위한 김정설의 고육책이 아니었던가 생각된다.

비록 재야의 인물이긴 하지만 당시 선각자적 위치에 있었던 그는 흩어진 민심을 바로잡고 새로운 비전을 제시하는 과정에서 전통적인 '효孝'를 가져왔던 것이다. 그리고 '효孝'라는 어찌할 수 없는 심정, '지정至情'을 통한 인륜적 국가의 실현으로 나아가는 '더 나은 국가로의 국민 대단결'을 이야기하고 있었던 것이다.

제4장

국민윤리론의 내용과 특징

이 장에서는 김정설이 강의했던 '국민윤리론國民倫理論'의 연속 강의의 내용 및 특징을 「국민윤리특강國民倫理特講」이란 텍스트를 통해 고찰하고 「국민교육헌장國民敎育憲章」과의 대비를 통해 그 핵심 정신을 파악해 볼 것이다. 구체적으로 김정설의 '국민윤리론'의 강연 의도를 당시의 시대 상황에 비추어 밝혀 보고, '국민윤리론'이 전하고자 하는 내용이 무엇인지를 텍스트에 주목하여 항목 별로 검토할 것이다. 그 속에서 '국민윤리론'의 성격을 도출하고, 나아가 '국민윤리론'에 나타난 우리 고유의 에토스는 무엇인지, 그 특징에 대해서 조사해 볼 것이다. 마지막으로 김정설의 '국민윤리론'과 1960년대 말에 등장한 「국민교육헌장」과의 비교를 통해 둘의 관계성에 대해 살펴볼 것이다.

1. 「국민윤리특강」의 등장 배경

김정설의 「국민윤리특강」은 "범부 생전(1950년대 초반) 모단체 회원들에게 행한 연속 강의의 속기록速記錄을 정리한 것"[1]이다. 이 단체가 어떤 단체였는지 구체적으로 알려진 바는 없다. 그러나 일련의 과정 속에서 '국민윤리론'은 김정설의 「국민윤리특강」을 시발점으

1) 『花郞外史』 서문 중 李鍾厚의 「三刊序」 참고.

로 하여 '도의道義', '도의교육', 나아가서는 「국민교육헌장」에까지 이르게 된다. 강연한 것을 받아쓴 형태를 취하고 있는 이 글은 「해제」를 시작으로 「국민윤리의 현상」, 「국민윤리의 역사성」, 「국민윤리의 보편성과 특수성」 그리고 「한국적 국민윤리의 전통」이라는 5개의 장으로 이루어져 있다.

'국민윤리'라는 용어를 김정설이 언제 처음 사용했는지에 대해서는 많은 이견이 있으나, 적어도 1950년 중반 이전에는 의식적으로 사용했던 것으로 보인다.[2] 처음 '국민윤리'라는 용어를 조어하면서 김정설이 염두에 둔 바는 혼란한 시대에 던져진 한국 민족의 정신적 지침을 제공하고자 한 의도일 것이다.[3] 그러나 1960년대 시대적 상황과 맞물려 김정설은 '군사정부와 관련이 있는 인물들은 모두 군사정권에 기댄 인물'[4]이라는 오해를 받게 되고, 이러한 편견은 그의

---

2) 제1장 각주 6) 참조.

3) 정달현, 「凡父의 國民倫理論」, 『현대와 종교』 10집(현대종교문제연구소, 1987), 284쪽 참조.

4) 2009년 4월 24일 경주 동리·목월문학관에서 "金凡父 선생과 경주문학"이라는 주제로 동리목월문학 심포지움이 열렸다. 이 자리에는 김정설의 외손자(金正根, 부산대 명예교수)와 李完栽(영남대 명예교수), 鄭榮道(동아대 명예교수) 등 김정설에게 직접적으로 학문을 배운 이들이 상당수 자리하였다. 다음은 그 자리에 나온 정영도의 이야기 중 한 부분이다. 구술자료가 가지는 객관성의 한계를 뒤로 하고 김정설과 國民倫理에 관한 구술이므로 적어보기로 한다. "한번은 내가 金東柱, 李鍾厚, 河岐洛 씨와 술자리를 함께한 적이 있었지. 그때 김동주 씨가 한 이야기인데, 계엄령 중이던 어느 비 오는 날, 박정희가 군복을 입고 범부선생을 찾아왔다는 거야. 그래서 범부선생은 그를 안으로 맞이하였지. 그리고는 둘이서 상당한 시간 동안 이야기를 나누다 박정희가 돌아갔다는

'국민윤리론'의 본 의미마저 퇴색시켜 버렸다. 그러나 이것이 「국민교육헌장」과 구체적으로 어떤 관계에 있는지에 대한 실증적인 연구는 이루어지지 않고 있다.

「국민윤리특강」의 등장배경은 제3장에서도 언급하였듯이 당시 사회적 분위기와 밀접한 관련이 있다. '도의교육'으로 대표되던 당시의 국민윤리 교육방침은 겉으로는 민주주의의 옷을 입고 있었으나 속으로는 일제의 수신修身 교육을 답습하는 한계를 가지고 있었다. 이는 당시의 지식인들이 원했던 진정한 윤리(도덕)가 아니었으며, 결국 '도의교육'은 숱한 비판을 받게 되고 현실적으로도 국민에게 내면화되지 못한 채 막을 내리게 된다. 김정설이 강연했던 1950년 초반은 이미 이러한 비판론이 확장되던 시기였으며, 김정설 역시 교육자로서 우리 국민이 나아가야 할 바른 윤리의 확립을 절실히 원하고 있던 사람 중 하나였다. 그의 「국민윤리특강」은 이러한 사회적 요청 속에서 등장한 것이다.

당시 대부분의 지식인들은 혼란한 사회를 안정시키고 발전해 나가기 위해서 국민윤리가 있어야 함을 인정하였고,[5] 국민윤리의 보급이란 정책은 다음 정권에게도 여전히 큰 숙제로 남아 있었다. 기

거야. 그래서 김동주가 범부선생에게 무슨 이야기를 그리 오래 나누셨는가를 물어보니, 國民倫理, 국민운동, 새마을운동 등에 관한 이야기를 나누었다고 하시더라는 거야."(2009.4.24)

5) 「道義教育을 말하는 좌담회」, 『새교육』, 1954.6.

존의 국민윤리가 실패한 원인은 무엇보다도 이론적인 부분의 취약성 때문이었기 때문에, 정부는 정책적으로 많은 학자의 이론을 수렴하게 된다. 이 과정에서 김정설의 '국민윤리론' 역시 하나의 수단으로서 「국민교육헌장」에 선택적으로 수렴된 것이다.

2. 국민윤리론의 강연 의도와 의의

'국민윤리론國民倫理論'을 강연했던 1950년대 초는 아직 전쟁과 분단의 혼란으로 국가의 틀이 제대로 잡히지 않은 혼란한 시기였다. 당시 우리나라는 이승만의 장기 집권으로 민주주의의 의미가 퇴색되고 있었고, 이런 혼란한 사회에 흩어진 민심을 바로잡고 새로운 비전을 제시할 '윤리'가 시급히 요구되었다. 당대를 살아가는 지식인들이 이러한 문제를 인식하고 고민했었음은 충분히 예상해 볼 수 있다. 김정설 역시 그들 중 한 사람으로 우리나라, 우리 민족이 실천할 수 있는 윤리란 무엇인가에 대해 고민하였다.[6] 그 고민의 하나로 나

---

6) 김정설의 외손인 金正根은 「金凡父를 찾아서」라는 글에서 김정설과 손님들이 나눴던 대화를 다음과 같이 회상한다.
""'건국철학'과 같은 표현을 그때 얼핏 들어본 것 같기도 하다. 새 나라의 국민이 갖추어야 할 정신 문제를 말씀한 것 같기도 하고 '國民倫理'라는 표현을 역시 그때 들어본 것 같기도 하다."(金正根, 「金凡父를 찾아서」, 『凡父 金鼎卨研究』, 대구프린팅, 2009, 50쪽 참조)
이때 김정설은 계림대학에 있을 때였는데, 그가 당시 교류하던 많은 사람과

온 결과가 바로 '국민윤리론' 연속 강의였다. 정확히 파악할 수는 없지만 강연을 듣는 청중의 대부분은 당대의 젊은 지식인들이었을 것이며, 그들은 한국의 현실과 나아갈 길에 대한 고민을 공유할 수 있는 사람들이었다. 이러한 정황으로 볼 때, 김정설은 이 강연을 통해 이들에게 우리 고유의 에토스에 걸맞은 '우리의 윤리'를 세워야 한다는 자신의 의견을 피력하였다고 볼 수 있다.

그렇다면 왜 '국민'윤리인가? 이 명칭은 이후 박정희 정부가 계획하고 제정한 「국민교육헌장」과 연관이 되어 군사정권에 활용되었다는 좋지 않은 인상을 남기게 된다. 그러나 김정설이 최초에 '국민윤리'라고 정한 명칭에는 그러한 정치적인 의도는 들어가 있지 않다. 이 명칭을 제대로 이해하기 위해서는 김정설의 사상 근간을 이루는 세계관부터 이해해야 할 필요가 있다. 이를 위해 김정설의 '국가'와 '민족·국민'에 대한 인식을 살펴보고 이것이 김정설의 '국민윤리' 개념 성립에 어떻게 적용되었는지를 살펴보도록 하겠다.

1) 「국민윤리특강」을 통해 본 김정설의 국가관

김정설은 한 개인을 사회와 독립된 존재로 보지 않고 개인이 속

해방 이후의 우리나라의 미래에 대해 깊은 논의를 종종 나눈 것으로 추정된다. 즉 '우리 민족이 나아가야 할 길'에 대한 모색이 당시 그가 고민하고 해결해 나가야 했던 과제였음을 알 수 있다.

한 사회 안에서만 파악할 수 있다고 하였다. 다시 말하면, 개인은 어떠한 집단 속에 속하기 마련이고 이 집단은 역사적인 단계를 거쳐 부족국가에서 민족국가로 발전해 왔다는 것이다. 국가의 발전과정을 설명하기 위해 김정설은 헤겔류의 정반합적正反合的 발전원칙과 이를 보완하는 완료完了의 원칙으로써 자연계와 역사를 인식하여 적용하였다.[7)]

김정설이 자연과 우주를 인식하는 방법은 동방적·역학적이라 할 수 있는데, 그는 이를 역사현상과 사회현상을 인식하는 데 적용하였다. 이러한 김정설의 '즉관적卽觀的 역사인식'[8)]은 역사를 관념이 아닌 현실의 문제로서 인식하여 "역사를 어떤 관념적 공식이나, 어떤 논리적 공식을 가지고 보지 말고 사실 그대로 보아야"[9)] 된다는

---

7) 김정설, 「國民倫理特講」, 188~202쪽; 김정설, 『政治哲學特講－凡父遺稿』, 96~107쪽 참조.
김정설은 헤겔의 정반합의 원칙을 부분적으로 받아들이면서 거기에 '完了의 법칙'을 추가하여 보완하였다. 헤겔의 논리에 따라 계란은 큰 닭으로 진행되고, 사과 씨는 익은 사과까지 진행된다. 그러나 여기서 더 발전되면 죽은 닭, 썩은 사과로 진행되는데, 이것은 진행이 아니라 퇴행에 가깝다. 이러한 모순을 설명하기 위해 김정설이 제시한 것이 '完了의 법칙'이다. 이미 큰 닭과 익은 사과는 '進行의 법칙'을 지나 '完了의 법칙'이 적용된 상태라는 것이다. 김정설의 이러한 설명은 그대로 국가의 발전단계에도 적용된다. 발전하는 국가는 民族國家의 형태로 完了된다는 설명이 그것이다. 이는 당시 헤겔의 논리를 근거로 世界國家를 주장했던 코스모폴리탄들에 대한 직접적인 비판이었다.

8) 정달현, 「凡父의 國民倫理論」, 『현대와 종교』 10집(현대종교문제연구소, 1987), 283쪽; 이종익, 『東方思想論叢』(동방사상논총간행위원회, 1975), 47~54쪽 참조.

9) 김정설, 「國民倫理特講」, 195쪽.

그의 주장에서 발견할 수 있다. 즉관적 역사인식을 통해 본 국가발달사 역시 자연계의 현상에서와 마찬가지로 발전의 원칙과 완료의 원칙이 결합된 것으로 보며, 김정설은 국가발전단계를 다음과 같이 언급하였다.

> 이러한 완료完了의 원칙을 국가발전사에 적용을 한다면 국가는 원시 부족국가시대에서 오늘날까지 발전해 오는 역사적 과정에 있어서 민족국가로서 완료되고 있습니다.[10]

즉 부족국가에서 민족국가로의 역사적 과정에는 '발전의 법칙'을 적용할 수 있고, 민족국가의 성립에는 '완료의 법칙'을 적용할 수 있다는 것이다. 민족국가가 성립되어 국가발달이 완성된 것, 이것이 바로 역사적 사실이라고 김정설은 주장했다. 제국주의에 대해서 김정설은 제국주의의 의욕과 자본주의의 의욕이 팽창하여 세계를 개척한 것으로 보고, 이것은 세계사회를 위한 역사적 필연이라고 이야기하였다. 앞으로의 역사 단계에 대해 김정설은 제국주의는 세계 개척의 역할을 하였으니 붕괴하고, 이제는 완료된 민족국가가 남고 국가는 각 민족국가가 서로 간에 책임을 지는 각각 독립(各立)된 책임국가로서 참여하는 국제국가사회의 형태를 취하게 된다고 하였다.[11]

---

10) 김정설, 「國民倫理特講」, 196쪽.

2) 「국민윤리특강」을 통해 본 김정설의 민족·국민 개념

김정설의 즉관적 완료의 원칙에 따르면 국가는 민족국가로 완료된다. 이는 단순히 국가 발달사를 서술한 것이 아니라, 현대 세계사회의 민족이 국가라는 통일체제를 가지게 되면서 그 민족이 국민의 성격을 띠게 된다는 점을 언급하기 위해서였다.[12]

김정설은 민족국가를 완료된 형태라고 하였는데, 그러면 미국과 같은 다민족국가에 대한 의문이 자연스럽게 생기게 된다. 미국과 같은 예외는 김정설의 생각이 잘못되었다는 주장의 논거로 활용될 수 있겠지만, 사실은 그렇지 않다. 그 까닭은 김정설의 '민족', '국민'의 정의를 살펴봄으로써 더욱 확실해질 수 있다.

일반적인 인식에서 본다면 미국 국민을 '민족'이라고 칭하는 것은 어폐가 있다. '한국의 국민 = 같은 민족'이라는 도식이 너무나도 자연스럽게 받아들여지는 것과 대조적이다. 이러한 차이는 단순히 우리나라가 '단일민족'이라는 데서 근거하는 것일까? 하지만 이미 여러 학자들이 밝혔다시피 한민족이 100% 같은 조상을 공유하는 것은 아니다. 김정설 역시 한국 민족도 오육종의 합성이라고 언급[13]하

---

11) 김정설, 「國民倫理特講」, 187~202쪽 참조.

12) 정달현, 「凡父의 國民倫理論」, 『현대와 종교』 10집(현대종교문제연구소, 1987), 283쪽 참조.

13) 김정설, 「國民倫理特講」, 200쪽 참조.

며 이 사실을 인정하였다. 그렇다면 '민족'이라고 불릴 수 있는 조건은 무엇인가? 김정설에게 그것은 바로 '같은 역사를 공유'한다는 것이다. 미국이 국가사를 갖는 동시에 민족도 새로운 민족, 즉 미국인이 성립된 것이다.[14)]

이러한 논리에 따르면 현재 존재하는 모든 국가는 '민족국가' 안에 포함될 수 있다. 같은 역사를 생리화한다는 것은 같은 문화를 생리화하는 것과 같으므로 이들은 같은 민족적 특질을 지니게 되는 것이다.

국가 없는 민족이, 유태인이나 집시와 같은, 존재하지만 민족이 국가의 통일체계를 가지게 될 때의 민족은 한 나라에 속한 국민[15)]이라는 '국민적 자각'을 수반하게 된다. 김정설은 "윤리가 자각의 체계에 속하기"[16)] 때문에 '민족윤리'가 아니라 '국민윤리'라는 명칭이 타당하다고 주장했다.

이상에서 김정설이 왜 '국민윤리'라는 명칭을 사용하였는지 살펴보았다. 그것은 '민족국가'를 완료의 형태로 보는 그의 국가관과 민

---

14) 김정설, 「國民倫理特講」, 200쪽 참조.

15) 절대국가의 시기에서는 민족-국민으로 이해되었지만, 유럽의 시민혁명 이후 주체적으로 형성된 '국민'국가 이후에는 귀속의식을 같이하는 집단에 nation(국민)이라는 이름을 부여하였다.(石塚正英, 『哲學・思想飜譯語事典』, 論創社, 2004, 107쪽 참조) 김정설은 근대적이며 주체적인 의미로서 '국민'을 가져왔던 것으로 보인다.

16) 김정설, 「國民倫理特講」, 202쪽 참조.

족에 대한 남다른 시각이 바탕이 되어 탄생한 명칭이었다. 우리 민족은 세계대전과 식민지 지배라는 고난의 역사를 거쳐 민족국가로 완성된 이 시점에서, 여기에 걸맞은 윤리를 찾아야 했다. 또한 김정설은 각자의 '민족국가'에 알맞은 윤리라는 것은 결코 동일할 수 없으며 각 민족의 에토스에 따라 같은 윤리라도 그 방향이 달라진다고 지적하였다.[17] 이것이 우리나라에서 실현할 '국민윤리'가 있어야 하는 근거가 되었다.

김정설이 국민윤리에 대해 깊이 있게 강연한 까닭은 독립된 민족국가인 '한국'의 국민, 즉 우리 국민에게 40여 년 동안 잃어버렸던 행동의 표준(國民倫理)을 제시해 자각시킴으로써 민족적 성격을 공유하고 그 속에서 '조화'를 찾기 위해서였다고 할 수 있다. 그리고 그 표준을 우리의 전통적 에토스에서 찾아 완성된 민족국가에 실현하고자 하였다. 우리는 여기서 '국민윤리론'의 의의를 찾을 수 있을 것이다.

---

17) 김정설은 조선일보에 실렸던 「우리 민족의 長短-'自我批判'을 위한 縱橫談」이라는 담화문에서 같은 주자학을 받아들였음에도 중국이나 일본 사람은 우리처럼 받아들이지 않았다고 이야기한다. 이는 같은 윤리나 이론을 받아들이더라도 그 민족의 기질에 따라 결과가 달라질 수 있음을 이야기한 것이다.(崔錫采 外, 「우리 민족의 長短-'自我批判'을 위한 縱橫談」, 『朝鮮日報』, 1961.8.27 [최재목 · 정다운, 『凡父 金鼎卨 단편선』, 서울: 선인출판사, 2009, 72쪽에서 재인용] 참조)

3. 국민윤리론 분석

1) 국민윤리론의 내용

김정설의 '국민윤리론國民倫理論'을 정리한 「국민윤리특강」은 총 5개의 장으로 나누어져 있으며 크게 '해제(Ⅰ)–문제제기(Ⅱ)–답변(Ⅲ·Ⅳ·Ⅴ)'의 구조를 취하고 있다.

목차는 다음과 같다.

[표 9] 「국민윤리특강」의 목차

1. 해제 2. 국민윤리의 현장 3. 국민윤리의 역사성 4. 국민윤리의 보편성과 특수성 5. 한국적 국민윤리의 전통 기일其一　　　　　기이其二

여기서부터는 「국민윤리특강」의 각 장의 내용을 정리하고 그 속에서 발견할 수 있는 '국민윤리론'의 성격을 검토하도록 한다.

• 해제

「해제」 부분에서는 크게 두 가지 핵심으로 이야기가 전개된다.

첫 번째는 '국민윤리'라는 용어의 정의, 두 번째는 국가의 발달단계에 대한 논증이다. 구체적인 내용은 위의 제4장 2절에서 다루었으므로 생략한다. 사실상 이 「해제」 부분은 김정설 세계관의 총집합이라고 할 수 있다. 여기서 노출된 그의 사상은 '사회(國家)를 개인의 우위에 둔다'는 점, '민족국가를 완성된 국가의 모습으로 본다'는 점, '국민이란 같은 역사를 공유한 시점부터 민족의 성질을 갖는다'는 점 등을 들 수 있다.

이러한 사상적 바탕 위에 김정설은 세계사회의 기반이 될 '국민윤리'를 언급한다. 그는 "조화라는 것은 개성이 없는 데서는 이루어질 수 없다"[18]고 하면서 세계인으로 살아가기 위해서는 우리 민족만의 '개성', 즉 에토스를 찾고 잘 발전시켜 나가야 함을 역설하였다. 김정설은 "모든 국가가 전부 제 개성을 가지고 제 자주독립을 유지하면 완전한 국제사회라는 것이 이로부터 오는 세계사회의 형태"[19]가 된다고 주장했다. 이것은 "'코스모폴리탄'이나 공산당이 망상하는"[20] 세계사회와는 개념이 다르다. 김정설은 결국 이 「해제」에서 "민족국가의 개성은 개성대로 남고, 개성과 개성 간의 조화에서 세계평화는 올 것이고 세계사회는 전개될 것"[21]이라는 '각 민족

18) 김정설, 「國民倫理特講」, 190쪽.
19) 김정설, 「國民倫理特講」, 201쪽.
20) 김정설, 「國民倫理特講」, 201쪽.
21) 김정설, 「國民倫理特講」, 201쪽.

국가의 다양한 개성과 그것들의 조화'를 강조하였던 것이다. 그리고 그 '민족국가의 개성'의 바탕은 '국민의 에토스'에 있으며 이는 '국민윤리'로서 실현될 수 있다는 것이다.

• 국민윤리의 현장

그렇다면 한국인의 국민윤리는 무엇이며 어떤 체계를 가졌는가? 이것이 「국민윤리의 현장」에서 주어진 질문이며 해결과제이다. 김정설은 국민이라고 할 때는 역사를 예상하기 마련이며, 역사가 있는 곳에는 유치하나마 문화가 존재한다고 하였다. 역사와 문화는 비례관계로, 인류가 역사를 영위한다는 것은 문화를 영위한다는 것과 같은 의미를 지닌다.[22] 그런데 '문화'라는 것은 또한 '윤리'라는 것을 수반하기 마련이다. 즉 국민윤리라는 것은 누군가가 만들려고 해서 만든 것이 아니라 역사와 문화가 생겨남으로써 자연스럽게 발생한 '발생적 성질'을 지닌 것이다.[23] 이러한 잠재된 '국민윤리'를 국민이 자각하면서부터 진정한 의미의 '국민윤리'가 생겨난다고 할 수 있다.

그 예로 영국의 gentlemanship,[24] 미국의 democracy[25] • humani-

22) 김정설, 「國民倫理特講」, 203쪽 참조.

23) 김정설, 「國民倫理特講」, 204쪽 참조.

24) "英國人들은 紳士 즉, 젠틀맨(gentelmanship)이란 것을 숭상합니다. 영국사람들은 盟誓할때에 '내가 젠틀맨이요'하면 더 추궁하지 않습니다. 이는 그들에게 價値觀의 標準입니다."(김정설, 「國民倫理特講」, 204쪽)

25) "世界의 民主主義 諸國家에 있어서는 다 이 民主主義라는 것이 한 개의 權威意

sm[26] • pragmatism[27], 프랑스의 bon sense(봉상스),[28] 독일의 Kulturmensch,[29] 한족의 오덕五德,[30] 인도의 인도교印度敎,[31] 해탈주의解脫主義[32] 등을 제시하였는데, 위의 예들은 각 국민들이 가진 에토스를

識이 되어 있지만, 美國 같은 나라는 이것이 그 政治的 原則으로서 권위의식이 되어 있을 뿐만 아니라 미국사람에게 만은 이 '데모크라시'라는 것이 어떤 다른 나라보다도 倫理的 權威意識으로 되어 있는 거 같습니다"(김정설, 「國民倫理特講」, 204쪽)

26) "'휴머니즘'이라는 전통은 人道主義 傳統에 있어서 이것이 링컨의 政策으로 具現되었습니다. 오늘날 미국 사람들은 누구나 이에 대한 矜持를 가지고 있습니다."(김정설, 「國民倫理特講」, 204쪽)

27) "'프래그머티즘' 즉 實用主義입니다. 미국 사람의 一切 行動을 制約하고 있는 것은 이 實用主義의 原則입니다. 實用性이 없는 生活, 실용성이 없는 敎育은 모두 意味가 없는 것 같이 생각합니다."(김정설, 「國民倫理特講」, 204쪽)

28) "佛蘭西 사람들의 價値觀의 標準은 '봉상스'입니다. 그것을 飜譯하면 良識이라고 할 수 있습니다. 그 良識을 良知라고 해도 좋을 것입니다. '봉상스'를 良知라고 飜譯하지 않고 良識이라고 하는 이유는 孟子의 良知는 완전히 論理的인 先天的 良識能力을 가리켜서 良知라고 했는데 '봉상스'는 孟子의 良知보다도 意味가 넓고 英國사람이 쓰고 있는 常識과도 통하지 않느냐고 생각해서 그렇게 한 것입니다. 그래서 佛蘭西사람들이 도대체 '봉상스'가 있다 없다라고 말할때에 이 '봉상스'는 우리나라에서 通用되는 말로 常情이라는 말과 다소 통한다고 하겠습니다."(김정설, 「國民倫理特講」, 204쪽)

29) "獨逸사람이 標準으로 삼는 人間形은 '쿨투르멘슈(Kulturmensch－文化人)'입니다. 독일사람이 말하는 文化人이라는 것은 文化를 理解할 수 있는 사람, 문화를 生産할 수 있는 사람, 문화를 創造할 수 있는 사람이란 것입니다. 독일사람으로는 문화라는 것의 意味를 宗敎, 論理, 哲學, 藝術, 科學, 이러한 것을 두고 생각합니다. 그런데 이것을 理解할 수 있고 維持할 수 있고, 또 創造할 수 있는 사람이 '쿨투르멘슈'입니다."(김정설, 「國民倫理特講」, 204쪽)

30) 중국인들의 유교倫理인 仁義智禮信을 말한다.

31) 인도에서 고대부터 전해 내려오는 바라문교(婆羅門敎)가 복잡한 민간신앙을 섭취하여 발전한 종교. 힌두교라 하고 인도의 國民倫理를 대표한다.

32) "印度는 佛敎 發生以前 波羅門敎時代부터 이미 어떠한 경향이었느냐 할 것 같

자각하여 윤리화한 것이다. 결국 우리가 우리의 '국민윤리'를 알기 위해서는 우리에게 잠재되어 있는 '국민윤리'가 무엇인지 자각해야 한다.[33] 다음 장인 국민윤리의 세 가지 성격－역사성・보편성・특수성－은 이를 자각하기 위한 준비작업인 셈이다.

• 국민윤리의 역사성

김정설은 국민윤리가 역사적으로 성립되는 것이라고 한다. 그러므로 국민윤리는 어떤 한 개인이 주장하는 윤리학설과 다르며, 특정 시대의 세력이 큰 사상이나 시대를 풍미하는 사조와도 다르다고 하였다.[34]

이러한 국민윤리의 역사적인 성격을 김정설은 "윤리는 어떠한 사람이 만들어 준 것이 아니라 발생적 성격을 가진"[35] 것이므로 "국민윤리라는 것은 그 국민의 역사성, 또 그 국민의 역사적으로 성립

으면 解脫主義 경향이 있습니다. 즉 말하자면 모든 衆生界의 苦惱라는 것을 벗어버리는데 完全한 究竟의 理想이 있다는 信念을 가지고 왔습니다."(김정설, 「國民倫理特講」, 204쪽)

33) 김정설은 「특집・국민적 자각의 진작을 위하여－각국 국민운동의 제례」(『自由文化』, 自由文化硏究센터, 1963)에서 "한 국가의 건설 또는 발전을 위해서는 그 국가의 주체적 실재인 그 민족의 자각 그 자각적 정신의 진작을 위한 국민운동이 필요할 것이다"라고 언급한 바가 있다. 국민윤리는 이러한 '민족의 자각'을 위한 제1단계의 기초 작업이라 할 수 있다.(최재목・정다운, 『凡父 金鼎卨 단편선』, 서울: 선인출판사, 2009, 78쪽에서 재인용)

34) 김정설, 「國民倫理特講」, 208쪽 참조.

35) 김정설, 「國民倫理特講」, 203～204쪽.

된 개성에 기초를 둔" 것이며, "국민윤리는 어떤 한 개의 관념이라든지 한 개의 사상이 아니고 그 국민의 성격"이며, 그 국민의 "역사적 생리", "정신적 생리", "문화생리文化生理", "윤리적 생리"이며, "그 국민의 도덕적 생리"라고 표현하였다.[36]

김정설은 국민윤리의 역사성에 대해 다음과 같이 설명하였다.

> 국민윤리國民倫理뿐 아니라 대체 윤리의 근거라고 하는 것은 한 개의 관념이 아니기 때문입니다. 더구나 국민윤리는 일종의 역사적 생리生理입니다. 관념이라고 하는 것은 밖으로부터 얻어 들일 수도 있는 것이지만, 이 정신적 생리라고 하는 것은 밖에서 들어온 것이 아니고 스스로 취하는 것입니다.…… 그러기에 윤리의 생리라고 하는 것은 일종의 문화생리인데, 문화생리라고 하는 것은 역사적 생리란 말입니다. 그런데 전통이라고 하는 것은 이미 한 개의 역사적 생리가 되어 있는 것이니 우리가 계승해야 할 윤리는 우리의 전통 가운데에서 구하지 않으면 안 되겠다는 말입니다. 왜냐하면 윤리의 자발적 실천이라고 하는 것은 한 개의 관념이 아니기 때문이요. 즉, 말하자면 그 정신적 생리가 만족하게 승인되어 있지 않으면 안 된다는 말입니다.…… 그러니 우리 한국인은 이 생리화된 전통 가운데 들어가서 윤리의 근거를 구하지 않으면 안 된다는 말입니다. 그리고 이 가운데서 의의 있는 것을 계승해야 되겠다는 것입니다.[37]

---

36) 김정설, 「國民倫理特講」, 208·234쪽 참조.

다시 말하면, 윤리의 근거라고 하는 것은 한 개의 개념이 아니며, 국민윤리라고 하는 것은 일종의 문화생리이다. 문화생리라고 하는 것은 곧 역사적 생리를 의미하는데, 역사적 생리가 되는 것이 바로 '전통'이다. 그러므로 우리가 계승해야 할 윤리는 우리의 전통 가운데서 구하지 않으면 안 되는 것이다.[38]

김정설이 국민윤리의 역사성을 말하는 이유는, 국민윤리가 역사적・발생적인 것이므로 그 국민의 역사적 문화 속에서 이를 찾아내어서 '천명闡明'을 해야 한다는 것임을 말하려는 데 있다. 국민윤리를 천명한다는 것은 구체적으로 국민의 정신적 전통 속에서 계승할 에토스가 있느냐 없느냐, 만약 있다면 그것이 무엇인가를 찾아 천명해야 한다는 것이다.[39]

김정설에게 국민윤리의 천명은, 한국의 전통 속에 내재해 있으면서 "이제부터 계승해야 할"[40] 국민윤리를 찾아낸다는 것이다. 이것은 관념이나 사상이 아닌 "역사적 사실 가운데에서"[41] 천명해야 함을 당시 한국 국민에게 자각시키려 한 것이다.

---

37) 김정설, 「國民倫理特講」, 234~235쪽.
38) 김정설, 「國民倫理特講」, 235쪽 참조.
39) 김정설, 「國民倫理特講」, 208~209쪽 참조.
40) 김정설, 「國民倫理特講」, 209쪽.
41) 김정설, 「國民倫理特講」, 209쪽.

• 국민윤리의 보편성과 특수성

김정설은 앞에서 지적한 바와 같이, 국민윤리는 윤리학의 이론이 아님을 강조하며 보편윤리의 존재 가능성에 대해 회의적인 태도를 취한다.

> 그러므로 사상으로서 관념으로서는 국민이나 민족은 초월할 수 있습니다. 그러나 성격으로서는 초월되지 않습니다. 그 성격을 통과하기 전에는 실천이 없습니다. 반드시 성격을 통과해야 하기 때문에 반드시 이 실천에 있어서는 국민적 특색을 가지는 것입니다.[42]

김정설은 관념이나 사상의 영역은 곧바로 실천으로 이어지지 못하므로, 실천의 영역으로 이어지기 위해서는 반드시 그 민족의 성격이라는 필터를 통해야만 한다고 하였다. 이렇듯 같은 윤리라도 그것이 실천되는 과정에서 각 민족의 민족성에 따라 걸러지게 되는데, 결과물은 항상 '그 국민의 특색을 지닌' 윤리가 된다. 예컨대 이러한 국민윤리의 특수성은 경의를 표시하는 데도 "하나는 모자를 벗고 하나는 모자(갓)를 쓰는 것"[43]으로 나타나게 된다는 것이다.

이것을 그림으로 나타내면 다음과 같다.

---

42) 김정설, 「國民倫理特講」, 211쪽.

43) 김정설, 「國民倫理特講」, 210쪽.

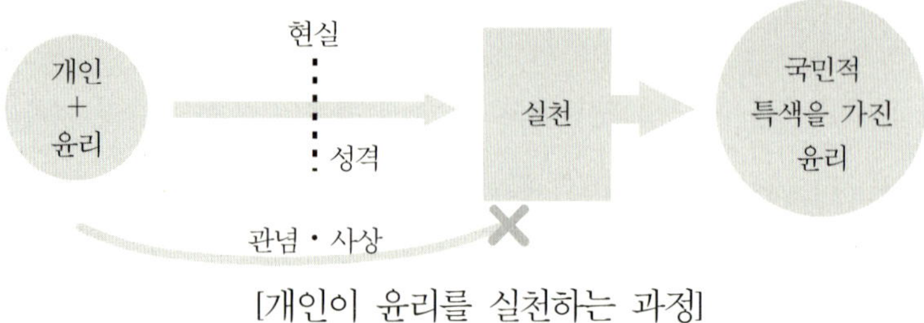

[개인이 윤리를 실천하는 과정]

김정설은 이것을 일컬어 '국민윤리의 특수성'이라고 했다. 관념으로서의 윤리가 아니라 실천으로서의 윤리인 국민윤리는 역사적·문화적 전통 내에서 형성된 국민의 성격에 따라 문화별로 개별적인 특색을 지니게 되고, 그 결과 국민윤리간의 보편적 특성을 찾아보기 어렵다는 것이다.

그러면 여기서 보편성의 문제는 해결되는 것인가? 김정설은 보편성의 문제에 대해 다음과 같이 의견을 피력한다.

> 그러면 그 국민적 윤리는 국민의 성격을 예상하지 않고는 성립되지 않는 것인즉 이 국민윤리는 서로 영영 통하지 않고 마느냐 이것이 문제입니다. 여기에 무슨 문제가 있느냐 하면 각 국민윤리가 갖는 보편적 내실의 문제가 있습니다. 이것은 무엇이냐 하면 국민윤리가 위대한 국민일 때에는 이것이 언제든지 보편적 내실을 가지는 것입니다. 제각기 특수한 국민윤리는 그것이 위대한 것일 때에는 그 개성적 특성자체 속에 보편적 내실을 가져오는 것입니다.[44]

김정설은 역학적 관점[45]에 입각하여 특수성과 보편성을 이분법화하지 않고 두 개념을 연속적으로 파악했다. 보편·특수의 문제에서도 그는 국민윤리가 우수하다면 그 특수함 속에서 보편성을 지니고 있다고 설명했다.

가까운 예로 유교는 우리에게 있어서 밖으로부터 들어온 것이면서도 생리화한 전통이 되었다는 점이다. 마찬가지로 일본에서도 이것은 국민윤리로서 자리 잡았다. 왜냐하면 어느 시대 어느 민족을 불문하고 인의예지신仁義禮智信의 오덕五德, 수신제가치국평천하修身齊家治國平天下의 생활이상이나 성인군자가 된다는 인격이상은 어디에서든 환영받지 않을 수 없는 윤리적 가치이기 때문이다. 기독교, 불교도 처음은 민족윤리로서 출발했는데 이것이 세계의 어느 인간에게든 다 통용될 수 있던 것은 그 속에 내포된 정신이 위대하고 민족의 성격이 위대하기 때문이다.

물론 부족이나 민족의 영역 내에서만 머무르고 인간 전체의 보편적 에토스로 지향하지 못하는 부족윤리, 민족윤리, 국민윤리는 윤리적 보편성을 지니지 못한다. 김정설은 윤리적 보편성을 가질 수

---

44) 김정설, 「國民倫理特講」, 211쪽.

45) 李完栽는 그의 논문에서 凡父가 강조한 동방적 지혜는 곧 易學(周易的) 사고라고 추정하며 이는 서구의 이분법적 사고와 논리에 반하는 동방의 음양적 사고와 논리로 보았다.(李完栽, 「凡父先生과 東方思想」, 『凡父 金鼎卨 硏究』, 대구프린팅, 2009, 77쪽 참조)

있는 민족을 세계성을 개성으로 가진 민족으로 보았다.

> 어떠한 국민적 개성이나 민족적 개성을 제쳐놓고 세계 개성이라는 것은 사실적으로는 없는 것입니다. 그리고 어떤 민족의 개성이 반드시 거기에 섞였는데, 그것이 일면 세계성을 가졌느냐 안 가졌느냐 이것이 문제입니다.[46]

이처럼 김정설은 국민윤리도 특수면에서 볼 때는 각각 다르지만 그것이 위대하면 위대할수록 세계성과 보편적 인간성을 가지고 있다고 한다. 그렇지만 모든 국민윤리가 전부 세계성을 가지고 보편적 인간성을 가지는 것은 아니라고 한다. 이를 우리 민족에 적용해 본다면 특수성의 면에서 볼 때는 이미 우리는 고유한 국민윤리를 가지고 있다. 그러나 보편성으로 넘어가면 과연 세계성과 보편적 인간성을 가졌느냐는 것이 문제가 된다. 김정설에 따르면 만일 우리가 그것을 가지지 못했다면 우리는 위대한 민족이 못되는 것이다.[47]

김정설의 이러한 주장은 우리가 위대한 민족이 되기 위해서는 위대한 국민윤리를 가져야 할 것임을 내포한다고 할 수 있다.[48] 이를

46) 김정설, 「國民倫理特講」, 213쪽.

47) 김정설, 「國民倫理特講」, 214쪽 참조.

48) 정달현, 「凡父의 國民倫理論」, 『현대와 종교』 10집(현대종교문제연구소, 1987), 283쪽 참조.

위해서 우리는 우리가 가진 고유한 국민윤리를 찾아내 현재의 시대와 사회에 알맞은 방법으로 구현하여야 한다.

• 한국적 국민윤리의 전통

「한국적 국민윤리의 전통」은 앞선 「국민윤리의 현장」에서의 질문에 대한 답변이라고 할 수 있다. 5장은 "기일其一"과 "기이其二"라는 제목으로 분류되어 있는데, 「기일」에서는 우리 전통인 화랑정신花郎精神과 풍류정신風流精神, 멋에 대해서 이야기하고 「기이」에서는 우리 민족의 개성인 '조화'에 대해서 이야기한다. 그리고 다른 장으로 구분되지는 않지만 마지막 5~6페이지 정도는 결론 격으로 우리의 국민윤리가 어디서부터 시작해야 하는지에 대해 자신의 의견을 피력한다.[49]

먼저 김정설은 우리 전통에는 두 가지가 있음을 이야기한다. 하나는 '민족의 고유한 본래 있는 전통'[50]이며 다른 하나는 '외래문화·외래사상이 들어와서 뿌리를 내려 전통으로 화한 것'[51]이다. 그렇다면 우리의 고유한 전통이라는 것은 대표적으로 무엇인가? 김정설은 바로 '화랑정신'이 그것임을 천명한다. 그리고 화랑정신이 민

---

49) 이 부분에 관해서는 제3장 3절에서 구체적으로 논의하였으므로 여기서는 생략하도록 한다.

50) 김정설, 「國民倫理特講」, 214쪽.

51) 김정설, 「國民倫理特講」, 214쪽.

족의 전통이라는 데는 이견이 없지만, 어떠한 것인가에 대해서는 아직 제대로 알려지지 못하고 있음을 지적하였다.

김정설은 화랑의 요소를 다음과 같이 세 가지로 정리하였다.

> 화랑을 진정하게 인식하려면 화랑정신 가운데 세 가지 요소를 먼저 규정하고 그 규정 밑에서 이 화랑정신을 살펴야 화랑의 전모를 관찰할 수 있습니다. 그 세 가지가 무엇이냐 하면 첫째는 종교적 요소입니다. 둘째는 예술적 요소입니다. 셋째는 군사적 요소입니다. 그런데 일반적으로 화랑에 대한 상식은 대개 어떠한 관념으로 규정되었느냐 할 것 같으면 군사면으로 주로 치중되어 있을 것입니다. 일반의 상식화해 있는 화랑에 대한 관념이 종교면과 예술면이라는 것이 결여해 있을 것으로 생각합니다.[52]

김정설은 화랑에 대한 상식이 대개 군사면으로 치중되었다고 비판하면서, 군사 이외에 샤머니즘적인 '종교적 요소'와 음악(특히 歌舞)을 중시했던 '예술적 요소'를 화랑의 중요한 요소로 보고 강조했다.

이어서 김정설은 화랑의 도인 '풍류정신'을 최치원이 쓴 비문[53]을 인용하여 설명하였다.

52) 김정설, 「國民倫理特講」, 218쪽.

53) 崔致遠, 『鸞郎碑序文』 중, "國有玄妙之道, 曰風流, 說敎之源, 備詳仙史."

> 이를 테면 삼교三教를 조화調和했다거나 혹은 집성했다거나 혹은 절중折中했다거나 혹은 통일했다거나 혹은 통합했다거나 할 경우에는 본대 고유의 연맥淵脉은 없이 삼교를 집합한 것이 될 것이다. 그런데 이건 '포함包含'이라 했으니 말하자면 이 고유의 정신이 본대 삼교의 성격을 포함했다는 의미로 해석해야 할 것이다.[54]

즉 김정설은 외부에서 들어온 유불도가 새롭게 풍류정신을 만들어 낸 것이 아니라 우리가 본래 가지고 있던 정신에 삼교가 자연스럽게 스며들었다고 하였다. 본바탕이 그러하니 외래종교가 들어와도 아무 거부반응 없이 받아들여질 수 있었다고 본 것이다.

김정설은 '풍류'라고 이름 지어지기 전, 다시 말하면 한자가 들어오기 전에는 이러한 도를 어떻게 표현했을지에 대해서 '멋'이라는 고유어를 사용해 설명한다. 김정설은 지금의 멋은 충효를 상상하기 힘들지만 이것은 현대에 와서 '멋'의 의미가 타락했기 때문이라고 하면서, 전쟁포로를 풀어주고 생사를 같이하기로 한 친구가 죽자 따라 죽은 사다함斯多含의 도道와 자신의 타락을 바로잡기 위해 말의 목을 자른 김유신金庾信의 예를 '멋' 그 자체라고 설명했다.

결국 김정설에 따르면 풍류정신은 유불도를 포함하고 사다함과

54) 김정설, 「풍류정신과 신라문화－風流道論緖言」, 『韓國思想』 3, 韓國思想講座編輯委員會・編, 1960.(최재목・정다운, 『凡父 金鼎卨 단편선』, 서울: 선인출판사, 2009, 41쪽에서 재인용)

김유신과 같은 '멋'을 지닌다. 김정설은 이와 같은 우리 전통의 풍류정신을 회복할 수 있다면 삼국통일 대업을 이룩할 때와 같은 원기가 생길 것[55]이라 강조하며 당시의 우리 국민에게 자각을 촉구하였다.

「기이」로 넘어가면서 김정설은 앞서 말한 풍류도(=花郎精神)가 비단 몇몇의 화랑들에게만 해당되는 것이 아니라 우리 민족 전체가 화랑의 피를 가지고 있다고 그 적용범위를 확대하였다. 그리고 최치원의 비문에는 적혀 있지 않지만 풍류도를 이해하기 위한 또 하나의 우리 민족의 특색이 있으니, 바로 '조화'라고 강조하였다. 그 근거로 우리가 사람을 평가할 때 '싱겁다', '짜다'라는 미각상의 표준이 중대한 문제로 작용한다는 예를 들었다. 즉 도덕적으로나 학식적으로 아무 문제가 없는 사람도 그 말이나 행동에 조화가 맞지 않을 때 우리나라 사람은 그 사람의 가치를 그다지 인정해 주지 않는다는 것이다.[56]

김정설은 "신라의 풍류도도 이런 관점에서 고찰해야 할 것"[57]이라고 강조하였다. 풍류도 정신으로 음악을 중시하였던 것도 다름이 아니라 '장단', 즉 조화를 사랑하였기 때문이며 세속오계 역시 조목조목이 따로 떨어져 있는 것이 아니라 "하나의 통일된 조화의 정신에서 이 모든 것이 출발"[58]했다는 것이다.

---

55) 김정설, 「國民倫理特講」, 227쪽 참조.

56) 김정설, 「國民倫理特講」, 230쪽 참조.

57) 김정설, 「國民倫理特講」, 231쪽.

58) 김정설, 「國民倫理特講」, 232쪽.

김정설이 '조화'를 중시한 까닭은 바로 풍류정신을 제대로 이해함에 있다. 그는 삼교의 정신이 우리나라에 들어와 풍류도로 포함될 수 있었던 근거를 '조화'를 사랑하는 우리 민족의 특색에서 찾았다.

> 그렇기 때문에 이 풍류도 정신이라는 것은 어디에 가서든지 맞지 않는 곳이 없으며, 그것은 기약하지 않고 삼교三敎의 정신을 포함하게 되었더란 말이오.[59]

김정설은 조화를 핵심으로 하는 이 풍류도의 정신[60]이 아직까지 우리 혈맥 가운데 흐르고 있다고 강조하면서 생명을 가진 우리의 전통, "우리의 고유한 풍류정신, 그 조화의 정신을 반성해야 할 것"[61]이라고 역설하였다. 김정설은 이것이 바로 우리 민족의 에토스이자 새로운 시대의 국민윤리 표준이 될 수 있다고 믿었다. 그리고 이것

---

59) 김정설, 「國民倫理特講」, 232쪽.

60) 최재목 · 정다운, 「凡父 金鼎卨의 『風流精神』에 대한 검토」, 『동북아문화연구』 제20집(동북아시아문화학회, 2009), 117쪽 참조. 이러한 風流道의 정신은 궁극적인(宗) 가르침(敎)은 서로 배타적이 아니며 상호 공존할 수 있다는 '三敎會通' · '三敎一致'의 동아시아의 종교적 전통과도 맞닿아 있다.(이동철, 「동아시아의 종교전통과 한국의 주체적 기독교 수용」, 『인문사회논총』 12, 용인대학교 인문사회과학연구소, 2005, 222쪽 참조) 김정설은 여기서 더 나아가 이러한 정신이 본래 우리 민족이 가지고 있던 고유한 에토스와 결합하여 風流道 정신으로 발현되었다고 강조하였다. 이 풍류도 정신은 단순히 삼교가 공존하는 단계를 넘어서, 모든 부분이 調和를 이루어 융합되고 화합되어 있는 상태를 의미한다고 할 수 있다.

61) 김정설, 「國民倫理特講」, 233쪽.

을 강연을 듣는 이들, 나아가 당시의 우리 민족 전체에 알리고자 했던 것이다.

2) 국민윤리론의 특징

• 민족적 에토스의 확립

김정설의 위대함은 대부분의 사람들이 서양문물을 본받자고 할 때 우리의 것에 주목하고 그것을 살리려 한 점에 있다.[62] 그가 우리의 에토스를 찾으려고 한 것도 이러한 그의 성향과 무관하지 않다. 이는 우리 민족과 문화에 걸맞은 윤리를 찾으려 한 깊은 통찰에서 나온 것이다.

김정설은 정직이 좋은 줄 누구나 알고, 진실이 좋은 것도 누구나 알지만 이것들을 자꾸 요구한다고 해서 실효가 나는 것은 아니라고 했다.[63] 우리 민족의 윤리적 생리를 고려하지 않았기 때문이다. 이와 같은 생각은 김정설의 영향을 받은 황산덕[64]의 논문 「어디다 국

---

62) "1840년 阿片戰爭을 통하여 중국 국민이 영국의 함포사격에 혼비백산한 이래 동양 사회는 어떻게 하면 하루 속히 서양을 배울 것인가에 급급했다. 서양 것은 모든 것이 값지고 동양 것은 모두 버려야 할 무가치한 것으로 여겼다. 이러한 판국에 서양 과학문명의 한계를 지적하면서 동방의 지혜를 역설하신 분이 바로 범부선생이시다."(李完栽, 「凡父先生과 東方思想」, 『凡父 金鼎卨 硏究』, 대구프린팅, 2009, 76~77쪽 참조)

63) 김정설, 「國民倫理特講」, 235쪽 참조.

64) 黃山德(1917~1989)은 형법학자이자 법철학자로, 문교부 장관과 법무부 장관

민윤리를 세울 것인가」[65]에서 더욱 구체적으로 계승된 모습이 보인다. 황산덕은 외래에서 아무리 좋은 사상, 윤리가 들어왔다 하더라도 이것이 우리 민족의 에토스와 결합하면 전연 다른 방향으로 흘러가게 된다고 주장[66]하며, 우리 민족의 에토스가 통일신라 이후 시비

을 지냈다. 1917년에 평안남도 양덕군에서 태어나 1935년에 경성제국대학에 입학했다. 1941년에 경성제대 법문학부를 졸업하고, 1960년에 서울대학교에서 「최신자연과학의 발달이 법철학에 미치는 영향」으로 국내 최초의 법학박사 학위를 받았다. 1948년에 고려대학교에서 부교수로 교편을 잡은 뒤, 1952년부터 1966년까지 서울대학교 법대 교수로 재직하면서 형법과 법철학을 강의하였다. 1966년부터 1974년까지 성균관대학교 교수로 있었으며, 1974년에는 성균관대학교 총장에 취임하였다. 이후 법무부 장관과 문교부 장관을 지냈으며, 독실한 불교신자로 법무부 장관 재임 중에 사형집행 명령서를 결재하지 않은 일로 잘 알려져 있다. 실제로 황산덕 장관이 취임한 1974년 이전에는 연간 20여 명 내외의 사형이 집행되었으나, 퇴임전인 1976년까지는 영부인 육영수를 살해한 문세광 이외에는 사형이 집행되지 않았다.(인민혁명당 사건은 불법적인 집행으로 제외) 황산덕은 후일 문세광 사형집행에 대해 자신이 제주도로 출장 중이었을 때에 차관이 전결하였다고 밝힌 바 있다. 1985년에 대한민국학술원 회원이 되었으며, 1980년부터 1989년까지 단국대학교 대학원의 교수로 있었다. 형법학자였으나 법철학에 조예가 깊어 박사학위 논문도 법철학을 다룬 내용이었으며, 저서로 『법철학』이 유명하다.

황산덕은 자신의 저서 『自畵像』(서울: 신아출판사, 1966)과 『三玄學』(서울: 서문당, 1978)에서 김정설의 이름을 직접 거명하면서 김정설로부터 받은 사상적 영향을 인정하였다.

65) 황산덕, 「어디다 國民倫理를 세울 것인가」, 『국민윤리연구』 vol.2 no.1(한국국민윤리학회, 1974).

66) "사실 우리나라에서는, 가령 외국으로부터 유교나 불교 또는 천주교와 같은 우수한 종교가 들어오고, 또는 민주주의와 같은 제도의 원리가 도입된다고 할지라도, 그것들이 위에서 말한 세 갈래의 에토스의 어느 하나에라도 접촉하는 날에는 마치 미다스 왕의 손에 닿은 물건과도 같이 순식간에 그것들은 엉뚱한 다른 것으로 변질되고 마는 것이었다."(황산덕, 「어디다 國民倫理를 세울 것인가」, 『國民倫理연구』 vol.2 no.1(한국國民倫理학회, 1974), 139쪽)

분별심是非分別心, 도피逃避 및 주술신앙呪術信仰이라는 세 갈래로 변질되었음을 주장하며 국민윤리의 성립을 위해서는 이것부터 바꿔야 한다고 주장했다. 이러한 황산덕의 논의는 김정설이 주장한 한국민의 '에토스'를 논리의 저변에 깔아두었다고 볼 수 있다. 우리 민족의 성향을 무시하고 국민윤리를 세운다면 아무리 좋은 윤리라도 결국 이상한 모습으로 변질될 것임을 경계한 것이다.

따라서 어떤 윤리를 들여오거나 적용시키기 전에 반드시 우리의 에토스는 어떠한지 검토해 보아야 그 폐해를 막을 수 있을 것이다. 김정설은 '국민윤리론'에서 이러한 작업을 시도하였다. 작업의 결과로 우리의 혈맥에 흐르는 화랑의 피, 즉 '풍류정신'과 그 핵심 사상이 되는 '조화'를 우리 민족의 에토스로 밝힌 것이다.

김정설은 국민윤리의 실천 문제를 지정至情과 상정常情이란 개념에서 시작한다. 국민윤리의 실천은 대조화大調和의 정신을 요구한다. 이 조화의 정신을 실천하기 위해서는 직접 행위와 생활 가운데서 양성하지 않으면 안 된다. 여기에는 다른 어떤 조작도 들어가서는 안 되는, 가장 자연스러운 경향 속에서 구해야만 하는 것으로 김정설은 지정을 말한다. 김정설은 지정과 상정을 다음과 같이 구별한다.

> 지정至情이라고 하는 것은 상정지지처常情之至處 즉, 상정常情의 간절한 곳이 지정인데, 상정이란 누구든지 가지고 있는 것으로서 사랑하는 것은 좋아하고 미워하는 것은 싫어하는 것 그것이 곧 상정이오,

또한 살기를 좋아하고 죽기를 싫어하는 것이 상정이오, 아름다운 것을 좋아하고 추한 것을 미워하는 것이 상정이오, 선善한 것을 좋아하고 악惡한 것을 미워하는 것도 상정이오, 향상하는 것이 좋고 뒤로 물러가는 것이 싫은 것 이것도 모두 상정인데,…… 지정이라는 것은 이러한 상정이 간절한 곳에 있는 것입니다. 즉, 말하자면 부모가 자식을 사랑하지 않으래야 않을 수 없고 또 밉게 생각하래야 미워지지가 않을 것이오. 또한 자식은 부모를 공경하고 사랑하는 심정, 이런 것이 지정이오.[67]

김정설은 한국 민족의 전통적 에토스 가운데서 가장 잘 발로된 것이 효孝라고 주장했다.[68] 특히 친자지간親子之間의 지정은 여러 양상의 지정 중에서도 가장 잘 발로된 것이라 하며 "다른 데서 출발하지 말고 친자의 지정에서 출발하자"[69]고 제의한다. 김정설은 이를 통해 "대조화의 정신의 실현을 부모에 대한 자식의 효행에서 출발하자"[70]고 하며 우리 혈맥 속에 존재하는 국민윤리를 실현해야 함을 역설한다.

---

67) 김정설, 「國民倫理特講」, 235~236쪽.
이 내용은 『最高會議報』 합본1(창간호~4호, 國家再建最高會議, 1961.8~1962.1) 중 제2호에 실린 「邦人과 국가관과 화랑정신」(132~135쪽)에도 그대로 드러나 있다.

68) 김정설, 「國民倫理特講」, 236쪽 참조.

69) 김정설, 「國民倫理特講」, 236쪽.

70) 김정설, 「國民倫理特講」, 236쪽.

김정설은 비록 효행孝行의 전통이 유교에서 왔다고 하더라도 이것은 이미 우리의 전통이 된 것이며, 효孝를 숭상하는 정신은 유교가 들어오기 전에 우리 민족의 고유한 정신으로 우리에게는 역사를 기록하기 훨씬 전부터 있어 온 것이기에, 우리의 것이 남의 것보다 좀 못할지라도 우리의 전통이니 잘 살려 나가야 되겠다고 하였다. 우리의 전통 중에서 의의 있는 것을 계승해서 살려 나가는 동시에 이 정신을 시대 가운데서 살리고, 이 시대를 정신 가운데서 살려 나가는 것이 중요하다고 강조한 것이다.[71]

• 국가주의를 넘어서 보편애의 확보

김정설은 '민족국가'와 '국민윤리'라는 용어를 사용함으로써, 민족주의자적인 분위기를 풍기기도 한다. 그러나 그가 주장한 것은 단순히 우리 민족, 우리 국가만의 윤리가 아니라 우리 민족이 얼마만큼 세계성을 지니느냐에 따라 세계사회에 통용될 수 있는 윤리로까지 이어질 수 있다는 점이다. 즉 김정설은 특수와 보편을 이분법적인 시각으로 보지 않고 역학적易學的 관점에서 성격이 위대한 특수성은 보편적으로 공유될 수 있다고 보았다.

위에서 논의한 바와 같이 김정설은 우리나라의 민족적 에토스는 화랑정신花郞精神에 있음을 밝히며, 조화調和를 강조하고, 대조화大調

71) 김정설, 「國民倫理特講」, 239~240쪽 참조.

和 정신의 실현을 부모에 대한 자식의 효행에서 출발하자고 하였다. 그리고 우리의 에토스에 반하지 않으며 자연스럽게 실천될 수 있는 국민윤리로서 '효'를 주장하였다. 김정설이 '효'를 국민윤리의 실천 방안으로 제시한 것은 단순히 부모자식간의 일차적 '효'로 그치는 것이 아니라 일차적 효를 바탕으로 그 정신을 확대시켜 가는 데 목적이 있다 하겠다. 김정설에 따르면 '효'의 공경과 사랑, 즉 경애지심敬愛之心은 친구 사이에는 신의로, 나라를 위해서는 충효로 적용될 수 있다.

'효'의 정신은 우리의 정서 깊숙이 내재된 우리의 에토스이다. 이러한 '효'의 정신에 입각하여 국민윤리를 만든다면, 그것은 왜곡이나 저항 없이 자연스럽게 받아들여질 것이다. 또한 '효'의 에토스는 단순히 우리 민족에서만 볼 수 있는 '특수성'만을 지니지 않는다. 오히려 어느 나라에서든지 볼 수 있는 '보편성'이 더 강하다고 할 수 있다. 그러므로 우리 에토스 '효'는 '특수성과 보편성'을 동시에 지님으로써 일차적으로는 우리나라의 개성이면서 나아가 세계사회에 적용해도 충분히 조화를 이룰 수 있는 윤리로 자리 잡을 수 있다.

김정설은 이렇게 우리 혈족윤리 속에서 발견할 수 있는 '효'의 에토스를 찾아내어, 이를 앞으로 우리가 각성해야 할 국민윤리로 제시하였다. 그리고 그는 이 '효'에 내재된 보편성을 발견하여 우리 민족만이 아닌 세계사회에서도 쓰일 수 있는 '보편애'로 확대시켜 천명하였다.

김정설은 자신의 '국민윤리론'을 완성하기 위해 민족적 정기로서 화랑정신을 끌어오기는 했지만, 궁극적으로 그가 말하고자 한 것은 화랑정신을 통한 국민화합이었다. 이를 위한 가장 근본적인 것으로 전통적인 '효'를 제시하였던 것이다. 김정설은 '효'를 '차별애差別愛를 넘어선 보편애普遍愛로의 가능성을 열어 주는 하나의 창구'로 인식하였던 듯하다.

• 신라정신의 적극적 평가

해방 이후 화랑花郎, 화랑도花郎道는 새롭게 주목을 받게 된다. 독립운동가이자 대한민국의 초대 대통령(재임 1948~1960)인 이승만(1875~1965)의 지시를 기초로 역사학자 이선근李瑄根(1905~1983)[72]은 화랑을 '화랑도'로 규정하고 대대적인 선전을 펼친다. 이선근은 1949

---

72) 『花郎道硏究(再版)』(1950.10)의 서문에는 전쟁 중에 있었던 육해공군총사령관의 육군소장 丁一權의 인사말이, 부록에는 "고대로부터 전해져 오는 郎家思想이 '妙淸의 亂' 이후 소멸"되었다고 말하는 申采浩의 「朝鮮歷史上一千年来第一大事件」(1929)이라는 논문이 있다. 郎家-花郎-獨立運動-報國의 精神史를 난국의 시기에 국민에게 전하고자 하였던 李瑄根의 의도가 깔려 있다.
李瑄根은 1954년 문교부 장관 시절 국사편찬위원회를 설치하였다. 그 후 1957년 성균관대학 총장을 거쳐 다시금 박정희 정권 아래에서 화랑도의 연구 및 선전을 계속한다. 그는 이후 박정희에게도 신임을 얻어, 1969년에는 령남대학총장을 1974년에는 동국대학 총장, 그리고 1978년에는 한국정신문화연구원장을 지냈다. 또한 그는 『화랑도와 삼국통일』(서울: 세종대왕기념사업회, 1974)이라는 글에서 "花郎道는 花郎徒의 생활신조와 인생관, 행동목표, 국가관 등의 전체를 가리켜 의미하여 사용된다"(7쪽)라고 서술하고, 지금까지 사용된 화랑도를 처음으로 정의하였다.

년에 발표하였던 『화랑도연구花郎道研究』(서울: 東國文化史, 1949)에서 학생・청소년의 애국심을 북돋우는 후세의 여러 가지 일들을 화랑정신의 발로로 인정하였다. 국민국가 형성을 위하여 '화랑정신花郎精神을 이루는 것'의 총체가 '화랑도'로서 창조되고 보국・순국의 희생적 상무정신尙武精神으로 이어지는 것을 훤전하였다. 그 후 쿠데타로써 정권을 탈취한 박정희(1917~1979, 제5~9대 대통령) 정권 아래에서 정치적으로 이용되며 이어졌다.[73] 이렇듯 일제강점기를 지나 군사독재에 이르기까지 화랑도는 주로 정치적 목적에 의해서 이용되었다.[74]

그러나 김정설의 화랑도는 위와 같은 정치적 목적성을 띤 이론으로 이해하기에는 무리가 있다. 무엇보다 김정설 그 자신이 화랑도의 군사적 측면만 강조하여 이해하는 것을 경계하며, 그보다는 종교적・예술적 요소를 더욱 부각시켜 이해하려고 하였기 때문이다. 김정설은 기존의 인식과 차별되는 화랑정신의 총체적 이해를 시도하려 하였다. 김정설은 화랑의 도를 '풍류정신'이라 하며, '풍류도', '풍류도 정신'을 다음과 같이 설명하였다.

---

73) 崔在穆, 「韓國における「武の精神」・「武士道」の誕生」, 『陽明學』 제22호(한국양명학회, 2009), 352쪽 참조.

74) 朱甫暾, 「신라 花郎道(花郎徒) 연구의 현황과 과제」, 『啓明史學』 8(계명사학회, 1997), 89~90쪽 참조.

풍류도風流道란 것은 어떤 교단의 형태를 갖고 있는 것도 아니요, 어떤 명확한 경전을 가지고 있지도 않습니다. 다만 이 정신이 우리의 혈맥 가운데 흘러왔을 뿐이지요. 그렇기 때문에 어느 의미로는 우리 민족이 수난과 실패의 역사를 겪어 오면서도 오늘날까지 이러한 정신을 유지해 온 것은 풍류정신이 우리의 혈맥 가운데 흐르고 있다는 것입니다.75)

풍류정신이란 우리 혈맥 속에 흐르는 우리 민족의 정신적 바탕으로 김정설은 이해하였다. 이와 같은 화랑의 '풍류정신'은 그의 다른 저작 곳곳에서 찾아볼 수 있다. 김정설에게 풍류라는 것은 단순히 어떤 이념의 근거가 아니라 우리 민족의 역사이며 문화이며 혈맥 속에 흐르고 있는 에토스였다.

김정설은 화랑이 가진 특징적인 요소인 첫째, 무속적 요소를 강조하는 종교적 요소, 둘째, 심미적審美的인 요소에 해당하는 예술적 요소, 그리고 셋째, 국가를 수호하기 위해 생명을 거는 군사적 요소가 모두 어우러진 상태야말로 진정한 화랑의 정신이며 민족의 혼이라 말하였다. 그리고 화랑이라 불리는, 다양한 인물들에게 나타나는 공통적인 정신을 통해 일제에 의해 왜곡된 화랑정신을 되찾고자 하였으며 나아가 이를 당시의 혼란한 사회를 해쳐 나가는 국민화합의

75) 김정설, 「國民倫理特講」, 232~233쪽.

핵심 정신으로 파악하였다.

3) 국민윤리론의 현대적 실현과 효의 정신

김정설은 우리가 국민윤리를 천명闡明하는 데는 어떤 사람의 개인적 생각이나 어떤 특정한 사조 가운데에서 구해야 할 것이 아니라고 한다. 우리가 지금까지 살아온 전통 가운데에서 과연 계승해야 될 윤리가 있느냐 없느냐 그것을 우리가 천명해야 한다는 것이다. 국민윤리라는 것은 안출하는 것이 아니라 역사적 사실 가운데에서, 우리 생활의 사실 가운데에서, 이 생활의 성격 가운데에서 천명해야 한다고 주장한다.[76)]

그렇다면 김정설은 왜 우리의 에토스를 찾고 그것을 천명해야 한다고 역설한 것일까? 그것은 앞에서도 밝혔듯이 당대의 시대상과 연관시켜 이해해 볼 필요가 있다. 김정설이 국민윤리를 천명하고자 한 것은 당대에 국민윤리가 절실히 요구되었음을 의미한다. 여기서는 김정설이 밝힌 우리의 에토스는 무엇이며, 또 그것을 그 시기에 실현시키고자 하는 것이 어떤 의미를 지니는지 논의하도록 하겠다.

김정설은 우리의 국민윤리를 '효의 에토스'에서 찾아야 한다고 주장했다. 그는 효라는 것은 유교가 들어오기 전부터 한민족의 고유

76) 김정설, 「國民倫理特講」, 209쪽.

한 정신이었으며, 풍류도의 조화의 정신 속에 효의 에토스가 포함되어 있다고 하였다.

김정설은 또한 폐쇄성을 띠기 쉬운 '효의 에토스'를 그 속에 내재된 경애지심敬愛之心을 근거로 해서, 혈족간의 범위를 넘어서는 국민윤리 실천의 출발점[77]으로 재평가했다. 특히 한국 민족의 전통적 에토스로서의 조화 정신은 직접 행위와 생활 가운데서 양성하지 않으면 안 된다고 하며, 조화 정신을 구현하기 위한 근거를 한국 국민에게 가장 잘 발로된 효의 에토스에서 찾아야 한다고 주장했다.

국민윤리의 출발점을 개인적 효에서 찾아 이를 공동체적 윤리로 발전시키고자 하는, 즉 개인윤리에서 사회윤리로 확대[78]하고자 하는 김정설의 논리는 무엇인가? 김정설은 "이 효가 천하를 평안하게, 좋게 하는 도리가 되는가? 한 사람이 자기 부모한테 효성을 다함으로써 천하가 좋게 될 것인가?"라는 질문을 스스로 던지면서 그에 대한 답변을 제시하였다.

> 그러나 조금도 의심할 일이 아닙니다. 왜냐하면 부모가 없는 집이 없고 어떤 자식도 부모가 다 있으며, 인간치고는 다 부모가 있고 인간치고는 자식이 다 있다 이 말이오. 그러면 친자간의 이 지정至情을 떼

77) 김정설, 「國民倫理特講」, 235~240 참조.

78) 이 부분에 관해서는 본장의 2)-'국가주의를 넘어서 보편애의 확보'를 참고.

어 놓고 인仁이나 박애博愛를 잘 실천할 수 있느냐 하면 그럴 수가 없다는 것입니다. 왜 그런고 하니 생리화生理化되지 않았기 때문이오. 이것을 생리화하는 데는 지정에서 양성하지 않으면 안 된다 이 말이오. 또 강조하겠는데, 왜 하필이면 천하를 좋게 하는 대조화의 정신인 인仁을 부모한테서 출발하자고 하느냐 하면, 이것이 경애지심敬愛之心이 발하는 제일 간절한 표준이기 때문이란 말이오. 부모자식간이 제일 지정이 움직거리는 표준이다 이 말입니다. 그래서 여기서 출발하지 않으면 안 된다는 것입니다.[79]

이것은 혈족윤리血族倫理로서 효의 에토스가, 혈족이라는 공간적 영역을 넘어서 발전될 수 있는 소지를 지니고 있음을 의미한다고 볼 수 있다. 김정설은 "이 효孝를 숭상하는 전통을 집집마다 실천하여 드디어는 온 천하가 효를 숭상할 수 있도록 효를 넓혀가자(廣孝) 이 말이오. 어디에 가나 부모에게 하는 웅도態度와 같이 대할 것 같으면 왜 천하가 평정이 안 된단 말이오"[80]라고 말하면서 한국적인 현실 상황에서의 여러 가지 문제도 효의 에토스를 발전시킴으로써, 효를 넓히는 것인 광효廣孝[81]를 통해 극복할 수 있다고 한다.

다시 말하면, 김정설은 효는 부모한테 하는 것으로, 이 경애지심

79) 김정설, 「國民倫理特講」, 238~239쪽.

80) 김정설, 「國民倫理特講」, 239쪽.

81) 김정설, 「國民倫理特講」, 239쪽.

敬愛之心을 형제에게 옮길 때는 제悌가 되고, 이것을 나라에 옮길 때는 충忠이 되므로, 모두가 '효孝' 한 자에서 출발한다[82]고 하며 효孝의 에토스와 그 에토스의 확대(廣孝)를 강조한 것이다. 이처럼 김정설은 '전통적인 애경愛敬의 정신인 〈효孝〉 →(확대) → 〈충忠〉(이런 내용은 결국 '화랑정신'으로 수렴) → 〈국민대단결〉'의 논리적 · 이념적 도식을 자신의 '국민윤리론'의 저변에 깔고 있는 듯하다.[83]

김정설의 '국민윤리론'은 전통적인 애경의 정신인 효를 확대, 발전하는 형태로 충을 구축하는 틀을 갖는다. 이 효-충을 모두 담는 것은 신라의 화랑정신이었고 효와 충을 포함하는 화랑정신은 김정설에게서 국민대단결을 위한 주요 이론으로 역할 하였다. 그리고 그의 '국민윤리론'의 가장 바닥에 자리 잡고 있었던 '효孝'는 당시의 이승만 독재에 항거하며, 국민대단결을 이끌어 내기 위한 김정설의 고육책이 아니었던가 생각된다. 비록 재야의 인물이긴 하지만 당시 선각자적 위치에 있었던 그는 흩어진 민심을 바로잡고 새로운 비전을 제시하는 과정에서 전통적인 '효孝'를 가져왔던 것이다. 이를 통해 '더 나은 국가로의 국민 대단결'을 이야기하고자 한 듯하다.[84]

---

82) 김정설, 「國民倫理特講」, 239쪽.

83) 우기정, 「凡父 金鼎卨의 '國民倫理論' 構想 속의 '孝'」, 『동북아문화연구』 제19집(동북아시아문화학회), 240쪽.

84) 우기정, 「凡父 金鼎卨의 '國民倫理論' 構想 속의 '孝'」, 『동북아문화연구』 제19집(동북아시아문화학회), 240쪽.

4. 국민윤리론의 핵심 정신과 「국민교육헌장」의 대비

전통적 에토스인 '효孝'와 '화랑정신'을 통해 차별애를 넘어선 보편애, 그리고 강성한 국가를 위한 국민 조화와 화합의 염원을 담은 김정설의 '국민윤리론'은 이후 박정희 정권 하에서 완성된 「국민교육헌장」으로 변용되면서 그 내용이 사뭇 달라진다. 이러한 사실은 박정희 정권이 초심에서 추구했던 바가 어떤 방향으로 변질되어 가는지를 알 수 있는 국가재건최고회의에서 펴낸 『최고회의보最高會議報』의 목차를 통해서도 확인할 수 있다. 『최고회의보』는 1961년 8월 15일 창간호를 펴낸다. 창간호에는 「혁명공약」을 첫 장으로 해서 「최고회의광경」 등이 수록되어 있다. 이 창간호에서는 주로 군사정변의 정당성을 알리기 위한 글들이 주를 이룬다. 그 뒤 같은 해 10월에 발간된 제2호에는 군사정변의 정당성과 국민의 자발적 참여를 독려하기 위한 윤리를 기본으로 하는 글들이 다수 포함되어 있다. 그러나 이러한 윤리도덕적인 글들은 그 후 차츰 자취를 감추게 되며 『최고회의보』는 충성과 반공反共, 그리고 경제발전에 관한 박정희 정권의 성과를 홍보하기 위한 책자로 바뀌어 간다.

이러한 흐름 속에서 나온 「국민교육헌장」은 김정설이 말하던 '국민윤리론'과는 전혀 다른 모습으로 바뀌게 된다. 「국민교육헌장」은 철학자 박종홍朴鍾鴻 등이 기초 위원으로 참여한 가운데 1968년 12월 5일 완성, 선포된다. '반공'과 '민족중흥'이라는 집권세력의 통치 이

「최고회의보」 창간호

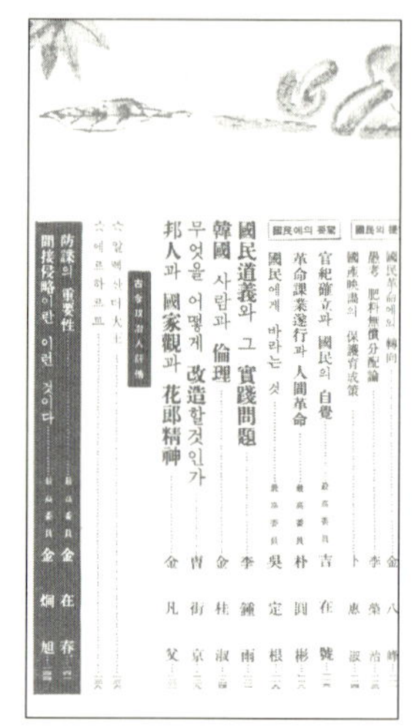
國民革命에의 轉向 …… 金八峰
肥料無償分配論 …… 李榮治
國產映畫의 保護育成策 …… 卜惠淑
國民에의 要望
官紀確立과 國民의 自覺 …… 吉在號
革命課業遂行과 人間革命 …… 朴圓彬
國民에게 바라는 것 …… 吳定根
國民道義와 그 實踐問題 …… 李鍾雨
韓國 사람과 倫理 …… 金桂淑
무엇을 어떻게 改造할것인가 …… 曺街京
邦人과 國家觀과 花郎精神 …… 金凡父
防諜의 重要性 …… 金在春
間接侵略이란 이런 것이다 …… 金烱旭

「최고회의보」 제2호 목차

데올로기를 사회적 이상으로 삼고 그 실현을 국민교육의 지표로 삼은 까닭에 「국민교육헌장」은 선포 당시부터 정치적 논란을 빚었다. 「국민교육헌장」은 곧바로 한국 교육의 이념과 동일시되어, 1960년대 말에서 1990년 초까지 초·중등교육을 받은 한국인들은 통째로 헌장 내용을 외워야 했다.85)

---

85) 이와 같은 사실은 홍윤기의 글에서 다음과 같이 지적되었다. "이렇게 암기된 헌장은 그것이 공적 효력을 거의 상실한 1980년대 중반부터 지금까지 4반세기가 지났음에도 당시의 청소년기를 보낸 대한민국의 현재 40~50대 국민이라면 애국가 다음으로 거의 자동적으로 머리에 떠올리는 '국민정신의 무의식 컨텐츠'로서 빼어난 정신동원효과를 발휘한다."(홍윤기, 「國民教育憲章, 왜 그리고 어떻게 만들어졌나?」, 『내일을 여는 역사』 제18호[내일을 여는 역사, 2004. 겨울], 112쪽)

김정설의 '국민윤리'라는 개념은 '재건운동 중앙위원 50명'에 그의 이름이 있다는 이유만으로 '반공'과 '민족중흥'의 표상인 「국민교육헌장」에 이론적 기반을 제공하였다는 비판을 받았다.[86] 그러나 시기적으로 보더라도 '국민윤리론'이 「국민교육헌장」을 위해 제공된 이론으로는 볼 수 없다.[87] 오히려 당대의 지식인이던 김정설의 이론에서 박정희 정권이 자신의 정치적 노선에 맞는 소스를 발견하고 활용한 것으로 볼 수 있다.[88] 즉 박정희는 「국민교육헌장」을 만

---

86) 황경식에 따르면, 우리나라에서 '國民倫理'라는 개념이 공식적으로 쓰이기 시작한 때는 1960년대 중반이며, '國民倫理'라는 단어가 발견된 때는 1950년대 초반으로 김정설의 「國民倫理特講」이라는 강연 제목에서라고 한다.(제1장 각주 6) 참조) 그러나 김정설의 '國民倫理'라는 용어는 이후 박정희 정권기 후반 체제유지의 정당화를 위한 도구로 많이 사용되었다. 이것은 결과적으로 김정설의 사상 전체가 국수주의나 파시즘적 성향을 띠는 것으로 오인케 함으로써, 김정설이라는 인물과 그의 사상을 심각하게 왜곡시키는 문제점을 안고 있다. 이 점에 대해 정달현은 "金凡父는 '國民倫理'라는 용어를 조어하여 '민족의 전통정신', '민족 구성원의 전통적 에토스'라는 의미로 개념 정의하였다. 그러나 이 '國民倫理'라는 개념은 박정희 정권기 후반 이후 민주화가 진전되기 이전까지 지배세력이 지배권력을 정당화하는 도구로 활용함으로써 金凡父가 본래 의도한 것과는 다른 의미를 지니게 되었다"고 평가하였다.(정달현, 「한국 전통사상의 현대적 구현: 金凡父의 風流道론」, 『우리시대의 정치사회사상』, 경산: 영남대출판부, 2003, 365쪽)

87) 「國民敎育憲章」의 초안이 만들어지고 당시 학계에서는 "갑작스레 발표가 되고"라며 당황스런 입장을 보이고, "목적 때문에 만들기 위해서 만든 것이냐"라는 비판이 일었다.(좌담회, 「國民敎育憲章 草案 是非」, 『기독교 사상』 vol.12 no.9, 대한기독교회, 1968 참조)

88) 제4장 각주 4) 참조. 구술에 따르면 박정희는 김정설을 방문하여 國民倫理, 국민운동, 새마을운동 등에 관한 이야기를 나누고 갔다. 이는 김정설이 군사정부의 방향에 맞춰 이론을 전개한 것이 아니라, 박정희 측에서 먼저 적극적으로 김정설의 思想 일반에 대해 관심을 보인 것으로 이해된다.

들 때 많은 당대 지식인을 동원하여 '정당화 작업'을 시도하였고[89] 그 한 방법으로 김정설의 명성과 '국민윤리'가 내포하고 있던 효孝의 에토스를 자신의 정치적 목적을 정당화시키는 데 사용하였던 것이다. 참고로 김정설의 국민윤리론과 새마을운동과의 관련에 대한 논의도 일각에서 제기[90]되고 있는데 여기에 대한 자세한 조사도 필요하다.

김정설의 '국민윤리론'이 「국민교육헌장」에서 어떻게 변용되었는가는 「국민교육헌장 초안」에서 현재 우리에게 알려진 「국민교육헌장」까지의 수정 과정에서도 잘 드러난다.

[표 10] 「국민교육헌장 초안」과 공식 「국민교육헌장」의 전문 비교

「국민교육헌장 초안」 (1968.7.26)
민족중흥은 우리 국민의 거룩한 역사적 사명이다. ① 조상의 밝고, 의롭고, 슬기론 얼을 현대에 되살려, 자주의 자세를 확립하고, 합심・단결・노력과 약진 속에 창조의 기쁨과 삶의 보람을 느낀다. 타고난 성능의 계발을 바탕으로 널리 학술과 기능을 배우고 익혀,

89) 홍윤기, 「國民教育憲章, 왜 그리고 어떻게 만들어졌나?」, 『내일을 여는 역사』 제18호(내일을 여는 역사, 2004.겨울), 114쪽 참조.

90) 김정설의 '國民倫理論' 강의를 6개월 정도 들었던 경주 오덕선원 선원장 정허 스님에 따르면 박정희 정권의 주된 정책에 해당하는 '새마을운동'은 김정설이 처음으로 박정희에게 제안한 이론이라고 한다. 이는 김정설이 國民運動을 촉구했던 사실과 연관이 있을 것으로 추측된다. 구체적인 내용의 증명은 차후의 과제로 돌린다.

저마다 직분에 따라 힘써 일하되, 성실한 인격에 뿌리박고, 자유에 따르는 책임, 권리와 같이하는 의무를 죽기 삼아, 협동 신의의 민주사회를 이룩한다. 국법을 지키고, 중의에 따르며, 국민의 복리를 골고루 하여, 전체의 안정과 번영을 기약하고, 생산과 능률과, 실질을 숭상하는 합리의 새 생활에, ② 효도와 우애, 서로의 은혜에 감사하며, ③ 고상한 멋을 아는 전통의 미풍양속을 이어받아 국가 사회의 건전한 기풍을 일으킨다.

나라와 나는 하나인 것, 언제나 나라 사랑을 내 몸같이 모든 일에 부지런하며 온갖 어려움을 이겨내는 굳센 의지와 튼튼한 몸으로, 새롭고 우렁찬 국가 건설에 즐거이 봉사한다.

우리의 신념은 섰다. 반드시 이 땅 위에 통일 조국의 빛나는 앞날이 올 것이요, 자유와, 평화와, 정의를 사랑하는 우리 민족은 나아가 인류의 이상 실현에 이바지할 것이다. 이제 우리는 영광의 새 역사를 창조하고 그대로 후손들에게 길이 전하자.

「국민교육헌장」 (1968.12.5)

우리는 민족중흥의 역사적 사명을 띠고 이 땅에 태어났다. ④ 조상의 빛난 얼을 오늘에 되살려 안으로 자주독립의 자세를 확립하고, 밖으로 인류공영에 이바지할 때다. 이에 우리의 나아갈 바를 밝혀 교육의 지표로 삼는다. 성실한 마음과 튼튼한 몸으로 학문과 기술을 배우고 익히며, 타고난 저마다의 소질을 계발하고 우리의 처지를 약진의 발판으로 삼아 창조의 힘과 개척의 정신을 기른다. 공익과 질서를 앞세우며 능률과 실질을 숭상하고, 경애와 신의에 뿌리박은 상부상조의 전통을 이어받아 명랑하고 따뜻한 협동 정신을 북돋운다. 우리의 창의와 협력을 바탕으로 나라가 발전하며 나라의 융성이 나의 발전의 근본임을 깨달아, 자유와 권리에 따르는 책임과 의무를 다하며, 스스로 국가 건설에 참여하고 봉사하는 국민정신을 드높인다.

⑤ 반공 민주 정신에 투철한 애국 애족이 우리의 삶의 길이며, 자유 세계의 이상을 실현하는 기반이다. 길이 후손에 물려줄 영광된 통일 조국의 앞날을 내다보며, 신념과 긍지를 지닌 근면한 국민으로서 민족의 슬기를 모아 줄기찬 노력으로 새 역사를 창조하자.

초안을 살펴보면 김정설이 이야기한 '우리의 에토스를 발견하여 살림'(①), '효孝 살림'(①), '효를 기반으로 함'(②), '우리 전통의 멋'(③) 등의 내용이 포함되어 있음을 알 수 있다. 그러나 ①은 ④에 그대로 반영된 것 같지만 ②, ③의 '효孝'나 '멋'이라는 내용은 전혀 찾아볼 수 없게 삭제되었다. 그 대신 자리를 차지한 것인 '반공 민주 정신, 애국 애족'(⑤)이란 용어로, 국가 그 자체에 대한 절대적이며 무조건적인 충성을 강조하고 있는 것이다.

6차례에 걸쳐 수정작업을 거친 「국민교육헌장」은 국민에게 요구되는 도덕적·윤리적 자세가 '국민정신'이라는 개념 아래 압축되고, 교육헌장의 핵심이 애국 애족의 국가 절대주의를 바탕으로 하면서, 경제지상주의적 실용성을 축으로 하고, 반공 통일을 궁극적인 목적으로 하는, '반공 민주주의'에 대한 국민 총동원의 태세로 수렴되어 갔다.[91] 김정설의 '국민윤리론' 역시 그 변화과정에서 삭제·변형되

91) 홍윤기, 「國民敎育憲章, 왜 그리고 어떻게 만들어졌나?」, 『내일을 여는 역사』 제18호(내일을 여는 역사, 2004.겨울), 114~117쪽 참조.

어 갔던 것이다.

김정설은 「국민윤리특강」에서 효孝가 제悌·충忠 등으로 확대되어 적용될 수 있다고 하였다. 이것이 박정희 정권 하에서 정치적인 목적으로 충忠만을 확대 해석하여 다른 것은 모두 배제한 채 '국가에 대한 국민의 무조건적인 충성'으로 변질된 것이다.[92] 김정설은 결코 '충忠'을 강조하여 국가의 절대 우위를 이야기하지 않았으며 오히려 이것은 그의 '조화 정신'에 어긋나는 것이었다. 화랑도를 이야기할 때도 군사적 측면만을 강조하는 것은 잘못된 것이라고 경계하는 김정설의 사상이 그 '조화'를 잃어버리고 극단으로 치우친 예가 바로 「국민교육헌장」이라고 할 수 있다.

'국민윤리'라는 개념은 이렇게 본래의 의도에서 벗어나 정치적 도구로 활용되면서 오해·왜곡돼서 받아들여져 왔다. 이제 편견에서 벗어나 '국민윤리'를 촉구하며 '더 나은 국가로의 국민 대단결'을 꿈꿨던 김정설의 본의를 되돌아보고 재평가해야 할 것이다.

김정설의 '국민윤리론'은 혼란했던 1950년대 우리 사회에 흩어진 민심을 바로잡고 새로운 비전을 제시할 '윤리'로서 제시된 것이었다. 즉 김정설은 국가가 민족국가로 완료되었다고 보고, 완료된 우리 국가의 표준이 될 만한 '국민윤리'가 필요하다고 생각해서 이를 우리 민족의 전통적 에토스에서 찾으려고 한 것이다.

---

92) 제3장의 [표 7] 참조.

김정설은 '국민윤리'는 역사적 · 문화적 전통 내에서 형성된 것이기 때문에 각 국민의 성격에 따라 문화별로 개별 특성을 지니게 된다고 하였다. 그러면서 이렇게 형성된 국민윤리의 내포된 정신이 위대하다면 보편성을 지니게 된다면서 우리 민족의 국민윤리가 과연 보편성을 지닌 것인지에 대해 질문을 던졌다.

우리의 국민윤리를 알기 위해서는 무엇보다도 우리의 에토스를 찾아내야 한다. 김정설은 화랑정신(=風流道 : 멋 : 調和)이 전통적인 혈맥 속에 흐르고 있다고 강조하면서 이것이 우리 민족의 에토스이자 새로운 시대의 국민윤리의 표준이 될 수 있다고 천명闡明하였다. 그리고 그는 대조화大調和의 정신을 '지정至情'을 대표하는 '효孝'에서 찾으려고 하였고 이를 통해 개별애, 차별애 및 국가주의를 넘어선 보편주의를 이야기했다. 김정설은 '효孝'라는 것은 우리의 본바탕이기 때문에 조금 못나고 모자라더라도 이것에서부터 출발해 확대시켜야지만 우리 민족이 세계사회로 나아갈 수 있다고 강조했다.

이러한 김정설의 국민윤리는 박정희 군사정부의 「국민교육헌장」과 연루되어 독재정권을 옹호하는 이론적 배경을 제공했다는 오해를 받게 되었다. 김정설이 주장한 국민윤리는 이승만 독재에 항거하며 국민대단결을 이끌어 내기 위한 고뇌였음에도 그 본래 의도와 관계없이 초심에서 벗어난 독재정부를 이론적으로 정당화해 줄 근거로서 활용된 것이었다. 「국민교육헌장」이 초안에서 6차례의 수정을 거치며 어떻게 변모했는지를 살펴봄으로써 김정설의 국민윤리가 어떻게 왜곡되었는지를 알 수 있었다.

제5장
국민윤리론의 확대, 정치철학

이 장에서는 김정설의 『정치철학특강政治哲學特講』의 텍스트를 분석하여 김정설의 현실인식 및 그 대응으로서 나타난 그의 정치철학을 파악해 볼 것이다. 아울러 그의 사상이 1960년대 이후 정책적으로 실시된 '재건국민운동再建國民運動', 나아가서는 '새마을운동' 등과 어떠한 연관이 있는지도 살펴보게 될 것이다.

『정치철학특강』은 '어떻게 하면 우리 민족도 남과 같이 잘 살게 될 것인가'를 평생의 과제로 삼았던[1] 김정설의 유고를 모아 발간한 책이다. 김정설은 격동기를 살았던 인물인 만큼 교육자·애국지사 등의 다양한 면모를 보여 주는데 그 중에서 『정치철학특강』은 김정설의 현실참여적인 성격을 잘 보여 주는 책이다.

김정설은 1962년 동래에 칩거하며 "건국정치의 성격"이라는 가제로 원고를 집필하였는데 생전에 발간하지는 못하였다. 이를 후학 이종후李鍾厚(1921~2007, 전 영남대 철학과 교수)가 모아 1986년에 "정치철학특강"이란 제목으로 발간한 것이다. 『정치철학특강』은 해방 후 한국의 현실에 대한 비판과 우리 국민이 나아가야 할 방향 등에 관한 내용을 담고 있다. 이를 통해 김정설이 당시 위기의 현실을 완료된 국가[2]로 갈 수 있는 전환점으로 보고 바람직한 국가건설의 이론

---

1) 黃山德, "金凡父 先生의 靈前에－방대했던 東方學의 體系", 『동아일보』, 1966년 12월 15일, 5면 참조.

2) 김정설은 국가의 발전단계를 '進行의 법칙'을 지나 '完了의 법칙'을 사용하여 이해하였으며, 국가는 民族國家의 형태로 完了된다고 주장하였다.(김정설, 『政

을 제시하려 했던 것으로 생각된다.

김정설은 해방 후 곽상훈郭尙勳(1896~1980), 김법린金法麟(1899~1964) 등과 함께 〈일오구낙부一五俱樂部〉를 조직, 건국방책에 대한 강좌를 베풀었으며[3] 자신이 학장으로 있었던 계림대학에서 『윤리학사倫理學史』, 『정치학政治學』 등의 강의를 맡고, 건국대에서 『정치철학강좌』를 담당하기도 하였다. 김정설은 1950년 민의원에 당선되었고, 1960년 참의원 선거에 출마[4]하였으며 이듬해 〈재건국민운동 중앙위원회〉 50인에 위촉되는 등[5] 그의 삶과 정치의 연관을 짐작할 수 있다.

김정설의 다른 저작에 비해 『정치철학특강』은 제대로 주목받지 못하였다.[6] 『정치철학특강』은 당시의 현실을 비판적으로 인식하고,

---

治哲學特講-凡父遺稿』, 96~107쪽 참조)

3) 기자미상, 「동양철학자 凡父思想 再照明」, 『경향신문』, 1986년 12월 20일, 6면 참조.

4) 기자미상, 「7·29總選擧立候補者名單」, 『동아일보』, 1960년 7월 3일, 5면.

5) 〈일오구락부〉 소속으로 제1대 국회위원(姜達秀)이 배출된 것에서 알 수 있듯이 단순한 친목단체이기보다는 정치적 성격을 지닌 단체였던 것으로 추정된다.(中央選擧管理委員會 편, 『歷代國會議員選擧現況(第1~11代)』, 서울: 中央選擧管理委員會, 1989, 70쪽 참조)

6) 김정설은 생전에 『花郞外史』(해군본부 정훈감실, 1954) 한 권만을 남겼고, 사후 범부선생유고간행회에서 김정설의 저작을 모아 『風流精神』(범부선생유고간행회 편, 1986)과 『政治哲學特講』(범부선생유고간행회 편, 1986) 두 권이 발간되었다. 이 중 『花郞外史』는 총 3판까지 나와 있는 상태이며, 『風流精神』은 秦敎勳 박사에 의해 2009년에 재간행되었다. 이에 반해 『政治哲學特講』은 1986년 초판 발행 이후 새로운 개정판이 나오지 않는 상태이다.

이를 극복하기 위한 실천적 논리를 제시한 책으로 그 가치가 다른 저작에 비해 결코 가볍다고 할 수 없다. 따라서 본서에서는 『정치철학특강』을 제대로 파악하기 위한 하나의 시도로 『정치철학특강』의 텍스트를 분석하여 그 속에 담긴 김정설의 핵심 사상을 파악하고, 아울러 김정설의 정치 사상이 이후의 '재건국민운동–새마을운동' 형성에 어떠한 영향을 끼쳤는지를 알아볼 것이다.

여기서는 『정치철학특강』의 방대한 분량과 내포하는 내용으로 인해 주 연구 대상을 제1부 「국민운동의 준비과제」로 삼고, 제2부 「공산주의 비판」을 보조적으로 인용하였다. 나머지 부분의 자세한 연구 및 논의는 다음 과제로 남기기로 한다.

1. 『정치철학특강』의 발간 경위 및 구성

김정설 사후 20년인 1986년에 김정설의 20주기를 기념하여 그의 사상과 생애를 재조명하려는 움직임이 일어났다.[7] 김정설의 후학들은 20주년을 기념하여 범부선생유고간행회凡父先生遺稿刊行會의 이름으로 김정설의 두 번째 저서 『범부유고凡父遺稿』를 비매품으로 펴냈다. 그

7) 1980년대에 일어난 김정설을 재조명하려 했던 흔적은 다음과 같은 예에서 확인할 수 있다.

리고 같은 내용은 『정치철학특강－범부유고凡父遺稿』(대구: 이문출판사, 1986. 이하 『政治哲學特講』)라는 이름으로 동시에 상업 출판되었다.

이 두 책에 실린 같은 내용의 원고는 24년 전인 1962년에 김정설이 부산 동래에 칩거하며 '건국정치의 성격'이란 제목으로 집필한 것이다. 김정설은 1950년대 중반부터 계림대학 및 건국대학에서 '정치(철)학'을 가르쳤으므로 이때의 원고들이 『정치철학특강』에 상당 부분 반영되었을 것이다. 또한 김정설은 1963년 발간된 『자유문화自由文化』(自由文化硏究센터)에 「특집 : 국민적 자각의 진작을 위하여－각

년도	책·기사 제목	발행처/발행일
1981	『花郎外史』 재간(國民倫理特講 포함)	이문사
1983	『경향신문』에 「文壇裏面史 逸話로 엮어본 文人들의 作品과 生涯(23)－慶州천재 金凡父」의 기사가 실림.	1983.07.09, 7면.
1986	『風流精神』, 『凡父유고－政治哲學特講』 발간	凡父선생유교간행회
	『조선일보』에 「근세 한국인 중 '가장 명석했던' 철학자 凡父 김정설의 사상 再照明」이 게재됨	1986.12.19, 7면.
	『경향신문』에 「동양철학자 凡父思想 再照明」이 게재됨.	1986.12.20, 6면.
	『동아일보』에 「凡父 金鼎卨遺稿 「風流精神」」이 게재됨.	1986.12.24, 8면.
1987	『매일경제』 〈새 책〉 란에 『風流精神』(凡父선생유고간행회편)이 소개됨.	1987.02.05, 9면.

특히 1986년은 凡父 김정설의 작고 20주년이 되는 해로서, 김정설의 유고집 『風流精神』이 발간된 사실이 당시의 주요 일간신문에서 앞 다투어 게재된 것을 볼 수 있다. 그러나 이러한 시도는 지속되지 못한 채 잠깐의 주목에 그치게 된다.

국 국민운동의 제례諸例」라는 글을 실었는데, 『정치철학특강』의 「제 2장 국민운동의 제전례諸前例」 부분의 논리를 더욱 발전시킨 것이라 할 수 있다.

그러나 김정설은 미처 저술한 원고를 출판하지 못하고 1966년 작고하게 된다. 그때 김정설의 원고나 강의를 받아 적은 노트 등이 한 곳에 수합되지 못한 채 개별적으로 흩어지게 되는데 「건국정치의 성격」은 제자인 이종후가 보관하였다. 이종후는 김정설이 생전에 마무리하지 못한 '정치철학'관련 원고를 모아 1986년 『정치철학특강－범부유고』라는 책으로 발간하였다. 출판 당시 대한출판문화회관에서 황산덕・이종익李鍾益을 연사로 추모강연을 가지기도 하였다.[8)]

김정설을 자신의 정신적 스승으로 모셨던 이종후는 『정치철학특강』 「간행사」에서 다음과 같이 기술하였다.

> 이 유고는 1962년 1월에서 7월 사이에 선생께서 본디 '건국정치의 성격'이란 제목 하에 구상해 온 것을 손수 집필하신 것으로 원고지 1천 7백 장 가량 되는, 이른바 대하논설이다. 이를 집필하게 된 직접적 외적 계기는 5·16 직후 1961년 가을학기에 부산대학교에서 초청강사로 정치철학 특강을 얼마동안 하시게 된 데서 마련된 듯하다.……
> 본서의 내용은 2부로 나누어지는데, 제1부는 '국민운동의 준비과제'

---

8) 기자미상, 「동양철학자 凡父思想 再照明」, 『경향신문』, 1986년 12월 20일, 6면.

란 제목 하에 건국의 기초 작업을 국민운동을 통해서 완성시키자는 취지로…… 국민운동을 우리의 민족적 전통과 우리의 국가적 현실에 맞게 전개함에 필요한 국민의 정신적 태도, 사상(윤리관, 정치관 등), 실천방법을 체계적으로 논술한 것이며, 제2부는 "공산주의 비판"이라는 제목 하에 공산주의 이론에 대한 비판을 하면서 인간・사회・역사・정치・종교 등에 관한 선생 자신의 사상과 견해를 서술하셨다.

선생은 단순히 동방의 전통적인 사상과 학문의 전수자 내지 해석자만도 아니요, 더구나 서방의 사상과 학문의 해설자 내지 전달자도 아니었다. 선생은 실로 동서고금의 사상가를 관통하여 스스로의 독자적인 융통투철한 학문적 경계를 개척한 창조적인 사상가로서 현대가 안고 있는 중대하고도 어려운 문제들을 철학적인 차원에서 근본적으로 해결할 수 있는 사상체계를 그 가슴과 머릿속에 진작부터 형성해 가지고 있었던 것이다. 본서를 정독하는 자는 큰 강물처럼 도도하게 세차게 논술을 펴나가는 그 압도적인 필세筆勢에서 그런 것을 느낄 것이다.

『정치철학특강』의 구성을 살펴보면 본문인 제1부 「국민운동의 준비과제」, 제2부 「공산주의 비판」 외에 부록으로 「오행설五行說에 대하여」가 실렸다. 책의 내용과 의의를 밝히는 간행사는 제자이며 유고간행회장인 이종후 선생이 집필했으며 책이 되기까지의 원고 정리작업은 이정호李楨鎬, 이완재李完栽, 신상형申相衡, 정달현鄭達鉉 등 여러 학인들의 도움으로 이루어졌다.

『정치철학특강』의 목차는 다음과 같다.

간행사 : 이종후

제1부 국민운동의 준비과제

제1장 서론

제2장 국민운동의 제전례

제3장 한국의 현실과 국민운동의 과제

제4장 도의건설道義建設과 도의파괴道義破壞 — 위대한 도의파괴자 레닌

제5장 한국의 국가관

제6장 한국의 민주주의

제7장 건국경제정책과 생산교육

제2부 공산주의 비판

제1장 변증법적 역사관에 대해서

제2장 동방의 사실에서 실증되는 계급투쟁사관의 오단誤斷

제3장 세계사관의 윤곽에 대하여

제4장 중국 역사와 변증법적 사관과의 저오牴牾

제5장 폭력혁명의 운명

제6장 소련 공산당의 이념과 정책

제7장 잉여가치설과 공산제의 귀결적 단서

제8장 신앙심리와 인간생활사의 문제

제9장 유물론의 비극적 파탄

제10장 경제중심사관과 인간생활조건

부록 : 오행설五行說

『범부유고』의 이름으로
세상에 나온『정치철학특강』
(故 이종후 교수 유품)

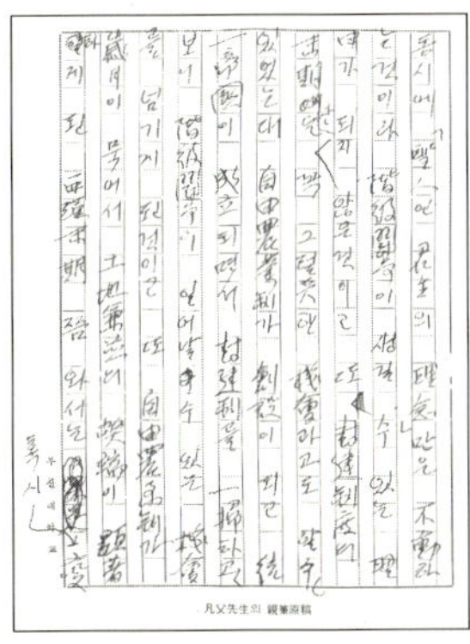

김정설의 친필 원고
(『政治哲學特講』 내 포함)

이문출판사가 출판한
『政治哲學特講』

이종후의 간행사와 책 목차에서도 알 수 있듯이 『정치철학특강』은 두 가지 목적을 가지고 저술되었다. 첫 번째는 국민운동을 통한 건국의 기초 완성과 그 구체적인 실천에 관한 논의이며, 두 번째는 공산주의 비판을 통한 김정설의 사상 표출이었다. 김정설은 이 『정치철학특강』이라는 저술을 통해 '정치철학'이라는 거대한 주제에서 자신의 동서양을 넘나드는 해박한 지식을 정리·전달하고, 새로운 대한민국 건설을 위한 이상적인 정치이념과 방향을 담아내려고 했었던 것이다.

2. 김정설이 본 1960년대 한국의 현실

김정설은 혼란했던 한국 근대기를 살아가는 지식인으로서 한국의 현실에 대해 저술 곳곳에서 많은 고민과 우려를 나타내었다. 『정치철학특강』에서 역시 그러한 그의 현실인식이 잘 드러난다. 김정설은 제1장 「서론」에서 당시 사회의 위기를 다음과 같이 표현했다.

> 그러므로 우리는 모름지기 이 분계分界를 명확하게 인식하여 신세기를 전망하면서 현실에 대한 정확한 결정을 통해 확신을 가지고 용진勇進하지 않으면 안 될 것이다. 정말이지 현실은, 우리의 절박한 이 현실은 회색의 공기에 미취迷醉한 반수상태半睡狀態의 잠꼬대 따위를

경청할 여유가 없는 것이다. 아니 이 현실은 그냥 절박 여부가 아니라 꼭 넋두리 몸부림을 치고 있지 않은가? 이 넋두리 몸부림치는 현실을 어찌 하자는 말인가? 우리는 이렇게도 막다른 현실에서 좌이대사坐而待死를 하겠는가? 한 개의 결정을 하겠는가? 이야말로 쾌사일번快死一番, 즉 아주 통쾌하게 한 번 죽어버린다는 말인데 이것은 선가禪家의 용어로서 선기골자禪機骨子라 할 수 있는 표현이거니와 우리가 이제 우리의 현실에 즉해서 아닌 게 아니라 쾌사일번의 대각오 즉 한 개의 결정을 하지 않으면 안 되겠다는 것이다.9)

김정설은 우리의 절박한 현실을 벗어나기 위해서는 반드시 '한 개의 결정'을 하지 않으면 안 된다고 강조하며 이에 "국민운동의 과제를 강구하고 있는 터"10)라고 『정치철학특강』의 저술목적을 피력하였다. 「서문」의 마지막 단락을 살펴보면 이는 더욱 분명히 드러난다.

이것을 결론으로서 말하자면 본 과제는 '회의의 방법'으로써가 아니고 '결정의 방법'으로써 파악해야 한다는 것이다. 그래서 이 사람이나 여러분이나 동일한 목표—한 개의 결정—를 향해서 약속할 수밖에 없는 것이다. 생사존망이 걸린 공전절후空前絶後의 난국에 처해 있는 우리에게는 먼저 한 개의 결정이, 비통한 결의가 요구되고 있는 것이다.11)

---

9) 김정설, 『政治哲學特講－凡父遺稿』, 9～10쪽.
10) 김정설, 『政治哲學特講－凡父遺稿』, 10쪽.
11) 김정설, 『政治哲學特講－凡父遺稿』, 11쪽.

그렇다면 구체적으로 우리의 '어떤' 현실이 그토록 절박했던 것일까. 그것은 비록 우리가 형식상으로는 광복을 맞이하고 독립 정부를 세웠지만 아직 우리는 "신생국가"[12]로서 "어제 그제 해방이 되었다 해서 갑자기 완전한 국가가 되고 완전한 국민이 되리라는 기적은 어려운 것"[13]이기 때문이다. 신생국가에서 기성국가로 가는 상태인 우리나라를 김정설은 '육성기育成期'[14]라고 했는데 이 육성기를 통과하려면 언제 어디서나 "육성기적 혼란이 수반된다"[15]고 하였다.

이 '육성기적 혼란'에 대해 김정설은 제3장 「한국의 현실과 국민운동의 과제」에서 몇 가지를 제시했다. 그가 제시한 당대 혼란상으로는 ① 소비 부화, ② 경제궁핍, ③ 양대의 정권, ④ 실업 문제, ⑤ 공산당 문제 등이 있다. 그리고 이러한 혼란상의 근본 원인으로 당시 우리나라가 처한 전통과 외래의 혼재, 국토의 양분, 식민지시대를 거치며 받은 인간성의 상처—이중성, 비굴성, 시의심 등—를 삼았다.[16]

---

12) 김정설, 「우리는 經世家를 待望한다」, 『政經硏究』 1, 政經硏究所, 1965.(최재목·정다운, 『凡父 金鼎卨 단편선』, 서울: 선인출판사, 2009, 93쪽에서 재인용)

13) 김정설, 「우리는 經世家를 待望한다」, 94쪽

14) 김정설, 「우리는 經世家를 待望한다」, 95쪽

15) 김정설, 「우리는 經世家를 待望한다」, 95쪽

16) 김정설의 이러한 주장은 그의 제자 황산덕(1917~1989)에서 더욱 구체화된다. 자신의 저서 『自畵像』과 『三玄學』에서 김정설의 이름을 직접 거명하면서 김정설로부터 받은 사상적 영향을 인정한 황산덕은 그의 논문 「어디다 국민윤리를 세울 것인가」에서 우리 民族의 에토스가 是非分別心, 逃避 및 呪術信仰이라

김정설은 당시의 절박한 현실에 대해서 "우리는 아주 맹성을 해서 새로운 정신으로써 기사회생을 하지 않으면 안 될 것"[17]이라고 하며 죽어가는 우리나라를 살려야 한다고 강조했다. 그리고 우리의 정치원칙은 민주주의국가의 실현에 있어야 하며, 민주주의를 위해서는 외래의 것을 가져오는 것이 능사가 아니라 더욱 우수한 민주주의를 천명闡明할 기백과 노력이 요구된다고 주장했다.[18] 김정설은 이를 위해 이론의 영역에서는 '국민윤리'를, 실천의 영역에서는 '국민운동'을 천명하였다. 결국 『정치철학특강』은 단순한 정치이론서가 아니라 병든 우리나라와 민족의 치유, 나아가 민주주의의 도래를 위해 절박한 마음으로 보내는 김정설의 처방전이었던 것이다.

3. 『정치철학특강』의 핵심 논리

1) 국민운동의 여러 전례를 통한 국민자각

김정설은 제1부의 제2장 「국민운동의 제전례」에서 인도, 독일, 덴마크 삼국의 유형을 간략히 제시하였다. 그러나 김정설은 우리들이

는 세 갈래로 변질되었음을 주장했다.

17) 김정설, 『政治哲學特講－凡父遺稿』, 58쪽.

18) 김정설, 「우리는 經世家를 待望한다」, 94쪽 참조.

이러한 전례를 따르는 것을 원하지 않았다. 아니, 그것이 들어온다 하더라도 우리의 에토스에 의해 변질되어 원하는 성과는 나오지 않을 것이라 했다. 그렇다면 왜 다른 나라의 예를 우리에게 구체적으로 전달했던 것일까. 그것은 바로 이들 국민운동 속에서 나타나는 핵심 정신을 파악하고 우리만의 국민운동을 만들어야 함을 각성시키기 위해서였다고 할 수 있다. 김정설은 국민운동의 개념에 대해 다음과 같이 설명하였다.

> 국민운동이란 어휘 그대로 국민운동인 것이다. 첫째, 어느 특정의 단체운동도 아니고 또 반드시 행정부의 법령에 의거하는 것으로서 원칙을 삼게 된 것도 아니고 또는 어느 계급이나 어떤 부류에 국한된 것도 아니고 참으로 거국적·거족적인 운동 그것이다. 그리고 반드시 국민 자체의 자각을 촉구하고 국민 자체의 자각으로써 진전進展하자는 한 개의 자각운동 그것이다.

김정설에게 국민운동이라는 것은 필연적으로 '국민의 자각'을 요구하는 개념이었음을 알 수 있다. 결국 김정설은 다른 국가의 예를 통해서 우리 민족의 국민운동을 고취시키고 싶었던 것이다. 이는 김정설이 『화랑외사花郎外史』나 『풍류정신風流精神』 등의 저작에서 한 인물의 행적을 따라가며 자신이 전달하고자 하는 바를 담았던 것과 유사한 글쓰기 방식이었다. 따라서 『정치철학특강』을 이해하기 위해서는 각국의 국민운동을 통해 김정설이 전달하고 싶었던 게 무엇인지를 파악하고 그것이 당시 우리 민족에게 어떻게 적용될 수 있었는지를 우선적으로 살펴보아야 할 것이다.

김정설은 인도의 국민운동은 간디를 빼놓고는 이야기할 수 없다고 하였다. 물론 간디 이전에도 반영해방운동反英解放運動이 없었던 것은 아니지만 대체로 암살 등으로 대표되는 폭력운동이었다. 간디는 이와 다른 새로운 국민운동을 전개했는데, 그것이 바로 '스와라지 운동'[19]이었다. '무저항의 저항', 이는 전 국민이 할 수 있는 운동이자 영구히 계속할 수 있는 운동이었다. 김정설은 간디를 아주 '교활한 책략가'라고 하면서 직접 '저항'이나 '배척' 등의 단어를 언급하지 않고도 그에 상응하는 효과를 얻었다고 하였다. 이는 결코 간디를 폄하하고자 했던 것이 아니며, 그만큼 간디가 이루어낸 성과가 대단했다는 것에 대한 반어적 표현이라 할 수 있다. 김정설은 무엇보다도 간디가 그러한 국민운동을 일으켜 성공할 수 있었던 것은 그가 '덕량德量'을 지녔기 때문이라고 하였다.

그 다음에 따라오는 예는 의외로 독일의 '히틀러 유겐트 운동'[20]

---

19) 1906년 인도에서 일어난 反英·자치운동이다. 일반적으로 간디가 주창한 개념으로 알려져 있다. 스와라지(Swarj[swa-"self", raj-"rule"])는 힌디어로 자치를 뜻하는 말로, 영국의 지배를 벗어나서 독립을 획득하려는 목적으로 일으켰던 운동이다. 1920년에 와서는 인도 국민회의파의 지도자 간디에 의하여 한층 더 적극적으로 전개되었다.

20) 히틀러 청소년단(Hitlerjugend)이라고도 한다. 18세까지의 청소년을 대원으로

이다. 김정설은 히틀러가 후퇴하는 제국주의를 발전한다고 믿었기 때문에 역현상을 가져왔다고 하였다. 즉 제국주의가 발전한다는 잘못된 사관[21]이 히틀러의 실패의 요인이라는 것이다. 그럼에도 김정설은 히틀러를 "사상도 착오된 사상, 정책도 실패할 수밖에 없는 착오된 정책을 쓴 사람이지만 일면 국민운동의 지도자로서 그 일면을 소개하지 않을 수가 없다"[22]고 평가하였다. '국민운동의 지도자로서의 일면'이란 것인즉, 히틀러가 조직한 청년단체인 〈히틀러 유겐트〉의 정신과 훈련의 위력을 아직까지 살아 있게 한 그것이다. 김정설은 〈히틀러 유겐트〉의 "조직과 훈련 방식만은 어디까지나 우리가 참고를 해야 할 것"이라고 주장했다.[23]

마지막 예는 '덴마크의 국민운동'인데, 김정설은 다른 두 운동에 비해 남달리 많은 페이지를 할당하며 덴마크의 국민운동을 설명한다.

하고, 돌격대(SA)의 일부로서 일종의 사회주의적 관념을 가졌으며, 이론학습을 위한 야간 모임이나 소풍 · 시위 · 선동활동을 하였다. 전 독일의 정치 · 종교 · 군사 · 스포츠 관계의 全 청소년단체를 해산 · 흡수시켜서 히틀러 유겐트가 유일한 청소년단체가 되어 규모를 키웠다.

21) 김정설은 帝國主義가 역사적 필연으로 전개되었으나 이미 그 역할을 다하였기 때문에 역사 속에서 붕괴한다고 주장하였다.(김정설, 「國民倫理特講」, 187~202쪽 참조)

22) 김정설, 「國民倫理特講」, 21쪽.

23) 김정설은 다른 사람의 사상이나 행위를 이야기할 때 장점이나 단점의 한 면만 보는 것이 아니라, 그것이 가지고 있는 장단점을 모두 언급하면서 평가하는 태도를 견지한다. 이러한 다각적 측면의 이해는 그의 역학적 사상에서 시작된 것으로 보이나 판단 과정에서 좋은 것은 취하고 나쁜 것은 버린다는 측면에서 합리주의적 사상과도 유사한 면이 있다.

그런데 정말丁抹(덴마크)의 국민운동은 또 그것이 인도가 아니고 독일이 아니니만치 아주 정말의 특색을 가진 것이다. 그리고 이 정말의 국민운동이야말로 문자 그대로 완전히 국민자각운동이었다.[24)]

김정설은 덴마크의 국민운동을 아주 특색 있는 것으로 바라보았는데, 그 까닭은 위의 두 예와 달리 '국민의 대자각'[25)]이 수반되었기 때문이다. 인도와 독일의 국민운동의 경우 '간디'와 '히틀러'라는 두 인물로 대표되는 경향이 있지만 덴마크는 모든 국민이 참여하는 완전한 '국민자각운동'이었던 것이다.

물론 덴마크 역시 국민 모두의 자각을 이끌어 낸 지도자가 있었으니 바로 '그룬트비'(Grundtvig)[26)]였다. 그는 건전한 국가를 건설하려면 "국민으로서 자기의 지위와 직분을 깨닫게 하며 동시에 자국의 현실을 바로 파악해서 국가와 국민이 혼연한 화합체로서 확신과 희망과 환희를 가지고 행진하는 데 국민운동의 진의가 있다"[27)]고 생

24) 김정설, 『政治哲學特講－凡父遺稿』, 21쪽.

25) 김정설, 『政治哲學特講－凡父遺稿』, 22쪽.

26) 니콜라이 그룬트비(Nikolaj Frederik Severin Grundtvig, 1783.9.8～1872.9.2)는 덴마크의 선생님이자 작가, 시인, 철학자, 역사가, 애국가, 정치가로 활동했다. 그는 덴마크에서 가장 잘 알려진 사람 중에 하나이며, 그의 철학은 19세기 후반의 민족주의를 새롭게 발전시켰다. 그는 국민정신을 확립하고, 특히 국민고등학교라는 새로운 교육이념을 만들어 제시하는 등 근대 덴마크 발전에 큰 영향을 끼쳤다.

27) 김정설, 『政治哲學特講－凡父遺稿』, 23쪽.

각하였다. 그리고 그 이상을 '국민고등학교'[28]를 통해 실현했으며 김정설은 그것이 오늘의 덴마크를 있게 한 원동력이라고 생각했다.

우리에게도 국민운동이 전연 없었던 것은 아니었다. 김정설은 대표적인 우리나라의 국민운동으로 '3·1운동'과 '단연구국斷煙救國 운동'[29]을 제시하였다. 김정설은 '3·1운동'을 "거국거족적인 해방운동으로서 과연 만점의 성공을 한 것"이라고 아주 긍정적으로 평가하였다.[30] 김정설은 무엇보다도 각계각층의 우리 국민이 한 가지의 동일한 '인식'(자각), 즉 조국의 독립과 해방을 위한다는 생각을 가지고 일어났다는 것이 그 의의라고 주장하였다. 다른 한 가지 예인 '단연구국 운동'은 비록 성공하지는 못했으나 참으로 "한국적인 국민운동"[31]이었다고 평가했다. 특히 지도층이라고 할 수 있는 영남유림

---

28) 그룬트비의 제창으로 전국에 설립된 성인기숙교육학교로 국민고등학교 혹은 국민대학이라고도 한다. 이 기숙학교는 자발적으로 입학한 학생들이 먹고 자고 일하고 공부하고 토론하는 생활을 통해 소극적인 피해의식에서 벗어나 적극적인 개척정신을 갖도록 가르쳤다. 이곳에서 교육을 받은 농촌 청년은 패전에 잇따른 농업위기를 극복하여 세계적 농업국, 평화적인 문화국가 건설의 기초를 이룩하였다.

29) 1920년대 일제강점기 때 일본이 재정긴축, 소비절약정강을 발표하자 그 표방을 역이용하여 국산장려, 소비절약 등을 제창하며 물산장려회, 토산애용부인회 등이 조직되었고, 잇달아 전국 지방단위로 금주단연구국단이 조직되어 금주·단연을 통한 일제로부터의 경제독립을 제창하였다. 대구지역은 가장 잘 알려진 국채보상운동을 조직·전개하였으며, 현재도 국채보상기념공원을 조성해 그 뜻을 기리고 있다.

30) 김정설, 『政治哲學特講－凡父遺稿』, 31쪽.

31) 김정설, 『政治哲學特講－凡父遺稿』, 34쪽.

이 몸소 실천하여 일반 민중들에게도 펴져 나간 "운동방략과 순서"32) 만큼은 정확했다고 보았다.

[표 11] 각국의 전례와 시사점

국가	국민운동	시사점
인도 (ⓐ)	간디의 스와라지 운동	위대한 지도자와 인도만의 국민운동 스와라지
독일 (ⓑ)	히틀러 유겐트	조직과 훈련 방식
덴마크 (ⓒ)	그룬트비의 국민고등학교	독특한 성격에 맞춘 국민의 대자각으로 현실화
한국 (ⓓ)	3·1운동과 단연구국운동	나라를 위한다는 '인식(자각)' 운동방략과 진행 순서

김정설이 여러 전례들을 통해 공통적으로 강조한 것이 있는데 바로 '선각자 · 지도자'의 존재이다. 국민운동에는 그것을 부흥시키고 이끌어 나갈 지도자의 존재가 필수라는 것이다. 그러나 그 지도자가 올바른 역사관 · 국가관을 갖고 있지 못하다면 ⓑ와 같은 결과가 날 것을 또한 경계하였다.

ⓐ의 예에서 김정설은 '위대한 지도자'의 전형으로 간디를 제시하고 그가 주창한 '스와라지 운동'이야말로 인도 국민의 특성에 맞

32) 김정설, 『政治哲學特講－凡父遺稿』, 35쪽.

는 것임을 강조하였다. 김정설에게 간디는 '자국민의 특성을 제대로 파악하고 그에 걸맞은 국민운동'을 했다는 점에서 높이 평가되는 듯하다. 김정설은 ⓑ의 예를 통해 지도자가 올바른 국가관을 갖지 못하였을 때의 비극적 결말을 제시함과 동시에 히틀러가 만든 '조직과 훈련 방식'만큼은 우리에게도 충분히 적용가능하다고 주장했다. 이념과 형식을 구분해 우수한 쪽은 취하자는 합리주의적 태도를 주창한 것이다.

마지막 덴마크의 경우는 김정설이 생각하는 가장 이상적인 국민운동의 성공국가로 제시되었다. 덴마크는 그룬트비라는 지도자와 '국민고등학교'라는 덴마크인만의 국민운동을 전개, 마지막으로 국민들의 대자각이 만들어 낸 성과는 괄목할 만한 것이었고 그것이 바로 당시의 덴마크를 만든 원동력이라고 생각하였다. 김정설은 덴마크의 예를 통해서 이와 같은 전개—우수한 지도자, 국가의 특성에 맞는 국민운동, 국민의 대자각—가 우리에게도 필요함을 보여 주었다. 3·1운동과 단연구국운동의 예는 우리나라에도 그러한 국민운동이 불가능하지 않음을 반증한다 할 수 있다.

하지만 김정설은 다른 나라의 전례들을 그대로 가져오고자 하지 않았다. 외국의 훌륭한 문물을 가져온다 하더라도 우리나라에서는 소용이 없다. "한국은 한국의 국민운동"[33]이 있기 때문에 아무리 좋

33) 김정설, 「特輯 : 國民的 自覺의 振作을 爲하여—各國 國民運動의 諸例」, 『自由

은 사상·이론이라도 우리의 현실에 그대로 들어맞지 않기 때문이다.[34] 다만 이것들이 "우리 국민운동에 약간의 참고"[35]가 될 수는 있을 것이라 생각하였다. 이상의 전례는 당시의 우리 국가가 진정한 민주주의국가가 되기 위해서는 국민운동이 필요하며, 그것이 우리 국민에게 맞는 국민운동이어야 한다는 김정설의 주장을 내포하고 있다.

2) 한국적 국민운동의 제창

김정설에게 국민운동은 절박한 상황에서의 마지막 극복 수단으로 인식되었다. 구체적 실천의 방향으로는 '지정적至情的 국가관'(主觀的 國家觀)[36]과 '국제국가로서의 민족국가관'(客觀的 國家觀)이 어우러진 국가관을 가장 건전하다고 보고 이것을 바탕으로 국민운동이 전개되어야 한다고 주장하였다.

그러니 우리 한국은 이 고유한 지정적 국가관과 세계사적 대세로

文化』, 自由文化센터, 1963.(최재목·정다운, 『凡父 金鼎卨 단편선』, 서울: 선인출판사, 2009, 91쪽에서 재인용)

34) 김정설, 『政治哲學特講－凡父遺稿』, 47～48쪽.

35) 김정설, 『政治哲學特講－凡父遺稿』, 35쪽.

36) 본 장의 3-3)「凡父의 지정적 국가관과 花郎精神」 참조.

서 진행 중에 있는 국제국가로서의 민족국가관(완료형인), 이 주객관적으로 조화調和된 가장 건전한 국가관을 견확堅確하게 파악하고 정정당당하게 전진할 것이며, 동시에 이 국가관에 입각해서 국민운동을 전개해야 할 것이다.[37)]

그리고 전개 방향에 있어서 결코 남의 것을 따라만 해서는 안 되며, 우리 현실에 맞는 우리만의 것이 있어야 한다고 강조했다.

왜냐하면 한국의 현실은 오직 한국만이 가진 그것이기 때문에 인도도 가질 수 없고 독일도 가질 수도 없고 정말(덴마크)도 가질 수 없다.[38)]

우리는 현재 곧 생사관두生死關頭에 임박한 신세로서 제 발등에 떨어진 불을 털어 버리지 않고 한길에 지나가는 사람들의 눈치만 바라다보고 있는 셈이니 이 일을 어찌하잔 말인가. 이 불덩이 떨어진 발은 분명히 남의 발이 아닌 내 발이다. 일본의 발이 아니요, 구미의 발이 아니요, 또 중국이나 인도의 발도 아니요, 오직 한국의 발 곧 내 발이다. 글쎄 내 발등이 자꾸만 타고 있는 터인데 대체 길가는 사람의 악센트와 제스처만 흉내 내고 있기만 하면 우리의 신세는 어떻게 될 것이란 말인가.[39)]

---

37) 김정설, 『政治哲學特講－凡父遺稿』, 117쪽.

38) 김정설, 『政治哲學特講－凡父遺稿』, 48쪽.

39) 김정설, 『政治哲學特講－凡父遺稿』, 73쪽.

여기서 '악센트'와 '제스처'[40]는 바로 외국의 윤리이고 방식이다. 이것들이 우리 입에 잘 붙지 않듯이 우리의 행동이나 특징에도 잘 맞지 않는다는 것이다. 이것을 억지로 맞추려고 하면 도리어 역효과만 날 것이다.

이러한 김정설의 국가관에 따르면 우리가 주체성을 갖고 세계의 흐름을 받아들일 수 있다면 어떤 변화나 혼란에도 흔들리지 않을 국가를 건설할 수 있을 것이다. 김정설은 외래문화에 흔들리지 않으면서 도태되지도 않는 '나를 지키며 변화해 나가기'를 바랐던 것이다. 이것이 바로 김정설이 이야기했던 '조화調和의 정신'이다. 김정설은 유불도儒佛道가 우리에게 받아들여진 것은 유불도 속에 흐르는 정신이 본래부터 우리 민족의 에토스 속에 잠재되어 있었기 때문이며, 우리 민족이 가진 조화의 정신(風流道)이 세 종교의 융합을 가능하게 했기 때문이라고 하였다.[41] 이를 현대에 도입해 보면, 서구문물을 받아들일 때에도 무조건적으로 따라할 것이 아니라 우리가 가진 것에 잘 맞는 것을 선택하고 또 자연스럽게 우리의 전통에 스며들도록 해야 함을 알 수 있다. 이러한 그의 주장에서 자아와 타자를 균형 있게

40) 김정설은 제스처를 '너름새'라고 표현하였다.(김정설, 『政治哲學特講－凡父遺稿』, 55쪽 참조)

41) 김정설, 「國民倫理特講」, 232쪽; 김정설, 「風流精神과 新羅文化－風流道論」 緖言, 『韓國思想』 3, 韓國思想講座編輯委員會, 1960(최재목・정다운, 『凡父 金鼎卨 단편선』, 서울: 선인출판사, 2009, 41쪽에서 재인용) 참조.

인식했던 그의 탁월한 국가인식을 발견할 수 있다.

김정설이 살았던 당시의 한국은 급격한 외래문화의 유입으로 전통이 흔들리고 외면 받던 시기였다. 이런 상황에서 김정설은 전통을 버리지도, 혹은 전통에 너무 집착하지도 않는 균형 있는 외래문화 수용 감각을 보여 주었다. 이종후는 이러한 김정설의 사상을 수용·심화 시켰는데, 그가 「전통사상의 계승과 외래사상의 수용」[42]이라는 논문에서 서양문명의 유입에 따른 충돌과 그를 받아들이는 자세에 대해 "우리 자신의 창조적 정신 가운데 양사상兩思想의 각기各己 특질을 달리한 근원과 진수로 하여금 서로 만나 근원적인 융합을 이루게끔 하는 것"[43]이라고 한 데에서 그 영향을 짐작해 볼 수 있다.

이러한 입장을 이어서 김정설은 '서구의 민주주의'와는 구분되는 '한국의 민주주의' 원칙으로 '민권民權'·'민복民福'·'민덕民德'의 세 가지를 제시했다. 즉 권리와 복리와 덕 세 가지를 민주주의 원칙으로 본 것이다. 김정설은 혼란한 신생국가가 민권만을 인정해 버리면 무엇이 민복이 되는지도 잘 모르는 민중이 복리에 위배되는 자유를 행사하게 되는 경우도 얼마든지 있을 수 있다면서 이를 방지하기 위해서는 '선각자'가 있어야 함을 강조하였다.[44] 그리고 민주주의라고

42) 이종후, 「傳統思想의 繼承과 外來思想의 受容」, 『哲學會誌』 6, 嶺南大學校 哲學科 研究室, 1979.

43) 이종후, 「傳統思想의 繼承과 外來思想의 受容」, 『哲學會誌』 6, 嶺南大學校 哲學科 研究室, 1979, 5쪽.

해서 덕의에 위배되는 자유를 행사해서는 안 될 것이라고 하며 '민덕'이 필요함을 역설했다.[45] 여기서 우리는 '국민윤리國民倫理'를 충분히 예상해 볼 수 있다.

김정설은 또한 민주주의의 근본이념인 '자유와 평등'의 관계에 대해 이 둘을 각각 개별적으로 추구해 간다면 일치점을 발견할 수 없다고 지적하였다. 그 둘은 '조화'를 이루어야 하며, 그 주축이 되는 것으로 '분의分義'라는 개념을 제시하였다. '분의'는 '자기의 분수에 알맞은 정당한 도리'를 의미하는데 김정설은 이것을 또 두 가지로 나눈다. 첫째는 '상분常分'이고 다른 하나는 '직분職分'이다. '상분'이란 이미 정해진 우리의 분수를 의미하는 것으로 김정설은 인간으로서 부여된 자유와 평등이 바로 이 '상분'이며 이를 명심해야 한다고 하였다. 다음으로 '직분'은 바로 우리가 먹고, 입고, 여가를 즐기는 모든 생활을 의미하며 김정설은 이를 가능하게 해 주는 '직분자職分者'가 있다고 생각하였다. 직분자란 바로 '국가'이다. 김정설은 국가에게 받기만 하고 아무것도 주는 게 없다면 착취자밖에 될 수 없을 것이라고 경고하였다.[46]

김정설은 이와 같이 올바른 민주주의가 되기 위해서는 민권만이

44) 김정설, 『政治哲學特講－凡父遺稿』, 119쪽.

45) 김정설, 『政治哲學特講－凡父遺稿』, 120쪽.

46) 김정설, 『政治哲學特講－凡父遺稿』, 122쪽.

아닌 민복, 민덕이 필요하며 우리 국민도 이와 같은 양대인강兩大人綱을 고려해야지만 건전한 민주주의를 구현할 수 있을 것이라 강조하였다.[47] 김정설의 '분의론'은 자유민주주의의 맹점—이기주의—을 미리 예견하고 그에 대한 대응의 제시로 생각된다.

이상적인 근대화를 위한 그 구체적인 방안으로 김정설은 교육을 받고서도 실업자가 되는 당시의 사회 구조를 비판하며 '생산교육'을 주장하였다. '생산교육'이란 막연한 실업교육과는 대비되는 구체적인 분야의 체계적인 관리라고 할 수 있다. 김정설은 한국의 건국경제정책은 '자원개발책'을 제1과목으로 해야 한다고 주장하면서 수산·목축·광업·약초 등의 영역에서 전문가를 양성하고 이 전문가를 흡수할 직장도 마련되어야 한다고 주장하였다. 그리고 또 하나 중요한 영역이 '풍경개발'인데, 금수강산을 하나의 경제적 자원으로 보고 관광자원 개발을 강조한 것이 특징이다.

김정설의 이와 같은 주장을 현대를 사는 우리가 모두 다 받아들이고 적용할 수는 없겠지만, 중요한 것은 그 속에 담긴 핵심 논리이다. 바로 근대화를 받아들이면서도 '우리만의 것', '우리가 잘할 수 있는 것', '우리의 특색'에서 나아가야 할 길을 찾았다는 것이다. 이것이 바로 "한국적인 국민운동"[48]의 기본 정신이 되어야 함을 김정

47) 김정설, 『政治哲學特講－凡父遺稿』, 122～123쪽.

48) 김정설, 『政治哲學特講－凡父遺稿』, 32쪽.

설은 역설하였다.

3) 지정적 국가관과 화랑정신

우리에게 '제스처'라는 말보다 '너름새'라는 말이 더 익숙하듯이, 국가관 역시 우리 고유의 국가관을 찾을 필요가 있다. 김정설은 이를 "한국인의 국가관"[49]이라고 이름 붙이며 "외래의 국가관이 아니고 또는 국가학 상으로 개념적으로 논의되는 그러한 국가관도 아니다"[50]라고 설명했다. 김정설은 한국 사람의 고유한 국가관을 여실如實하게 관찰해서 다시 합리적으로 그 의의를 파악해야 한다고 하면서 한국적 국가관을 "지정적至情的 국가관"[51]이라고 이름 붙였다.

김정설이 말하는 '지정'이란 "누구든지 가지고 있는 마음"[52]이며 "그리하지 않고는 배길 수 없는 '무조건의 혈충血衷'"[53]을 의미한다. 다음은 김정설이 '지정'에 대해 언급한 것이다.

> 지정至情이라는 것은 이러한 상정常情이 간절한 곳에 있는 것입니

49) 김정설, 『政治哲學特講－凡父遺稿』, 107쪽.
50) 김정설, 『政治哲學特講－凡父遺稿』, 107쪽.
51) 김정설, 『政治哲學特講－凡父遺稿』, 42쪽.
52) 김정설, 「國民倫理特講」, 235쪽.
53) 김정설, 「邦人의 國家觀과 花郞精神」, 62쪽.

다. 즉 말하자면 부모가 자식을 사랑하지 않으래야 않을 수 없고 또 밉게 생각하래야 미워지지가 않을 것이오. 또한 자식은 부모를 공경하고 사랑하는 심정心情, 이런 것이 지정이오.[54)]

이것은 그저 국가에 대한, 나라에 대한 지극한 심정일 뿐이다. 그것은 무조건의 순일한 심정, 곧 지정이란 말이다.[55)]

지정이란 부모가 자식을 사랑하는 자식이 부모를 애경愛敬하는 심정心情을 지칭하는바 이거니와 부모가 자식에게 유리한 기대를 아니하는 바도 아니오 자식이 부모에게 이덕利德을 기망企望하지 않는다는 것도 아니다. 그러나 이런 것은 일종의 변태현상變態現狀을 제외하고는 결코 제1조건은 아니고 역시 이해득실을 초월한 곳에서 천연天然으로 유로流露되는 부자父子의 지정을 파취把取할 수 있는 것이다. 그리고 인인의사仁人義士의 나라에 대한 심정도 기실인즉 이해득실을 초월해서 당연히 그리해야 하고 그리 않고는 할 수 없는 '무조건의 감분感憤' 다시 말해서 효자가 부모에게 대한 측달惻怛한 심정 곧 지정이라 할 수밖에 딴 이유가 없는 것이다. 그런데 이러한 심정들은 이것을 국가관으로 규정하자면 역시 윤리적 혹은 '인류적 국가관'으로 해야 할 것이다. 그리고 또다시 말하자면 한국은 국인의 역사적 심정을 기본으로 해서 '인륜적 분의협조체分義協調體의 국가관'으로 규정할 수도

54) 김정설, 「國民倫理特講」, 236쪽.

55) 김정설, 『政治哲學特講 - 凡父遺稿』, 115쪽.

있을 것이다.[56]

김정설은 이와 같이 '지정'을 너무나 자연스러운 마음의 흐름이며 어찌할 수가 없는 본성과도 같은 마음이라고 이야기하였다. 그렇다면 이러한 '지정'을 '국가관'과 결합하여서 무슨 이야기를 하고 싶었던 것일까.

김정설의 '지정적 국가관'은 '효孝'에서부터 시작하는데 이를 발전시키면 친구 사이에는 신의信義가, 국가에 있어서는 충효忠孝가 될 수 있다고 보았다.[57] 우리가 실시해야 할 국민운동은 이러한 '지정적 국가관'에 입각해서 전개되어야 함을 강조하며 이 국가관이 바로 화랑花郎의 혈맥에서 유래하였다고 주장하였다.[58]

이와 같은 주장은 마치 나라에 대해 충성을 다해야 한다고 선하는 듯하다. 실제 '화랑花郎'이라는 개념은 정치인들에 의해 국가에 대한 충성을 강조하는 소재로 쓰였던 것[59]도 사실이다. 그러나 두 가지 점에서 이것이 오해임을 알 수 있다. 첫 번째는 바로 김정설이 '화랑'을 인식할 때 군사적 요소만을 강조하지 않았다는 점이다. 김

---

56) 김정설, 「邦人의 國家觀과 花郎精神」, 63쪽.

57) 김정설, 「國民倫理特講」, 239쪽.

58) 김정설, 「邦人의 國家觀과 花郎精神」, 63쪽.

59) 자세한 내용은 崔在穆, 「韓國における「武の精神」·「武士道」の誕生」, 『陽明學』 제22호(한국양명학회, 2009.4), 352쪽 참조.

정설에게 '화랑'은 종교적·예술적·군사적 요소가 조화調和된 상태로 무엇보다 그 자신이 군사적 요소만 강조되는 것을 경계한 바가 있다.[60]

두 번째로 김정설이 주장한 '지정'은 '국가'를 향한 것이지 '지도자'를 향한 것이 아니라는 점이다. 게다가 '지정적 국가관=국가에 대한 무조건적인 충성'을 의미하는 것도 아니다. 이것은 김정설이 예로 든 '지정적 국가관'을 가진 역사적 인물들을 살펴보면 더욱 구체화된다. 곽재기郭在驥(1893~1952),[61] 안용복安龍福(?~?),[62] 이의립李義立(1572~1642)[63] 등이 그들인데 얼핏 보면 이들의 공통점은 '나라

60) "이 花郎을 진정하게 인식을 하려면 花郎精神 가운데 세 가지 요소를 먼저 규정을 하고 그 규정 밑에서 이 화랑정신을 살펴야 화랑의 전모를 관찰할 수 있습니다. 그 세 가지는 무엇이냐 하면 첫째는 종교적 요소입니다. 둘째는 예술적 요소입니다. 셋째는 군사적 요소입니다. 그런데 일반적으로 화랑에 대한 상식은 대개 어떠한 관념으로 규정되어 있느냐 할 것 같으면 군사면으로 주로 치중되어 있을 것입니다. 일반의 상식화해 있는 화랑에 대한 관념이 종교면과 예술면이라는 것이 결여해 있을 것으로 생각합니다."(김정설, 「國民倫理特講」, 218쪽)

61) 일제강점기의 독립운동가이자 교육자이다. 金元鳳 등과 항일 무장투쟁 단체인 의열단을 결성하여 조선총독부·동양척식주식회사 등을 폭파하려다 발각되어 옥고를 치렀다. 광복 후 한국 에스페란토어학회를 운영하는 등 교육사업에 종사하였다.

62) 조선 후기 어부이자 민간외교가이다. 울릉도에 출어했다가 일본 어선을 발견하여 이를 문책하고 일본에 가서 사과를 받고 돌아왔다.

63) 조선 중기의 무신이다. 인조반정으로 중앙의 무관직에 올랐고 유효립·정심의 모반사건을 다스린 공으로 영사원종공신에 책록되고 중추부첨지사에 임명되었다. 병자호란 때는 한성을 방어했다. 특히 그는 평생을 우리나라 철과 유황광을 발견하고 제련법을 터득하는 데 바쳤으며, 철을 자체 생산하는 데 성공

를 위해 일생을 바쳤다'라는 점이다. 그러나 자세히 살펴보면 어느 누구도 그들에게 그러한 일을 시키지 않았음을 알 수 있다. 오히려 안용복의 경우는 나라의 규율을 함부로 어겨 징계를 받기도 했다. 이를 통해 볼 때, 김정설의 '지정적 국가관'은 '건실한 국가'를 위해서 발동하는 지극한 심정이지 국가나 지도자에게 무조건적으로 순종하는 심정은 아닌 것이다.[64)]

결국 '지정적 국가관'은 그 누구의 이익도 아닌 오직 우리나라를 위하는 순연한 마음을 바탕으로 바람직한 국가의 건설을 목표로 하는 것이며, 국민운동은 이러한 국가관이 바탕에 놓여야 함을 역설하였다. 이는 우리 혈맥에 녹아 있는 화랑정신花郎精神[65)]을 통해 실현 가능하다고 김정설은 강조하였다. 따라서 화랑정신이야말로 우리 민족 모두가 지니고 있어야 할 '교양'이라고 생각하였다.

> 군인의 정신훈련은 더 말할 나위 없고 청년 일반의 교양, 나아가서는 국민 일반의 교양을 위해 화랑정신花郎精神의 인식과 체득은 실

하여 나라의 兵農에 큰 업적을 남겼다.

64) 이와 같은 맥락에서 김정설은 당시 4·19와 5·16에 대해 긍정적으로 평가했는데, 둘 다 당시 이승만 독재와 같은 잘못된 정치를 바로잡기 위해서 일어났다고 판단했기 때문이다.(김정설, 『政治哲學特講－凡父遺稿』, 115쪽 참조) 이러한 점에서 김정설은 나라가 올바른 방향으로 가고 있지 않다면 그것을 바로잡아 주는 것 또한 충효라고 보았던 듯하다.

65) 김정설, 「國民倫理特講」, 232～233쪽.

로 짝 없는 진결眞訣이며 시급한 대책이라 할 것이다.[66]

이와 같은 화랑花郎의 강조는 김정설이 화랑이야말로 '한국적 국민운동'의 핵심이 될 수 있다고 생각했기 때문이다. 김정설은 화랑정신의 근간이라 할 수 있는 풍류정신風流精神 속에서 대조화大調和의 정신을 이끌어 내어 국민의 대자각과 화합을 이끌어 내려고 시도했던 것이다.[67]

해방 이후 화랑도는 민족의 혼으로서, '국가' 재건의 윤리(國家主義)로서, 그리고 6·25 한국전쟁 당시 남 측의 국가방위 이론으로서, '남南(新羅)의 무사도정신'으로서 재등장하였다.[68] 이것은 일제의 유산인 '화랑=군사'설이 이승만과 박정희 정권의 국가재건에 기여하였던 역사학자들에 의해 '화랑도'로 국가적 정신의 모범으로서 새로운 가치를 점유하게 된 것[69]과 그 맥을 같이한다. 김정설의 '화랑' 개념은 1970년으로 접어들면서 그의 의도에서 벗어나 당시 국가재건을 위한 도구로 사용되게 된다.

---

66) 김정설, 『風流精神』(경산: 영남대학교 출판부, 2009), 15쪽.

67) 우기정, 「凡父 金鼎卨의 '國民倫理論' 構想 속의 '孝'」, 『동북아문화연구』 제19집(동북아시아문화학회, 2009), 240쪽 참조.

68) 崔在穆, 「韓國における「武の精神」·「武士道」の誕生」, 『陽明學』 제22호(한국양명학회, 2009), 352쪽.

69) 崔在穆, 「韓國における「武の精神」·「武士道」の誕生」, 『陽明學』 제22호(한국양명학회, 2009), 352쪽.

4. 건국 및 국민운동

1) 국민운동과 화랑 개념

김정설이 공식적으로 국민운동을 언급한 것은 1950년대 그가 강의한 「국민윤리특강國民倫理特講」에서부터이다. 김정설의 「국민윤리특강」은 "범부 생전(1950년대 초반) 모단체 회원들에게 행한 연속 강의의 속기록速記錄을 정리한 것"[70]이다. 김정설은 당시 이선근李瑄根(1905~1983)의 『화랑도연구花郎道研究』[71]를 언급하면서 처음으로 '국민운동國民運動'이란 말을 언급한다.

> 그리고 최근에 와서 이선근 씨 『화랑도연구』란 것을 몇 해 전에 출판을 했습니다. 가관할 점이 있습니다. 그것은 무엇이냐 하면 화랑의 전체에 대한 연구에 착안한 것이 아니라 현재의 국민운동과 청년운동에 관련을 가지고 여기에 대한 근거 깊은 전통을 찾으려고 하니까 이 화랑 문제에 도달된 것입니다. 그래서 역시 국민운동・청년운동을 중심으로 화랑 문제를 관찰한 것입니다.[72]

김정설의 발언을 통해 볼 때 '국민운동'이라는 용어는 1950년대

---

70) 김정설, 『政治哲學特講－凡父遺稿』 중 李鍾厚의 「三刊序」 참고.

71) 李瑄根, 『花郎道研究』(서울: 東國文化史, 1949).

72) 김정설, 「國民倫理特講」, 217쪽.

부터 쓰이기 시작한 용어임을 알 수 있다. 그리고 '화랑花郞'이라는 개념은 '국민운동'의 한 근거로서 이야기되었음도 알 수 있다. 사실 해방 이후 화랑, 화랑도는 새롭게 주목을 받게 되었다. 독립운동가이자 대한민국의 초대 대통령인 이승만의 지시를 기초로 역사학자 이선근[73]은 화랑을 '화랑도'로 규정하고 대대적인 선전을 펼쳤다. 이선근은 『화랑도연구』 중에서 학생·청소년의 애국심을 북돋우는 후세의 여러 가지 일들을 화랑정신의 발로로 인정하였다. 국민국가 형성을 위하여 '화랑정신을 이루는 것'의 총체가 '화랑도'로서 창조되고 보국·순국의 희생적 상무정신으로 훤전喧傳하였다. 그 후 쿠데타로써 정권을 탈취한 박정희 정권 아래에서 정치적으로 이용되며 이어졌다.[74] 이렇듯 일제강점기를 지나 군사독재에 이르기까지 화랑

---

73) 『花郞道硏究(再版)』(1950.10)의 서문에는 전쟁 중에 있었던 육해공군총사령관의 육군소장 丁一權의 인사말이, 부록에는 "고대로부터 전해져 오는 郞家思想이 '妙淸의 亂' 이후 소멸"되었다고 말하는 申采浩의 「朝鮮歷史上一千年來第一大事件」(1929)이라는 논문이 있다. 郞家–花郞–獨立運動–報國의 精神史를 난국의 시기에 국민에게 전하고자 하였던 李瑄根의 의도가 깔려 있다.
李瑄根은 1954년 문교부 장관 시절 국사편찬위원회를 설치하였다. 그 후 1957년 성균관대학 총장을 거쳐 다시금 박정희 정권 아래에서 화랑도의 연구 및 선전을 계속한다. 그는 이후 박정희에게도 신임을 얻어, 1969년에는 영남대학 총장을 1974년에는 동국대학 총장, 그리고 1978년에는 한국정신문화연구원장을 지냈다. 또한 그는 『화랑도와 삼국통일』(서울: 세종대왕기념사업회, 1974)이라는 글에서 "花郞道는 花郞徒의 생활신조와 인생관, 행동목표, 국가관 등의 전체를 가리켜 의미하여 사용된다"(7쪽)라고 서술하고, 지금까지 사용된 화랑도를 처음으로 정의하였다.

74) 崔在穆, 「韓國における「武の精神」・「武士道」の誕生」, 『陽明學』 제22호(한국양명학회, 2009), 352쪽 참조.

도는 주로 정치적 목적에 의해서 이용되었다.[75)]

이렇게 다양하게 이해된 화랑도를 유독 김정설 사상의 특징으로 보는 것은 나름의 이유가 있다. 위의 선례들은 모두 어떠한 목적에서 출발하여 '화랑' 혹은 '화랑도'에 도달했지만, 김정설의 화랑도에 대한 이해는 그 자체의 본질적인 특성에 주목하고 있기 때문이다.

> 하여간 오늘날 화랑도花郎道 또는 화랑정신花郎精神이라는 것이 상당히 선전되고는 있는데 화랑정신의 본질, 그 진수가 무엇인가 하는 것은 잘 알려져 있지 않습니다. 우리는 흔히 화랑이라는 것을 생각할 때에 얼른 서양 중세의 기사 '나이트'를 연상할 것입니다. 화랑이라는 것이 신라의 기사인 것은 틀림없습니다. 또 아닌 게 아니라 일본의 무사를 연상할 수 있습니다. 유사한 점도 있습니다. 그러나 그렇게만 생각해서는 이 화랑이 무엇인지 대단히 알기 어렵습니다. 무엇이냐 하면 이 화랑을 진정하게 인식을 하려면 화랑정신 가운데 세 가지 요소를 먼저 우리가 규정을 하고 그 규정 밑에서 이 화랑정신을 살펴야 화랑의 전모를 관찰할 수 있습니다. 그 세 가지는 무엇이냐 하면 첫째는 종교적 요소입니다. 둘째는 예술적 요소입니다. 셋째는 군사적 요소입니다. 그런데 일반적으로 화랑에 대한 상식은 대개 어떠한 관념으로 규정되어 있느냐 할 것 같으면 군사면으로 주로 치중이 되어 있을 것입니다. 일반의 상식화해 있는 화랑에 대한 관념이 종교면과 예술

75) 朱甫暾, 「신라 花郎道(花郎徒) 연구의 현황과 과제」, 『啓明史學』 8, 계명사학회, 1997, 89~90쪽 참조.

면이라는 것이 결여해 있을 것으로 생각합니다. 그러나 진정하게 이 화랑을 인식하려면 이 종교면, 예술면을 제외하고는 화랑을 알 길이 없습니다. 그런데 지금 우리가 알고 싶은 것은, 화랑의 제도냐 화랑의 정신이냐 하는 것입니다. 화랑의 제도라는 것은 그 제도 일면一面에 끝이지만 화랑의 정신이라는 것은 화랑의 제도와는 다릅니다.[76]

김정설의 화랑도는 위에 제시되었던 일례들과 같이 정치적 목적성을 띤 이론으로 이해하기에는 무리가 있다. 무엇보다 김정설 자신이 화랑도의 군사적 측면만 강조하여 이해하는 것을 경계하며, 그보다는 종교적·예술적 요소를 더욱 부각시켜 이해하려고 하였다. 이를 통해 김정설은 기존의 인식과 차별되는 화랑정신의 총체적 이해를 시도했던 것이다. 그리고 화랑이라 불리는, 다양한 인물들에게 나타나는 공통적인 정신을 통해 일제에 의해 왜곡된 화랑정신을 되찾고자 하였으며 나아가 이를 당시의 혼란한 사회를 해쳐 나가는 국민화합의 핵심 정신으로 파악하였다.

김정설의 핵심 사상을 담고 있는 『풍류정신風流精神』은 '사우 맞다'와 '조화'라는 대전제 아래 동방학과 국민윤리라는 두 축을 가진다. 동방학이라는 하나의 축은 서양문화의 멸망 원인을 서양적인 이분론으로 보고, 동양·동방학에 알맞은 학문적 방법론으로서 즉관

76) 김정설, 「國民倫理特講」, 217~218쪽.

에 의한 음양론을 제시하였다. 국민윤리라는 또 다른 하나의 축은 신생국에 알맞은 건국정치를 위한 이념을 제시하기 위해 풍류정신을 강조하였는데 이는 표면에 나타나 있다기보다는 우리의 핏속에 녹아 있는 것이다. 다시 말해, '조화'는 일제강점기를 벗어나 신생국 대열에 합류하게 된 우리나라에 알맞은 '건국이념'의 기반으로 요구되는 민족정신이었다. 국민 개개인의 조화를 통해 신생국을 건설하고, 이렇게 건설된 신생국은 나아가서는 우주 전체의 질서 속에 어우러지는 조화의 단계로 나아가게 되는 것이다. 이때야 비로소 모든 것이 함께 잘 살 수 있는 상태, 대조화의 단계에 이르게 된다.[77)]

이런 관점에서 비추어 봤을 때 김정설의 '국민운동'은 당시의 '국민운동'과는 다른 시각으로 봐야 할 필요가 있다. 그의 '국민운동'은 신생국인 우리나라의 전통적인 화랑정신의 발현이자 에토스의 발현이었다. 즉 '3·1운동'과 '단연구국운동'과 같이, 절실한 상황을 극복하고 조화로 나아가기 위한 방안으로서의 '국민운동'이었던 것이다.

2) 국민운동과 새마을운동

김정설의 '국민윤리론國民倫理論'은 이후 「국민교육헌장國民教育憲

77) 최재목 · 정다운, 「凡父 金鼎卨의 『風流精神』에 대한 검토」, 『동북아문화연구』(동북아시아문화학회, 2009), 119쪽.

章」에 영향을 미치게 되고, 그의 '국민운동'은 '재건국민운동再建國民運動' 및 '새마을운동'에 사상적 영향을 미치게 된다. 이것은 김정설의 사상이 이제까지 제대로 연구되지 못한 이유 중 하나이기도 하다.

김정설의 '국민윤리론'과 「국민교육헌장」의 관계에 대해서는 이미 제4장에서 논의한 바가 있으므로 여기서는 간략히 언급만 하도록 하겠다. 「국민교육헌장」은 초안부터 시작하여 총 6차례에 걸쳐 수정 작업을 거치게 된다. 수정을 거친 「국민교육헌장」(1968.12.5)에는 초안(1968.7.26)의 '효孝'나 '멋'이라는 내용이 전혀 찾아볼 수 없게 삭제되었다. 그 대신 자리를 차지한 것은 '반공 민주 정신, 애국 애족'이란 용어로 국가 그 자체에 대한 절대적이며 무조건적인 충성을 강조한 것이었다.[78]

「국민교육헌장」을 만들면서 박정희는 당대 지식인들을 동원하여 '정당화 작업'을 시도하려 했고[79] 한 방법으로 김정설의 명성과 '국민윤리國民倫理'가 내포하고 있던 효孝의 에토스를 자신의 정치적 목적을 정당화시키는 데 사용하려 했다.

김정설은 「국민윤리특강國民倫理特講」에서 효孝가 확대되면 제悌·충忠 등으로 적용할 수 있다고 하였다. 이것은 박정희 정권 하에서

78) 홍윤기, 「國民敎育憲章, 왜 그리고 어떻게 만들어졌나?」, 『내일을 여는 역사』 제18호(내일을 여는 역사, 2004.겨울), 114~117쪽 참조.

79) 홍윤기, 「國民敎育憲章, 왜 그리고 어떻게 만들어졌나?」, 『내일을 여는 역사』 제18호(내일을 여는 역사, 2004.겨울), 114쪽 참조.

정치적인 목적으로 인해 다른 것은 모두 배재한 채 충忠만을 확대 해석하여 '국가에 대한 국민의 무조건적인 충성'으로 변질된 것이다. 김정설은 결코 '충忠'을 강조하여 국가의 절대 우위를 이야기하지 않았으며 오히려 그것은 그의 '조화調和의 정신'에 어긋나는 것이었다. 화랑도를 이야기할 때도 군사적 측면만을 강조하는 것은 잘못된 것이라고 경계하는 김정설의 사상이 그 '조화'를 잃어버리고 극단으로 치우친 결과가 바로 「국민교육헌장」이라고 할 수 있다.

새마을운동의 모체는 '재건국민운동'이었다. 기존의 국민운동이 가졌던 부진함을 개선하고 민간 차원으로 확대시킨 것이 바로 새마을운동이다. 새마을운동을 '범국민운동'이라고 부르는 까닭이 여기에 있다.[80] 김정설은 국민운동의 역사 속에 〈재건국민운동 중앙위원회〉 및 〈오월동지회〉에 일원으로 소속되어 있었다.[81]

---

80) 국민운동이 새마을운동으로 확대·개편되는 구체적인 과정에 대해서는 弘報調査硏究所, 『새마을運動－그 理論과 展開』(文化公報部, 1972), 200~206쪽을 참조; 새마을연구회 편, 「새마을운동의 史的 背景」, 『새마을運動10年史』, 1980, 49~51쪽의 논의도 참고할 만하다. 특히 "바꾸어 말하면 새마을운동이라는 이름의 命名期는 1970년도이지만 새마을운동이라는 體質 속에 흐르고 있는 피는 우리나라 민족사 속에 흐르고 있는 바로 그 피였다는 뜻이다"라는 구절은 김정설의 '血脈'논의와 함께 주목해 볼 만하다.

81) 김정설과 〈오월동지회〉의 관련은 다음 기사들을 통해 확인할 수 있다. ① 〈오월동지회〉 창립에 관한 기사, 『동아일보』, 1963년 6월 13일, 1면: 부회장에 김정설의 이름을 확인할 수 있다. ② "한국국민혁명의 과제와 전망", 『동아일보』, 1963년 6월 13일, 1면: 〈오월동지회〉 주최 월요교양강좌 중 凡父의 강연이 공고되어 있다.

그런데 〈재건국민운동 중앙위원회〉 50인에 독재정권에 항거했던 함석헌咸錫憲(1901~1989) 등의 이름이 눈에 뜨인다. 그리고 김정설을 비롯하여 고황경高凰京, 함석헌, 조흥제趙興濟의 3명은 한 번도 회의에 참석하지 않았던 것[82]으로 보아 그 소속이 타의에 의해서 정해졌을 가능성을 배제할 수 없다.

하지만 자의에서든 타의에서든 김정설의 사상이 당시 새마을운동 및 박정희 정권의 주장과 상당 부분 겹치는 사실 역시 확인할 수 있다. 다음은 새마을운동의 이론서인 『새마을운동의 이론과 철학』[83] 이라는 책에서 나타나는 '민족'과 '자각'에 대한 개념이다.

ⓐ 국민적 자각, 국민의 정신혁명과 국민으로 하여금 이러한 사고와 행위의 유형을 가질 수 있게 하는 국가의 지도이념이 있어야 하고 이 지도이념을 기초로 조직화된 국민적 운동이 있어날 수 있도록 하는 정치가 있어야 한다.[84]

ⓑ 우리나라에 있어서 국민문화國民文化는 원칙적으로 민족문화를 의미한다. 민족은 혈연조직血緣組織의 개념이고 국민은 문화조직文化組織의 개념이기 때문에 단일민족에 의하여 구성되는 국민은 역사적으

82) 기자미상, 「朴正熙議長 눈감고 기도」, 『동아일보』, 1962년 2월 10일, 1면 참조.
83) 최수길, 『새마을運動의 理論과 哲學』(大韓公論社, 1976).
84) 최수길, 『새마을運動의 理論과 哲學』(大韓公論社, 1976), 157쪽.

로 민족의 자각을 토대로 하는 문화공동체라는 의의를 지닌다.85)

아래는 김정설이 「국민윤리특강」에서 언급했던 내용이다.

ⓒ 그러므로 민족이 국가의 통일체제統一體制를 가지는 때 민족은 그냥 민족으로 아니라 국민의 성격을 띠게 되는 것입니다. 그러므로 민족이라는 것은 역사성이 주가 되는데 국민이라고 할 때에는 국민적 자각이 반드시 따라야 하는 것입니다.86)

ⓓ 그러므로 국민은 역사를 예상하고 역사는 반드시 문화를 예상합니다. 그러므로 문화 있는 곳에 아무리 유치하나마 역시 윤리라는 것은 반드시 있는 것입니다. 그러므로 해서 국민윤리國民倫理는 어떠한 사람이 국민윤리를 만들어 준 것이 아니라 발생적 성질을 가졌습니다. 이 발생을 가진 것이 자각의 체계로 들어갈 때 국민윤리라는 것이 생기는 것입니다.87)

ⓐ와 ⓑ에서 보이는 국민운동의 기본 이론 및 개념은 김정설이 주장했던 '국민 자각'을 통한 '국민윤리國民倫理'의 형성과 이를 바탕으로 한 '국민운동'의 이론(ⓒ, ⓓ)과 맥락을 같이하는 듯하다. 김정

85) 최수길, 『새마을運動의 理論과 哲學』(大韓公論社, 1976), 158쪽.

86) 김정설, 『政治哲學特講－凡父遺稿』, 202쪽.

87) 김정설, 『政治哲學特講－凡父遺稿』, 204쪽.

설의 사상이 새마을운동으로 표상되는 한국의 국민운동에 일부 이론적인 기반으로 작용하였음을 추측해 볼 수 있으나 책 어디에도 김정설에 대한 언급이나 인용은 없다.

김정설이 주창한 것으로 알려진 '동방 르네상스'라는 개념[88] 역시 유신정권維新政權을 찬양하는 '한국적(의) 르네상스'라는 개념으로 윤색되었다.

> 10월 유신이념은 우리 민족의 주체성을 특별히 강조하고 있다는 점에서 5·16혁명과 그 기조를 같이하고 있습니다.…… 우리로 하여금 민족의 자아를 되찾고 자신을 알게 한 민족중흥의 르네상스였다고 볼 수 있습니다.(73년 연두회견)[89]

> '르네상스 한국' 80년대 투시透視 난제안은 1차 문예중흥 5개년계획 주안점[90]

> 정부수립 이후 빚어진 민족문화의 퇴영과 가치관의 혼란 속에서 맞은 5·16혁명은 민족사관을 재정리하고 주체성을 되찾는 일대 계기

---

88) 김지하, 『율려란 무엇인가』(한문화, 1999), 21·26쪽; 김용구, 「凡父 김정설과 동방 르네상스」, 『한국사상과 시사』(불교춘추사, 2002), 260~290쪽 참조.

89) 매일경제신문 편집부, 「박정희 대통령의 지도이념과 그 행동철학 ④-精神革命과 社會正義」, 『每日經濟新聞』, 1976년 3월 24일, 12면.

90) 기자미상, 『동아일보』, 1973년 10월 20일, 5면 기사 제목.

를 마련해 주었다. 특히 10월유신 이후 우리나라는 문화적인 측면에서 새 한국의 르네상스기를 맞이했다고 보는 견해가 지배적이다.[91)]

> 유신정신은 곧 새마을정신이고 새마을운동은 새마음운동이며 새나라운동이다. 이 큰 운동은 바로 우리나라의 르네상스라고도 할 수 있으며 유신정신의 실천도장인 것이다.[92)]

이상에서 보는 바와 같이 김정설의 이론이 재건국민운동–새마을운동–유신체제의 흐름 속에 상당 부분 녹아들어가 있는 것을 알 수 있다. 이 점은 김정설이 '군사정권에 기댄 인물'로 치부되는 근거가 되기도 하며, 김정설 연구를 기피하거나 더디게 해 왔던 요인이 되기도 하다. 김정설의 『정치철학특강政治哲學特講』에 대한 연구는 바로 그가 '박정희 정권에 진정한 협조자인가?', '박정희 군사정권을 뒷받침해주는 이데올로그였던가?'[93)]라는 질문에 답변해야 할 과제를 안고 있는 것이다.

김정설과 박정희 전 대통령과의 인연은 이미 여러 글에서 언급

---

91) 경향신문 편집부, 「한국인의 대행진 건국 30돌−5·16 17돌에 되돌아보는 성장의 발자취(4)−文化(4)」, 『경향신문』, 1978년 5월 13일, 3면.

92) 李孝祥, 「통일에의 길로 한걸음 더−李孝祥 공화당의장 서리」, 『경향신문』, 1975년 1월 1일, 3면.

93) 최재목, 「凡父 金鼎卨 硏究를 위하여」, 최재목 외, 『凡父 金鼎卨硏究』(경산: 대구프린팅, 2009).

된 바가 있다. 구체적으로는 비 오는 날 박정희가 김정설을 찾아왔다[94]는 조금은 소설 같은 이야기에서부터 박정희가 김정설을 〈오월동지회〉의 부회장으로 앉히고 자문을 구했다[95]는 역사적인 이야기까지 다양하다. 김정설과 박정희와의 인연이 언제부터 시작되었는지는 불분명하나 김정설이 오랜 기간 강단에서 '정치철학'을 강연하였기 때문에 박정희가 김정설의 강연을 들었거나 간접적으로 전해 들었을 가능성을 생각해 볼 수 있다. 김정설이 박정희에게 가장 많은 영향을 끼쳤던 기간은 〈오월동지회〉[96]가 조직된 1963년 전후로 보이는데, 이 조직을 통하여 공식적[97]・비공식적으로 박정희와 김정설은 많은 대화를 나누었던 것으로 보인다.

이 밖에도 박정희의 정권수립 이전의 연설이나 저작 등을 보면 김정설의 사상과 많이 닮아 있는 것을 볼 수 있다. '서구의 것을 직

---

94) 제4장 각주 4) 참조.

95) 金銅柱, 「내가 모신 凡父선생」, 『茶心』 창간호, 1993년, 75쪽; 진교훈, 「凡父 金鼎卨의 생애와 사상」, 『凡父 金鼎卨 연구』, 경산: 대구프린팅, 2009, 35쪽 참조.

96) 기자미상, "정당의 간판 아래 도사린 부서 중심의 각당 조감도-파벌계보", 『동아일보』, 1963년 7월 22일, 3면 참조. 당시 정치상황의 조감도에 나타난 박정희와 김정설의 조직도를 보면 박정희가 김정설을 자문위원으로 삼았으며 종종 정치에 관해 깊은 대화를 나누었다는 이야기는 신빙성이 있어 보인다.

97) "朴正熙 최고회의의장은 2일 낮 청와대에서 2대 국회의원이던 金凡父 씨를 만나 약 1시간 동안 민정 동향에 관해 의견을 나누었다.…… 李厚洛 대변인은 박의장이 김씨와 점심을 같이하면서 세상물정에 대해 이야기를 나누었다고 말했다."(기자미상, 「朴議長과 면담－金凡父・金八峯 氏」, 『조선일보』, 1963년 5월 3일, 1면)

수입하는 것은 몸에 맞지 않는 옷은 입은 것'이라는 박정희의 생각[98]은 김정설이 주장한 '한국적인 국민운동'을 연상케 한다.[99]

박정희도 '화랑花郎'이라는 말을 즐겨 사용했는데, 그가 1976년 작사·작곡한 〈나의 조국〉의 "삼국통일 이룩한 화랑의 옛 정신을 / 오늘에 이어받아 새마을정신으로 / 영광된 새 조국의 새 역사 창조하여 / 영원토록 후손에게 유산으로 물려주세"라는 대목과 1976년 광복절 경축사에서 "신라의 삼국통일 원동력이 화랑정신花郎精神이라면 우리가 분단된 조국을 평화적으로 통일할 수 있는 추진력은 바로 새마을정신"[100]이라고 한 부분에 주목해 볼 수 있다.

이상에서 살펴본 바와 같이 김정설과 박정희는 '한국적', '민족

---

98) 朴正熙, 「남의 옷 그대로 입자는 무지」, 『박정희 대통령 선집』 3, 1969, 359~360쪽 참조.

99) '비교의 착각'이라는 개념은 『政治哲學特講』에 등장하는데, 간단히 말하면 남의 좋은 것을 보고 나에게도 좋을 것이라고 생각해 버리는 것을 의미한다. 이러한 착각에 빠진 예로 미녀 西施를 따라했다 낭패를 본 東施, 이솝이야기 속에 황소를 따라하다 죽은 개구리의 이야기를 들었다.(김정설, 『政治哲學特講-凡父遺稿』, 56~57쪽 참조). 김정설은 이러한 예를 통해서 무조건적인 외래문명 수용이 얼마나 어리석고 위험한 일인가를 보여 주었다. 그리고 "우리는 우리의 것이 남의 것보다 좀 못할지라도 우리의 傳統이니 잘 살려 나가야 되겠습니다. 설령 좀 잘못 생겨도 내 코니 어쩌란 말입니까. 못생겨도 내 코란 말이오. 남의 좋은 코가 내 코 되어 주지는 않는단 말이오. 그러니 不可不 못생겨도 내 코란 말이오. 걸음을 잘못 걸어도 내 발이란 말이오. 부스럼이 좀 나도 내 팔이란 말이오"(김정설, 「國民倫理特講」, 240쪽 참조)라고 하면서 남의 것을 따라할 것이 아니라 우리가 가지고 있는 것을 잘 다듬어 나가자고 주장했다.

100) 기자미상, 「社說-開放體制의 優越은 結論났다」, 『경향신문』, 1976년 8월 16일, 3면.

적’, ‘화랑花郎’이라는 단어를 즐겨 사용했다는 점과 ‘국민자각’, ‘국민운동’과 같은 실천 논리를 내세웠다는 점에서 많은 공통점을 보인다. 그러나 앞에서도 언급했다시피 근본을 이루는 ‘화랑’이라는 개념에 대해서는 큰 차이가 있다. 박정희에게 화랑은 ‘삼국통일을 이룩한 정신’으로서 ‘군사적 측면’만이 강조되어 사용되었다. 이는 김정설의 ‘상생·조화’라는 개념과 상당 부분 차이점을 보인다. 즉 박정희의 사상은 화랑의 세 가지 측면인 ‘종교-예술-군사’에서 한 부분만 강조된 조화가 깨진 상태인 것이다. “종교면, 예술면을 제외하고는 화랑을 알 길이 없듯이”[101] ‘화랑’을 도구로서만 사용하였던 박정희는 그 본질을 이해하지 못한 측면이 있다.

그렇다면 왜 하필 ‘화랑’이고 ‘한국의 르네상스’가 박정희 정권에서 강조된 것일까? 그것은 ‘화랑’이라는 개념이 계속해서 나라에 충성하는 군사적인 용도로 이용하는 데 용이하였기 때문이다. 사실 김정설 이외에도 이선근 등 많은 학자가 자신의 구미에 맞게 화랑이란 개념을 사용해 왔다. 이미 국민에게 친숙한 개념이면서 정권의 이론적인 측면을 보강해 줄 수 있는 개념이었던 것이다. 박정희는 당대의 저명한 학자인 김정설에게, 자신한테 부족했던 이론·철학적인 부분을 배우고 적용하려 하였고, 이것이 이후 유신체제로 넘어가면서 정권의 정당화라는 명목으로 왜곡, 오용된 것으로 보인다.[102] 이러

101) 김정설, 「國民倫理特講」, 218쪽.

한 일은 비단 김정설에게만 해당된 것은 아니었다. 박정희 정권이 자신의 정당화를 위하여 여러 학자들의 사상을 직·간접적으로 이용하고 사용하는 사례는 빈번히 발생하였다.[103)]

특히 김정설은 '화랑정신'의 대표자이자 전통적인 우리 사상을 긍정하는 민족주의자로서 잘 알려져 있다. 하지만 오랜 독재를 거친 국민들에게 '화랑'이나 '효' 같은 개념들은 국가에게 충성하기 위한 도구[104)]적 의미만으로 인식되고, 용어의 본래 의미와는 상관없이 그

---

102) 『매일경제신문』 창간 10주년을 기념한 기획기사로 「박정희 대통령의 지도이념과 행동철학」이라는 기사가 실렸다. 다섯 번째 기사의 주제는 「근대화의 신앙」이었는데 여기서 박정희에 대한 평가를 살펴보면 박정희 정권의 변화상을 살펴볼 수 있다.

"실천과 행동을 주축으로 한 이와 같은 근대화의 신앙은 68년부터 더욱 구체적인 모습으로 나타나 그 깊이를 더해 가고 있다.…… 근대화의 주체가 되어야 할 인간의 정신적 자원 개발을 촉구하고 새 역사창조를 위한 國民倫理의 기본을 설정했던 「國民敎育憲章」의 선포가 그러했다. 그러나 박대통령의 이와 같은 근대화의 신앙이 보다 더 적극적인 형태로 실천에 옮겨진 것은 70년에 들어서 부터였다. 특히 '새마을운동'과 '10월유신'에 이르러서 완전한 구도를 갖는 결정을 맺게 된다."(매일경제신문 편집부, 「박정희 대통령의 지도이념과 그 행동철학 ⑤-近代化의 信仰」, 『每日經濟新聞』, 1976년 3월 24일, 13면)

103) 홍윤기, 「國民敎育憲章, 왜 그리고 어떻게 만들어졌나?」, 『내일을 여는 역사』 제18호(내일을 여는 역사, 2004.겨울), 114쪽 참조.

104) "유신체제는 근대화의 정신적·역사적 원동력을 민족의 정기와 유구한 민족사에서 찾았다. 민족의 본질을 민족정기로 규정하고 이의 역사적 실체로서 우리 민족의 정신사적·문화사적 전통을 과거로부터 끄집어낸 것이다. 우리 민족의 공동체적 일체감과 한국적 민주주의의 전통을 찾는 데 두레와 화백회의가 각광을 받았고, 민족의 얼과 정기로 花郞道가 부각되었다. 여기에는 역사학계의 실증사학과 민족사학의 고대사 연구 성과가 흡수되었다."(강만길 外, 『한국사 24-한국사의 이론과 방법 Ⅱ』, 한길사, 1994, 103쪽)

자체만으로도 배척하고 거부해야 될 것으로 받아들이게 된다. 이와 같은 연유로 김정설의 국민윤리론國民倫理論 역시 국민들의 동의나 관심을 받지 못한 채 단절되었다.[105]

3) 해방 이후의 민족주의의 두 갈래

1950년대 말부터 1960년대 중반까지의 기간은 한국 사회가 이승만 독재정권의 붕괴, 장면 정권화, '4·19운동', 5·16쿠데타, 한일협정 체결 등 일련의 급격한 정치·사회적 변동을 겪으면서 '근대성'과 '민주주의'를 그 어느 때보다 숙고하고, 이에 대한 새로운 내용을 모색하는 시기였다.[106] 김정설 역시 대표적인 민족주의자로서 해방 전에는 독립운동에서 그 면모가 나타났고 해방 이후에는 이승만 독재정권에 항거하고 국민대단결을 이끌어 내기 위한 '국민윤리國民倫理' 천명[107]에서 그 면모가 드러났다.

---

105) "뒤돌아보면, '國民倫理'라는 교과목이 사회과의 한 하위 과목으로 등장한 것은 6·25전쟁이 끝난 1950년대의 사회적 혼란과 타락한 국민 道義를 일으켜 세우기 위한 것이었기 때문에 우리 교과의 탄생과 시발은 유신시대보다 훨씬 앞선 것이었다. 그러나 도덕·國民倫理 교과가 사회과로부터 분리되어 독립 교과로 시작된 것이 권위주의시대와 시기를 같이하기 때문에 그런 비난을 받은 것은 어쩔 수 없는 필연의 아픔이었다."(『중학교 도덕 1 교사용 지도서』, 8~9쪽)

106) 許殷, 『미국의 헤게모니와 한국 민족주의』(서울: 창작마을, 2008), 24쪽.

107) 우기정, 「凡父 金鼎卨의 '國民倫理論' 構想 속의 '孝'」, 『동북아문화연구』 제19집(동북아시아문화학회, 2009), 240쪽 참조.

최근 극단적인 민족주의가 낳은 비극의 이유로 민족주의 혹은 민족주의자에 대한 비판이 확대되고 있다. 그러나 일제강점기에 항거했던 우리 투사들의 기본 이념에도 민족주의가 바탕이 되었음을 인정하지 않을 수 없다. 즉, 민족주의에 대한 이해는 당시의 상황과 맥락을 반드시 참고해야만 하는 것이다.

1950, 60년대 제기된 민족주의 비판은 미국의 헤게모니 장악 정책과도 밀접한 관련이 있다. 미국이 자신들의 사상을 한국에 주입시키는 데 민족주의가 걸림돌이 된 것이다.[108] 미국의 이러한 '사상주입'에 대해 당시 많은 학자들이 비판하였으며 우리 것에 대한 재발견을 시도했다. 김정설 역시 그 중 한 사람으로서 그는 『정치철학특강』 곳곳에서 외국의 것을 주체성 없이 따라하려는 사람들을 비판하며 우리 에토스를 찾아야 함을 주장했다.

이러한 김정설의 사상을 황산덕의 주장에서 간접적으로 확인할 수 있다. 황산덕은 김정설의 수강생 중 한 명으로 김정설로부터 받은 사상적 영향을 인정한 바 있는 인물이다.[109] 1959년에 발표한 그의 글 속에서 서양의 근대화를 그대로 모방하는 것은 어리석다고 지정하면서 사대적 근성을 버리고 우리의 동양적 가치를 발견·발전

---

108) 이에 대한 구체적인 논의는 許殷의 『미국의 헤게모니와 한국 민족주의』(서울: 창작마을, 2008)를 참고 바란다. 한국의 민족주의와 미국 헤게모니와의 충돌이 잘 드러나 있다.

109) 제4장 각주 64) 참조.

시키는 근대화를 주장했다.[110] 이러한 그의 주장은 김정설의 생각과 동일 선상에 있다고 하겠다.

김정설은 5·16쿠데타를 독재에 대한 저항과 민주화에 대한 열망으로 일어난 4·19혁명과 같은 맥락에서 바라보고 이해하였다. 박정희 정권의 초기 '민족적 민주주의'의 요체는 '경제적 자립'이라는 기반을 조성해서 '민족 주체성'을 확립하려 한 것이었다.[111] 하지만 박정희 정권의 '민족적 민주주의'는 그 시작과 과정에서 외세에 대한 의존과 민주주의의 약화라는 한계를 보여 준다.

독재로 넘어가는 박정희 식의 민족주의에 대해 다시 성찰하며 제기된 것이 '민주적 민주주의'이다. 권혁범은 '식민지 민족주의'가 '민주적 민족주의'로 '제국주의적 민족주의'가 '독재적 민족주의'로 나아갔다고 주장했다.[112] 김인재金仁在는 "민족주의는 사회질서를 문란하게 할 염려가 있다"는 주장에 대해서 "민족주의의 구호를 들고 독재의 길을 추구하는 경향"일 뿐이라고 비판했다. 그리고 궁극적으로 우리나라가 추구해야 할 민족주의는 '민주적 민족주의'라고 강조했다.[113]

---

110) 황산덕, 「'事大的' 카리스마와 東洋의 再發見」, 『思想界』 67호, 사상계사, 1959, 35쪽 참조.

111) 許殷, 『미국의 헤게모니와 한국 민족주의』(서울: 창작마을, 2008), 407쪽 참조.

112) 권혁범, 「民族指導理念의 摸索」, 『靑脈』 2권 4호(청맥사, 1965), 13쪽 참조.

113) 김인재, 「민족주의와 민주주의」, 『漢陽』 3월호(한양사, 1965), 18~21쪽 참조.

1950~1960년대의 '민족주의'는 미국에서 시작된 신식민주의에 대한 대립항이었다.[114] 모든 사상이 그러하듯 민족주의 역시 극단에 치우치면 '제국주의적 민족주의', 즉 독재의 경향을 지니게 된다. 이렇게 극단으로 치닫는 것에 대해 김정설은 '조화'를 거듭 강조한 바 있다.[115] 그는 「국민윤리특강」에서 효孝를 확대시켜 제悌·충忠으로 적용할 수 있다고 하였다. 이것이 박정희 정권의 정치적인 목적에서 충忠만을 확대 해석하여 다른 것은 모두 배재한 채 '국가에 대한 국민의 무조건적인 충성'으로 변질된 것이다. 김정설은 결코 '충忠'을 강조하여 국가의 절대 우위를 이야기하지 않았으며 오히려 이것은 그의 '조화調和 정신'에 어긋나는 것이었다.

김정설이 원했던 새로운 국가는 배금주의, 독재, 미국 주도의 신식민주의, 공산주의 등에서 벗어나, 올바른 자각을 바탕으로 한 진정한 민주주의를 가진 국가였다. 김정설은 '간디'의 국민운동이 주창하였던 것과 마찬가지로 외부로부터의 '진정한 독립'을 소원하였던 것이다. 당시 이승만 정권의 친미주의적 성향과 독재는 김정설에게는 진정한 독립이라 할 수 없었다. 이것이 김정설이 새로운 국민

---

114) 許殷, 『미국의 헤게모니와 한국 민족주의』(서울: 창작마을, 2008), 414쪽 참조.

115) 김정설은 우리 민족의 에토스 중 하나로 '調和를 사랑하는 정신'을 꼽았고, 그 근거로 도덕적으로나 학식적으로 아무 문제가 없는 사람도 그 말이나 행동에 調和가 맞지 않을 때 우리나라 사람은 그 사람의 가치를 그다지 인정해 주지 않는다고 하였다.(김정설, 「國民倫理特講」, 230쪽 참조)

윤리, 국민운동을 통한 국가건설을 주창하게 된 이유를 제공하였다.

4) 김정설 사상의 정치적 변용 및 비판

'화랑도'(風流精神)와 '조화'로 대변되는 김정설의 사상은 1970년대를 넘어서면서 우리 현대사에서 자취를 감추게 되었다. 그와 동시에 동방의 학문적 기반으로 제시되었던 음양론과 건국정치의 이념적 기반으로 제시되었던 국민윤리도 함께 우리의 기억에서 사라지게 되었다.

이는 유신정권을 거치면서 '국민윤리'라는 용어가 체제 유지의 정당화를 위한 도구로 활용되었던 역사적 사건과 무관하지 않다. 혹자는 김정설이 주장한 '국민윤리'와 그가 강조했던 '화랑'과 '효'의 사상이 유신정권에서 내걸었던 그것을 연상시킨다는 점에서 김정설의 사상 전체를 국수주의나 파시즘적 성향을 띤 것[116]으로 치부해 버리기도 하였다. 특히 유신정권이 붕괴되고 그들이 추구했던 가치나 윤리에 대해 전면적으로 부정하는 시기가 오자 '국민윤리'는 그 용어 자체만으로 비판의 대상이 되기도 했다.[117] 그러나 이러한 편협한 시각은 김정설이라는 인물과 그의 사상을 심각하게 왜곡시킨다는

---

116) 김철, 『국문학을 넘어서』(국학자료원, 2000), 49~52쪽 참조.

117) 崔學有, 「國民倫理敎育의 問題點 再考」, 『한국시민윤리학회보』 vol.2(한국시민윤리학회, 1989), 103쪽 참조.

문제점을 안고 있다.[118]

여기에 김지하가 김정설에 대한 재평가를 강력히 주장한다는 사실은 김정설의 '국민윤리론國民倫理論' 비판에 있어 하나의 반론이 될 수 있을 것이다. 1990년대 이래 꾸준히 김정설을 언급한 시인 김지하는, 그를 우리나라 근대기의 사상계와 정신계에서 조화의 원리 즉 네오휴머니즘[119]을 제기한 인물로 평가[120]하고 있다.

김지하는 김정설을 "현대 한국 최고의 천재"라고 인용하면서 그를 "사회주의와 자본주의 이후 제3의 휴머니즘[121]으로 기존의 접근

---

118) 최재목・정다운, 「凡父 金鼎卨의 『風流精神』에 대한 검토」, 『동북아문화연구』(동북아시아문화학회, 2009), 118~119쪽.

119) "네오휴머니즘이란 새로운 것을 뜻하는 '네오'(Neo)와 인간중심주의를 뜻하는 '휴머니즘'(Humanism)이 결합된 것으로 휴머니즘에 깔려 있는 인간중심적 감정을 모든 생명체와 무생명체까지 확장, 너와 내가 별개가 아님을 인식하고, 調和를 통한 상생의 관계를 추구한다. 이러한 네오휴머니즘의 정신은 바로 凡父가 이야기한 '지구적 차원의 調和', 그리고 '우주적 생명의 멋・風流'를 가장 잘 나타내 주는 용어라 볼 수 있다."(최재목・정다운, 「凡父 金鼎卨의 『風流精神』에 대한 검토」, 『동북아문화연구』, 동북아시아문화학회, 2009, 118쪽 참조)

120) 김지하, 『디지털 생태학: 소곤소곤 김지하의 세상이야기 인생이야기』 4(서울: 이룸, 2009), 154쪽.

121) 제3휴머니즘 : 제3휴머니즘의 길은 자본주의 사회의 모순과 결함을 시정하고 마르크시즘 체계의 획일주의와 공식주의를 넘어서는 새 길이다.(김영민, 『한국 현대문학 비평사』, 소명출판, 2000, 66쪽 참조) 김지하는 김정설의 사상을 바탕으로 사회주의와 자본주의 이후 제3의 휴머니즘으로 기존의 접근과 다르게 양자의 장점을 키우려 했다. 사실 제3휴머니즘은 김정설이 직접 언급한 단어가 아니다. 이 용어는 김정설의 동생이자 소설가인 김동리가 언급한 것이며, 지금도 김동리 작품의 특징 중 하나로 언급된다. 시인 김지하는 이 내용이 김정설에게서 출발했음을 믿어 의심하지 않는다. 김동리 역시 그의 서술 곳곳에서 백씨인 김정설의 사상적 영향을 인정하고 있다. 사회주의와 자본주의를 모

과 다르게 양자의 장점을 키우고 '한국학'에 추구"한 인물로 평가[122]하였다.[123] 그리고 김정설이 전하려고 한 통합의 메시지를 지금 다시 시도해야 한다고 강력히 주장하였다.

김정설 사상의 핵심은 '조화'에 있었고, '독재'·'공산주의' 등은 벗어나야 할 착오상태로 파악했다. 김정설이 박정희 정권에 바란 것은 이승만 정부의 사대적 허영심과 독재를 바로잡아 주는 것이었다.[124] 즉 김정설은 박정희 정권을, 독재와 외세 의존으로 썩어 가는 우리나라를 바로잡아 줄 '화랑정신花郎精神의 발현'으로 인식하였던 것이다.[125] 김정설이 〈오월동지회〉 부회장을 승낙한 것[126]도 같은 맥락에서 이해할 수 있다.

두 비판하고 제3의 길을 찾으려 했던 김정설의 사상으로 미루어 볼 때 제3휴머니즘이 김정설의 사상에 바탕을 두고 있음을 의심할 여지는 없어 보인다.

122) 「60주년 기념 인터뷰－김지하 석좌교수」, 『영남대학교 개교 60주년 기념호』, 영남대학교출판부, 2007.6.12.

123) 김지하는 '제3의 길', '네오휴머니즘', '신인간주의' 등의 용어로 김정설의 사상을 설명하였다. 또한 김지하는 김정설 사상의 핵심은 바로 공산주의와 자본주의를 가로지르는 새로운 이념으로서 미래의 우리가 나아가야 할 길이라고 강조하였다.(김지하, 『사이버 시대와 시의 운명』, 북하우스, 2003, 131쪽 참조)

124) 김정설, 『政治哲學特講－凡父遺稿』, 58～60쪽 참조.

125) 실제로 김정설은 『政治哲學特講』에서 5·16쿠데타를 "九死의 결의가 있었을 것"이라고 긍정적으로 평가하였다. 김정설은 이승만 정권에 대항하여 일어난 4·19혁명의 연장선상으로 5·16쿠데타를 이해했고, 이는 독재에 대항하는 신생세력으로 김정설에게 받아들여졌던 것으로 보인다.(김정설, 『政治哲學特講－凡父遺稿』, 59·108·115쪽 참조).

126) 再建國民運動의 경우와 마찬가지로 동의 없이 임명되었을 가능성도 배제할 수 없다.

그러나 초기 박정희 정권에 기대를 걸었던 김정설도 정권이 출범하면서부터 자신이 생각했던 정부가 아니었음을 감지한 것 같다. 1965년에 김정설은 난국을 이끌어 나갈 경세가(지도자)가 단 한 명도 없음을 한탄하는 글을 발표한다.

> 비록 필자의 과문寡聞으로도 이것을 상론詳論하려면 이렇게 초초草草한 것은 아닐 것이지만 본제本題는 자초自初로 경세가론經世家論을 전제로 한 것이 아니고 다만 이렇게도 비상한 난국인 신생국가로서 건국기인 차제此際에 1인의 경세가가 보이지 않는 것을 한탄하는 언서言緖가 이렇게 두서없이 언급하게 된 것이다.[127)]

김정설의 이와 같은 발언은 박정희 역시 자신이 생각하는 올바른 나라를 건설할 지도자가 되지 못한다는 것을 암시한다. 박정희 정부 초기부터 드러난 외세 의존, 민주주의 약화 등의 한계를 김정설도 점차 인식하였던 것으로 추측할 수 있다. 결과적으로 군사정권에 대한 초기 기대가 오산이었음은 역사가 증명해 주었지만, 김정설은 그 과정을 채 지켜보지 못한다.

좀 더 실증적인 연구가 필요하겠지만 1970년대에 자취를 감춘 김정설의 사상이 정치적인 용도로만 사용된 것에 대해서도 주목해 볼

---

127) 김정설, 「우리는 經世家를 待望한다」, 99쪽.

필요가 있다. 재건국민운동에서 새마을운동으로 넘어가고, 새마을운동의 일환으로 각 마을에 문고를 보급하는 목적에서 세워진 재건국민문보 보급회가 김정설의 글을 모아 『화랑花郞의 얼』[128]을 편찬한 것, 그리고 1950년 초반에 행해졌던 「국민윤리특강」이 1977년 현대종교문제연구소가 편찬한 『현대와 종교』[129] 창간호에 실린 후 1978년 국민윤리교육연구회의 『국민윤리연구』[130]에 실렸던 것도 단순한 우연은 아닐 것이다. 이러한 일련의 과정들이 김정설의 의도와는 상관없이 어떤 목적을 가지고 이용되었을 가능성을 배재할 수 없다.

김지하를 비롯한 많은 이들의 지적에서 알 수 있듯이 그의 저서가 제대로 남겨지지 않았고, 후학들도 뿔뿔이 흩어졌으며, 그 뒤를 잇는 사람도 없어 그의 사상은 사라져 갔다. 그러나 사상의 핵심은 완전히 없어지지 않은 채 그의 영향을 받은 숱한 후학들에게 흡수되고 재탄생되어 내려왔다. 김정설의 사상을 정당하게 인용하는 경우[131]도 있었고, 김정설로부터의 사상적 영향은 인정하나 구체적으로 인용하지 않은 경우[132]도 있었으며, 김정설의 사상으로부터 깊

128) 김정설, 『花郞의 얼』(재건국민문고 보급회 중앙회, 1970).

129) 김정설, 「國民倫理特講」, 『現代와 宗敎』 창간호(現代宗敎問題硏究所, 1977), 56~99쪽.

130) 김정설, 「國民倫理特講」, 『韓國國民倫理硏究』 7권(國民倫理敎育硏究會, 1978) 195~249쪽.

131) 대표적인 예로 이종익의 『東方思想論叢』을 들 수 있다.

132) 대표적인 예로 황산덕의 저작들을 들 수 있는데, 『三玄學』에서 김정설로부터

은 영향을 받은 것으로 보이나 어디에도 김정설에 대한 언급을 하지 않은 경우[133]도 있었다. 이러한 일련의 과정을 거치면서 김정설의 사상은 누군가에 의해 심화되기도 하였으며, 도용되고 또 왜곡되기도 하였다.

김정설의 사상이 박정희 정권이 시도한 「국민교육헌장」과 '새마을운동'에 상당 부분 이용되었음은 부정할 수 없다. 그러나 그것이 김정설의 의지로 '공헌'하였는지, 아니면 무단으로 '도용'되고 '왜곡'되었는지는 미지수로 남아 있다. 만약 전자라고 한다면 어째서 김정설의 사상이 유신정권 체제로 넘어서면서 사라졌는지, 「국민교육헌장」과 '새마을운동' 어디에도 김정설을 직접 인용하거나 영향을 인정한 사실이 없는지에 대해서 다시 한번 생각해 봐야 할 것이다. 또한 김정설이 독재정권에 사상을 댄 어용학자였다면, 당대를 살았던 김지하가 독재정권에 항거하면서도 김정설의 사상을 인정하고 예찬하는 모순에 대해서도 해명이 필요할 것이다.

의 영향은 밝혔지만 「어디다 國民倫理를 세울 것인가」 등의 구체적 저작들에서는 김정설에 관한 언급을 찾아보기 힘들다.

133) 앞에서 제시한 새마을운동에 관한 다수의 글이 그 예가 될 수 있을 것이다. 이 외에도 김정설의 강연을 듣거나 영향을 받았으나 이를 밝히지 않은 글이 다수 있을 것으로 사료된다. 이에 대한 구체적인 조사가 요구된다.

제6장

국민윤리의 변질과 김정설 사상의 단절

이 장에서는 1950년대 이후 그토록 활발히 진행되어 오던 '국민윤리國民倫理'가 어째서 제대로 실현되지 못하고 비판의 대상이 되었는지를 김정설이 언급한 한국인의 에토스를 중심으로 설명해 보고자 한다. 그리고 '윤리' 개념이 민주화를 추구하는 과정에서 외면당하게 되고, 이것이 어떻게 김정설의 '국민윤리론'이 조명 받지 못하는 요인으로 작용했는지를 살펴보고자 한다. 또한 이러한 사회적 분위기 이전에 김정설의 개인적인 상황도 그의 사상이 이어지는 데 불리하게 작용하였음을 검토해 볼 것이다.

1. 한국인의 에토스와 그 변질

1) 국민윤리 성립에 있어서 에토스의 중요성

황산덕은 「어디다 국민윤리를 세울 것인가」라는 글에서 민족정신을 앙양하고 국민윤리國民倫理를 확립하는 일은 오늘날 우리에게 시급한 과제의 하나가 되었다고 말하면서 국민윤리를 적극적으로 확립해 보려고 서두르기 전에, 먼저 우리 국민의 기질이나 정신상태를 잘 파악해 두는 것이 긴요하다고 하였다. 아무리 훌륭한 윤리강령을 내세운다 하더라도 그것을 받아들이는 국민의 기질에 따라서는, 처음 의도한 효과를 보지 못하거나, 경우에 따라서는 엉뚱하게 우리에

게 해독害毒만을 가져올 수도 있기 때문이다.[1]

제3장에서 살펴본 바와 같이 김정설의 사상에서 우리 민족의 고유한 기질(에토스)을 이야기한다면 '조화調和'를 들 수 있을 것이다. 황산덕 역시 '풍류도風流道의 정신과 조화의 미美'를 우리 민족의 특징으로 꼽았다.

> 기록이나 유물을 통해서 볼 때, 신라인들은 무엇보다도 '조화調和'를 숭상하였다. 그들은 자연을 사랑하였고, 자연과 잘 어울리는 것 속에서 참된 미를 찾으려고 하였다. 그러므로 그들은 '자연과의 조화'를 깨뜨리는 부자연스러운 '인공人工'을 가장 싫어하였다. 그들의 눈에 비친 자연은 한 치의 어긋남도 없이 완전무결하게 짜여 있었고, 이러한 대자연에 자신이 동화同和되어 들어가는 것만이 가장 가치 있는 일이라고 생각하였다. 그들은 인공의 극치와 천공天工의 극치는 반드시 어디선가는 일치되어야 한다고 믿었고, 그리고 이러한 상태에 도달하는 것을 모든 활동의 목표로 삼았다.[2]

김정설은 이러한 조화의 정신을 우리 민족이 사람을 평가할 때 "'싱겁다', '짜다'라는 미각상味覺上의 표준"[3]을 가진다는 것을 예로

1) 황산덕, 「어디다 國民倫理를 세울 것인가」, 『國民倫理연구』, vol.2 no.1(한국國民倫理학회, 1974), 130쪽.

2) 황산덕, 「어디다 國民倫理를 세울 것인가」, 『國民倫理연구』, vol.2 no.1(한국國民倫理학회, 1974), 131쪽.

들어 설명한 바 있다. 우리 민족이 예부터 '음악'을 사랑한 까닭도 그 속의 '장단'이라는 조화를 중시하였기 때문이라고 했다.[4)]

'국민윤리'라는 서구화된 개념을 받아들이고 적용하는 일은 이것을 아무리 건전한 원칙으로 바꾼다 하더라도 일시적이거나 혹은 제법 장기의 혼란이 오기 마련이다.[5)] 김정설과 황산덕은 그 이식 과정의 혼란과 피해를 줄이기 위해서는 우리 자신의 기질부터 제대로 파악해야 한다고 생각했던 것이다.

2) 전통적 에토스의 와해와 변질

어느 민족이든 장단점을 모두 지니고 있듯이 '조화調和'를 사랑하는 우리 민족도 부정적인 측면을 가지기 마련이다. 황산덕은 그의 논문에서 "삼국이 통일되고 그들의 국가의식이 점차로 둔화되어 가면서 풍류정신風流精神도 조금씩 와해되기 시작"했다고 지적하며, "고려와 조선을 거치면서 그것의 변질과정이 궁극에 이르게 되자, 그것은 '시비분별심是非分別心', '도피逃避' 및 '주술신앙呪術信仰'의 세 갈래의 생활의식으로 분화되고 말았다"고 주장했다.[6)]

---

3) 김정설, 「國民倫理特講」, 230쪽.

4) 김정설, 「國民倫理特講」, 231쪽 참조.

5) 김정설, 『政治哲學特講－凡父遺稿』, 49쪽 참조.

6) 황산덕, 「어디다 國民倫理를 세울 것인가」, 『國民倫理연구』, vol.2 no.1(한국

이와 같은 견해는 김정설의 걱정을 심화·확대한 것으로 보인다. 김정설은 『정치철학특강政治哲學特講』에서 "피압박국민이란 압박의 수단이나 압박기간의 정도에 따라서 그만한 차이점도 있을 터이지만 어쨌든지 얼마만큼은 인간성이 상처를 입을 수밖에 없다"7)라고 하면서 그 상처로 "이중성·비굴성·편곡성偏曲性·시의심猜疑心·고식적姑息的 경향傾向, 자신력의 저상沮喪, 우울성, 진에증嗔恚症 등의 제반 증상을 가지게 되는 것"8)이라고 지적한 바 있다. 황산덕은 그의 논문 「어디다 국민윤리를 세울 것인가」에서 이와 같은 김정설의 주장을 정리하고 그 연원을 신라 이후까지 거슬러 올라가서 설명하였다.

그가 정리한 '풍류사상이 세 갈래 에토스로 변질되는 과정'을 살펴보면 다음과 같다.

• 시비분별심과 안일주의적 에토스로의 변질

황산덕은 우리 민족이 본래 조화의 미를 사랑하며 예술적인 미

國民倫理학회, 1974), 133쪽.
위 논문에 따르면 어떤 곳에서나 자기와 상대방을 갈라놓고 상대방의 색다른 점을 예리하게 집어내는 것이 시비분별심이고, 뜻대로 되지 않는 경우에는 모든 것을 다 버리고 숨어 버리는 것이 도피이며, 조그마한 대가를 치르고는 많은 성과를 얻으려는 것이 주술신앙이다.

7) 김정설, 『政治哲學特講－凡父遺稿』, 53쪽.

8) 김정설, 『政治哲學特講－凡父遺稿』, 52~53쪽.

를 좋아한다고 하였다. 그리고 이러한 예술적 천분이 올바르게 발휘되기 위해서는 역시 왕성한 창조의 정신이 뒷받침될 필요가 있다고 주장하였다.[9]

그러나 황산덕은 신라가 삼국을 통일하고 상하가 안일에만 젖어들게 되자, 왕성하던 국가의식은 점차로 약화되기 시작하였다고 주장하면서 개인들 사이의 사적인 이해관계가 일상생활에서 전면에 나서게 되었고 경쟁과 증오가 사람들의 마음을 사로잡게 되었다고 하였다. 그 결과로 그는 불균형적인 것을 여지없이 끄집어낼 수 있었던 예술적 천분은 남의 결점만을 예리하게 지적해 내려는 시비분별심[10]으로 변하고 말았다고 주장한다. 그리고 이때부터 사람들은 내적 충실을 위한 진력은 하지 않고, 간단히 남의 비평이나 하면서 모든 것을 쉽게만 생각하는 안일주의로 흘러갔다고 보았다.[11]

• 도피 · 둔세적 에토스로의 변질

다음으로 풍류정신의 도피적 · 둔세적遁世的 에토스로의 변질을

---

9) 황산덕, 「어디다 國民倫理를 세울 것인가」, 『國民倫理연구』, vol.2 no.1(한국國民倫理학회, 1974), 133~134쪽.

10) 김정설은 본래 "是非分別을 가리고 너무 결백한" 기질을 가진 우리 민족이 "朱子學이 들어와서 더 是非分別이 날카로워졌다"고 지적했다.(좌담회, 「우리 民族의 長短-「自我批判」을 爲한 縱橫談」, 『朝鮮日報』, 1961년 8월 27일, 2면 참조)

11) 황산덕, 「어디다 國民倫理를 세울 것인가」, 『國民倫理연구』 vol.2 no.1(한국國民倫理학회, 1974), 135쪽.

들 수 있다.

풍류도風流道에 멋을 들인 신라의 화랑花郎들은 즐거이 산을 찾았다. 물론 산을 찾는 그들의 목적은 단순한 유람 내지 도피에 있었던 것은 아니다. 그들에게 있어서 명산, 대산은 예를 들면 연구실이나 연병장과 다름없는 곳이었다.[12]

그런데 삼국이 통일되고 나라 전체가 평화에 젖어들게 되자, 심산과 유곡은 사람들의 유람처 또는 도피소가 되었다. 뜻 맞는 친지들과 수석을 찾아가 시와 노래로 인생을 노래 부르든가, 또는 인생사에 뜻을 잃어 혼자 숨어서 정신 수양에나 힘을 쓰는 장소로 변하고 말았다. 명산의 기슭, 경치 좋은 곳에는 으레 술 마시고 놀기 위한 정자가 세워졌고 심산의 구,석 기암절벽 위에는 반드시 수도자가 숨어 사는 암자가 세워졌다. 서양의 그리스에서도 이런 광경을 접할 수 있지만, 그 슬기로웠던 이 땅의 풍류정신이 시대의 흐름을 따라 도피의 에토스로 변질된 것만은 부인할 수가 없다.[13]

이렇게 생겨난 도피의 에토스는 시비분열의 에토스와 합쳐지고, 이기적 주술신앙呪術信仰에까지 영향을 미치게 되었다고 할 수 있다.

12) 황산덕, 「어디다 國民倫理를 세울 것인가」, 『國民倫理연구』 vol.2 no.1(한국國民倫理학회, 1974), 135쪽.

13) 황산덕, 「어디다 國民倫理를 세울 것인가」, 『國民倫理연구』 vol.2 no.1(한국國民倫理학회, 1974), 135쪽.

• 이기적 주술신앙의 에토스로의 변질

다음으로 신라시대의 불교가 미륵신앙에 바탕을 둔 호국불교였다는 점에 주목할 필요가 있다. 미래불의 군림으로 신라의 땅이 불국토가 되어야 한다는 원을 세운 신라 사람들은 궁궐을 짓든가 사찰을 창건함에 있어서 그 지리적 조건을 까다롭게 따졌다. 풍수설이 크게 유행했던 것은 이 때문이다. 지금도 신라시대 때 창건된 절터를 보면 대개가 소위 명당자리임을 인정할 수 있다. 또한 신라가 통일을 한 후에는 응당 그 수도를 북쪽의 어느 곳으로 옮겨야 함에도 불구하고 종래의 서라벌에 그대로 머물러 있었던 것은 지금의 경주가 풍수설에 입각해서 보면 명당자리라고 믿었기 때문이다.[14)]

그러나 여기에 도피의 에토스가 크게 작용하였다. 미륵신앙으로 신라의 땅 전체가 불국토가 된다는 호국사상은, 그 규모가 작아져서, 개인의 보신을 위한 도피처를 찾는 노력으로 타락해 들어갔다.[15)] 주술적 방법을 통해 자신의 기복만을 원하는 염치없는 이기주의로 변질되어 간 것이다. 황산덕은 이러한 이기적 주술신앙으로 인해 온갖 사교邪敎가 이 땅에서 날뛸 수 있었고, 또한 무당 점쟁이들이 대중 속에 파고들 수 있었다[16)]고 보았다.

---

14) 황산덕, 「어디다 國民倫理를 세울 것인가」, 『國民倫理연구』 vol.2 no.1(한국國民倫理학회, 1974), 136~137쪽.

15) 황산덕, 「어디다 國民倫理를 세울 것인가」, 『國民倫理연구』 vol.2 no.1(한국國民倫理학회, 1974), 138쪽.

3) 국민윤리의 변질

앞에서 언급한 바와 같이 황산덕이 '국민윤리'를 이야기하면서 우리의 에토스를 짚고 넘어간 것은 이것이 외부로부터 어떤 사상을 수용할 때 중요한 영향을 끼치기 때문이다. 구체적인 예로 '주자학'을 들 수 있다. 주자학은 중국에서 생겨 우리나라와 일본에 수용되었지만 중국 사람이나 일본 사람들은 우리와 같이 받아들이지 않았다. 이것이 '시비분별심'으로 변질된 것은 우리 민족의 분별하는 기질을 더욱 부추겼기 때문이다.[17)]

해방 이후 '국민윤리'를 받아들이는 과정에서도 우리의 변질된 에토스가 작용하였다. 즉, 김정설과 황산덕이 지적한 대로 외부로부터 수입된 '윤리'라는 개념이 우리의 조화 정신과 결합하지 못한 채 엉뚱한 결과를 가져왔던 것이다. 특히 한국에서 이러한 현상은 '정치'와 맞물려 부정적인 방향으로 전개되었다. 우리는 이미 이 사실을 이승만 정권에서 추구했던 '도의교육道義教育'이나 박정희 정권에서 강조했던 「국민교육헌장國民教育憲章」 등의 역사적 사실로 경험한 바 있다.

---

16) 황산덕, 「어디다 國民倫理를 세울 것인가」, 『國民倫理연구』 vol.2 no.1(한국國民倫理학회, 1974), 138~139쪽.

17) 좌담회, 「우리 民族의 長短－「自我批判」을 爲한 縱橫談」, 『朝鮮日報』, 1961년 8월 27일, 2면.

현대 한국인의 국민윤리에 대한 외면은 주지하다시피 「국민교육헌장」과 밀접한 관계가 있다. 유신정권에서 「헌장」은 유신이념의 지표이자 지침이었고, 새마을운동은 이 지침을 실천하는 도장이었다. 「헌장」은 정권의 지향점에 맞는 새로운 국민을 만들기 위해 제작된 것으로서, 국가가 국민 개개인에게 헌신적인 희생과 충성을 공개적으로 요구한 선언문이자 국가주의 훈육의 기본 지침서였다.[18)]

하지만 「헌장」은 새로운 국민상을 만들어야 한다는 정치적 필요에 의해 정권 차원에서 제정된 문건이었지, 서유럽에서처럼 국민운동의 결과나 국민적 동의과정에서 탄생한 선언문이 아니었다. 따라서 국민 각자는 「헌장」의 이념이나 정신을 자발적으로 동의하고 내면화하기 어려웠다. 유신정권은 이를 교육을 통해 강제로 주입시키려 했다.[19)]

이것은 1950년대 '도의교육'의 실패를 답습한 것이었다. 1950년대의 '도의교육'은 일제강점기의 '도의'·'수신修身'의 변형에 지나지 않았다. 결국 새로운 국가를 위한 새로운 윤리라는 모토는 표면에 불과하였고, 그 내용은 국가에 대한 충성이라는 전근대적 가치를 되풀이하고 있었던 것이다. 이러한 과정을 거치며 국민들은 '국민윤

---

18) 신주백, 「國民教育憲章 이념의 구현과 국사 및 도덕과 교육과정의 개편(1968~1994)」(『역사문제연구』 제15호, 2005), 237쪽.

19) 신주백, 「國民教育憲章 이념의 구현과 국사 및 도덕과 교육과정의 개편(1968~1994)」(『역사문제연구』 제15호, 2005), 238쪽.

리'에 대한 불신과 거부감을 갖게 되었고, 그 결과 본질적인 '국민윤리' 담론마저 설 자리를 잃어버리게 되었다.

4) 국민윤리 및 효 개념의 왜곡

앞에서 언급한 상황은 국민윤리라는 것이 정치적 지배자가 다수의 일반국민에게 일방적으로 요구하는 관제적官製的 지배통치 원리나 이념으로 끝나버릴 가능성이 언제나 존재하는 데[20] 근본 원인이 있다고 하겠다. 다음의 지적은 이와 같은 문제점을 잘 보여 준다.

> 국민윤리 교육이든 정치사회화든 정치교육이든 이러한 것들이 사회의 지배집단이나 기성 지배체제의 안정·유지만을 위해 이용되는 경우에는 오늘날처럼 특히 젊은 세대 사이에 민주적 각성이 높아지고 그러한 기성 지배체제나 기성질서에 대한 적극적 도전 내지 저항이 빈발하고 있는 상황 하에서는 실효를 거두기가 어렵고 그 본래의 목적을 달성하기가 곤란한 것이 현실이다. 정치발전의 입장에서 볼 때, 기성 지배체제의 지속과 정치체계의 통치능력의 증대만을 중시하는 반면에 국민의 평등 내지 정치참여의 요구를 경시하거나 심지어 억압하려 해서는 정치체계의 안정은 고사하고 혼란이 가중될 따름이다.[21]

---

20) 이상구, 「政治體系에 있어서 國民倫理의 機能」, 『國民倫理硏究』 vol.22 no.1 (한국國民倫理학회, 1986), 12쪽.

한국의 경우 '국민윤리'의 정치적인 이용으로 인해, 독립 정부를 수립하고도 40여 년이 가까운 시간이 지나도록, 정치사회화 혹은 정치교육의 내용이 될 수 있는 국민윤리의 기본 방향 및 내용을 어떻게 설정할 것인가가 불투명한 실정[22]에 이르렀다. '국민윤리'가 발전할 만한 충분한 시간이 있었음에도 불구하고 제3·4공화국의 독재성과 장기집권 및 제5공화국의 민주적 요소의 결여 등이 그 속에 삽입되어 영향을 미쳤다. 결국 이러한 현상이 지니는 정치동조적政治同調的 성격은 객관적 시각의 비판을 받게 되었다.[23]

결국 장기간에 걸친 국민윤리의 변질은 그 본질마저 부정하게 하는 결과를 나았다. '윤리'나 '효孝' 등의 용어는 더 이상 우리 국민에게 숭고한 감정을 주지 못하고 오히려 극복해야 할 대상으로 자리잡게 된 것이다. 유교권 국가에서 '효'를 국민윤리의 주요 덕목으로 내세운 것은 비단 우리나라에만 해당하는 일이 아님에도 불구하고[24]

---

21) 이상구, 「政治體系에 있어서 國民倫理의 機能」, 『國民倫理研究』 vol.22 no.1 (한국國民倫理학회, 1986), 23쪽.

22) 이상구, 「政治體系에 있어서 國民倫理의 機能」, 『國民倫理研究』 vol.22 no.1 (한국國民倫理학회, 1986), 11쪽.

23) 崔學有, 「國民倫理教育의 問題點 再考」, 『한국시민윤리학회보』 vol.2(한국시민윤리학회, 1989), 89쪽 참조.

24) 가까운 예로 일본과 중국의 교육에서부터 싱가포르와 말레이시아의 경우까지 공동체의식이나 가족주의, 孝, 예와 같은 유교적 덕목이 학교 교육에서 강조되었다.(김범묵, 「교과서가 만든 '한국인'—도덕 윤리 교과서의 국가주의」, 『당대비평』 16(생각의나무, 2001), 58쪽 참조)

한국의 '윤리'는 그 정치·사회적 특수성 때문에 "어용교과"[25]라는 평가를 받아 왔다.

김정설이 주장한 국민윤리는 국민자각을 기본으로 수반하여 결과가 도출되어야 하는 것이다. 그리고 민족의 고유한 기질과 조화를 이룰 수 있는 윤리가 바탕이 되어야 한다. 국민의 에토스에 결부되지 못하는 '국민윤리'는 아무리 좋은 이론을 가지고 있어도 필연적으로 왜곡되기 마련이고 실패하기 마련임을 그는 일찍부터 인지하고 있었던 것이다. 그러나 그가 염려했던 것처럼 한국의 초기 '국민윤리'는 왜곡된 에토스를 거쳐서 정치적으로 변질되었고 많은 사람에게 부정적인 개념으로 인식되어 왔다.

2. 김정설 사상의 단절

양주동·최남선과 함께 3대 천재로 불렸던 김정설은 선지자로서, 교육자로서, 때론 현실참여자로서 혼란했던 한국의 근현대를 살았던 인물이다. 김정설은 일제강점기 때에는 다솔사에 칩거하며 독립운동을 하였고, 해방 이후에는 국회의원에 당선되기도 하고 경주

25) 朴長鎬, 「國民倫理敎育의 本領과 轉換期的 課題」, 『한국시민윤리학회보』 vol.2 (한국시민윤리학회, 1989), 118쪽.

계림대학 학장을 맡기도 하는 등 다양한 분야에서 족적을 남겼다. 그를 평생의 스승으로 생각한다고 밝힌 사람들을 나열해 보면 아우 김동리에서부터 시작하여 서정주, 이항녕, 오종식, 황산덕 등 다양한 분야에서 상당한 영향을 끼친 사람들임을 알 수 있다.

이처럼 한국 근현대사에서 석학으로 인정받던 김정설이 그의 사후, 불과 반세기도 지나지 않았음에도 제대로 알려지지 못했다는 사실은 아이러니한 일이 아닐 수 없다.

1) 개인적 측면

김정설의 사상이 묻혀 왔던 이유 중 제일 처음으로 꼽을 수 있는 것은 바로 '저술의 부족'이다. 이는 이미 김정설을 연구하는 많은 연구자들이 지적한 점으로 김정설은 살아생전 『화랑외사花郎外史』 한 권만을 출판하였고, 사후 20년이 지난 후에야 후학들에 의해 『풍류정신風流情神』 및 『정치철학특강政治哲學特講』이 빛을 볼 수 있었다. 평생을 학자이자 교육자로 살아온 생애와 비교해 볼 때 이상하리만큼 저작의 수가 적은 것을 알 수 있다.

김정설의 저술이 적었던 이유에 대해서는 그의 아우 김동리의 발언을 참고할 만하다.

백씨(김정설)가 의도적으로 책을 내지 않겠다는 방침이나 신조를 가졌기 때문이 아니다. 일부에서는 모든 '있음'(有)의 의의를 인정하지 않았기 때문에 저서라는 이름의 '있음'도 취하지 않았다고 보는 이도 있지만, 그것은 이유의 5퍼센트 정도밖에 차지하지 못할 것이다. 제대로라면 책을 내어야만 한다고 믿고 있었던 것이다. 그것은 나에게뿐 아니라 여러 사람에게 그렇게 말했던 것으로 안다. 말만 했을 뿐 아니라, 당신이 앞으로 내고자 하는 주저主著는, 지금까지 있어 온 동서철학들을 총 정리할 수 있는 새로운 형이상학이라고 하였다. 그것은 불교의 '무無'와 주역의 '태극太極'을 종합적으로 지향하는 것이라 하였다. 그래서 '무와 태극'이라 이름할까 한다고 하였다.

그러나 동방사상연구소에서 가르침을 받았던 분들 중에는 내가 언급하는 '불교의 무'란 말을 의아스럽게 생각할지도 모른다. 그것은 동방사상연구소에서 주역강의를 두 해 가량 하고 끝낸 뒤, '역易'과 '화엄경華嚴經'의 비교 연구로 들어가 강좌 개설 후 얼마 되지 않아 발병으로 작고하셨기 때문에 이로 미루어 '불교의 무와 주역의 태극'이 아니고, '주역의 태극과 화엄경의 무애無碍'가 아닌가 할지 모르기 때문이다. 그러나 그렇지 않다. 화엄경의 무애가 불교의 무 전체는 아니기 때문이다. 강좌에서는 일단 화엄경의 무애를 다루려 했지만, 저서에서는 보다 더 포괄적인 '불교의 무'였을 것으로 안다. 그밖에도 저서 명칭을 '무와 율려律呂'로 생각한 적도 있다. 여기서 '율려'란 주역의 음양陰陽 현상을 가리킨 것이므로 결국 태극 속에 포함될 성질이다.

그러면 '제대로 할 수' 없었던 것은 무엇이며 무엇에 기인하는가? 이에 대해서 내가 백씨로부터 직접 들은 바는 '여건이 되지 않아서'라는 말뿐이었다. 그 여건이라 무엇이던가? 내 나름대로 생각하는 바를 말할 수 있다면, 첫째는 상황이 허락되지 않았고, 둘째는 건강에 자신이 없었고, 세 번째가 서재와 관계 서적 문제였을 것이 아닐까 한다.[26]

진교훈은 김동리의 발언을 언급하면서 혼란했던 당시 시대상황이 그가 저술에만 몰두할 수 없게 만든 것이라 추측하기도 했다.[27] 이러한 요인들로 인해 김정설은 그의 사상 전반을 체계적인 문헌으로 남길 수가 없었다. 이것이 "하늘 아래 제일로 밝던 머리"라며 천재적 인물로 회자만 되어 오고, 표면적으로는 사상에 대한 연구가 진행되지 못한 까닭이었다.

둘째로 '학맥의 부재로 인한 사상 단절'을 이야기할 수 있다. 김정설은 "열두 살에 사서삼경을 떼었다고들 했고, 열 살쯤 되었을 때부터 신동으로 온 고을에 알려졌다"[28]고 전해질 정도로 어릴 적부터 천재성을 보인 것으로 알려져 있다. 그의 학문적 성취는 스스로의 학문적 재능에 기인한 것이었다. 즉 전통적인 '학맥'을 거치지 않은 셈이다.

그리고 김정설의 일본 유학에 있어서도 의견이 분분한데, 김정

---

26) 崔在穆・李泰雨・鄭茶雲, 「凡父 金鼎卨 硏究를 위한 예비적 고찰」, 『凡父 金鼎卨 硏究』(경산: 대구프린팅, 2009), 38쪽에서 재인용.

27) 崔在穆・李泰雨・鄭茶雲, 「凡父 金鼎卨 硏究를 위한 예비적 고찰」, 『凡父 金鼎卨 硏究』(경산: 대구프린팅, 2009), 38~39쪽 참조.

28) 김동리, 「伯氏를 말함」, 『風流精神』(정음사, 1986), viii쪽.

설의 일본 유학을 다룬 「범부 김정설의 일본 유학·행적에 대한 검토」[29]에서는 1915년에 일본 유학을 갔다는 사실은 오기誤記로, '1921년 동양대학 철학과 졸업' 역시 사실이 아님을 밝힌 바 있다. 즉, 김정설은 정상적인 교육 과정을 거치지 않은 채 '독학의 길'을 걸었던 것이다. 이종후의 다음과 같은 언급이 이 사실을 입증해 준다.

> 그는 학교를 중단하고 돌아오게 된 동기에 대한 나의 이야기를 듣고 고개를 끄덕이면서도 학교를 계속하여 정식으로 대학과정을 수료할 것을 종용하였다. 말하자면 그가 걸어온 독학의 길은 학자로서 위험한 길이란 것을 깨우쳐 주려 하였던 것이다.(그러나 나는 그 당시에는 그의 충고를 따르려고 생각하지 않았다) 이리하여 그와 나는 초대면初對面에 당장 서로 스승과 제자로서 마음을 허락하게 되었다.[30]

학맥의 부재는 '소속의 불안정'을 낳았으니, 하나의 학파가 성립되기에는 정황상 미흡한 점이 많았다. 결국 김정설의 사상은 강연이나 대화를 통해서밖에 제자들에게 전수될 수 없었고 방대했던 그의 사상 체계는 일괄적으로 정리되지 못한 채 한 사람 한 사람의 구술에 의존할 수밖에 없었다. 이러한 상황에서 김정설의 작고는 그나마

---

29) 崔在穆·鄭茶雲·禹沂楨, 「凡父 金鼎卨의 日本 遊學·行蹟에 대한 檢討」, 『凡父 金鼎卨 硏究』(경산: 대구프린팅, 2009), 167~189쪽 참조.

30) 李鍾厚, 「나의 求道의 길(一)」, 『哲學會誌』(영남대학교 철학회, 1973.10), 4쪽.

유지하고 있던 중심점의 부재와도 같은 사건이었고, 그의 사상은 산발적으로 흩어지게 된다.

1986년 이러한 상황을 안타까워하던 제자들이 모여 김정설 사후 20주기를 기념해 사상과 생애를 재조명하려는 움직임이 일어났다.[31] 하지만 이 시도도 김정설의 유고를 모아 『풍류정신風流精神』과 『정치철학특강政治哲學特講』을 편찬한 이후에는 이렇다 할 성과 없이 끝나고 말았다. 이후 산발적으로 흩어진 김정설의 강연 기록 및 자료는 수합되지 못했고, 김정설의 사상 전반을 이어받아 계승할 수 있는 조건이 마련되지 못했다. 결국 김정설이 개척한 독자적인 사상 체계는 김정설의 죽음과 함께 분산·단절되고 만 것이다.

2) 사회적 측면

김정설의 사상이 제대로 연구되지 않은 원인은 개인적인 문제에만 있지 않았다. 시대적인 조건 또한 김정설의 연구를 가로막는 장애가 되어 왔다. 김정설의 사위인 진교훈의 언급을 살펴보면 당시 김정설이 처했던 환경적 조건을 추측해 볼 수 있다.

> 그러면 첫째의 '상황이 허락되지 않았다' 함은 무슨 뜻인가? 간단

31) 제5장 각주 7) 참조.

히 말해 해방 이전은 일제 식민지였기 때문에 일제를 물리치고 나라를 찾는 것이 현실과 일상 속에서 사람으로 행할 수 있는 최선의 길이라 믿고, 그 길을 지키고 나아가기 위해서 어떻게 하면 최선을 다하는 것일까에 대해서 그는 고민하다가 결국 두 차례나 투옥되고 수시로 가택수색을 당해 파산했다. 8·15 이후는 국토분단, 좌우 투쟁의 현실이 그로 하여금 현실과 일상을 젖혀 두고 자기 저서에 몰두한다는 것이 사람으로 행할 수 있는 최선의 길이요 지성을 다하는 길인가 역시 고민했을 것이다. 그밖에 병약하셨고 현실적 준비도 되어 있지 않아 "강좌나 맡고 좌담형식으로 술회를 풀고 술을 마시고 한 세월 보낸 것이 아닌가" 하는 추측을 한다고 김동리 선생님은 늘 말씀하셨습니다.[32]

30년이 넘도록 지속된 독립운동 활동은 두 번의 투옥 및 빈번한 감시로 도피생활을 하게 했으니, 김정설이 정착하여 학문에만 매진할 수 있는 상황이 마련되지 못했던 것이다. 해방 이후에도 전쟁·독재 등의 혼란한 상황이 계속 이어졌으며, 결국 이러한 악조건은 김정설이 자신의 사상을 정리하고 책으로 출판하는 것을 힘들게 했다.

다음으로 김정설이 주장한 '국민윤리國民倫理' 및 '화랑정신花郎情神'의 키워드가 당시의 정치적 용도로 왜곡되어 사용되었던 것도 하나의 이유로 지목할 수 있다. 제3장에서 살펴보았듯이 이 두 용어는

32) 秦敎勳, 「凡父 金鼎卨의 생애와 사상」, 『범부 김정설 연구』, 38~39쪽.

당시에 널리 쓰이던 개념어였다. 1950년대는 근대적 학문이 들어오고, 다양한 개념이 다양한 방식으로 해석되던 시기였다. 김정설의 '국민윤리'와 '화랑정신' 역시 김정설만의 고유한 용어는 아니었고 다양한 사람들에 의해 주장되었으며 각기 다른 방식으로 해석되고 받아들여져 왔다.

'국민윤리'와 '화랑정신'은 특히 국민에 대한 국가의 우월을 이야기하는 데 초점이 맞춰졌고, 유신정권에서는 정책적으로 차용하여 사용되었다. '반공反共'·'충忠' 등으로 대표되는 '국민윤리'가 주류로 자리 잡게 된 것이다. 이러한 사상은 이선근,[33)] 박종홍[34)] 등의 사상가에 의해 정치적으로 윤색되었다.

이러한 상황에서 김정설의 '국민윤리'는 필요에 따라 사용되고 편집되어 왔다.[35)] 김정설의 '국민윤리론國民倫理論'은 하나의 소스가

---

33) 이선근은 신채호가 구축한 花郎道를 '순국무사'라는 명칭으로 재탄생시켰다. 이에 대한 자세한 내용은 김태식의 저서 『花郎세기, 또 하나의 신라』를 참고 바란다. 김태식은 신채호가 구축한 花郎道가 해방 직후 근대 국민국가 구축단계에 접어들면서 다시 재발견된다고 하며 이러한 작업을 앞장서 주창한 이가 이선근이라고 지적한다. 그리고 이선근이 나라를 위하고 공산주의 박멸을 위해 기꺼이 총칼을 들고 전장으로 돌진할 '국민'의 이상형을 역시 신라 花郎과 그 정신에서 찾았다고 비판한다.(김태식, 『花郎세기 또 하나의 신라』, 김영사, 2002, 22쪽 참조)

34) 박종홍은 '國民倫理'라는 주제로 1970년대 이후 꾸준히 책을 발간하였다. 박노자는 이러한 박종홍의 작업을 "'박정희를 위해 '國民教育憲章'과 같은 파시즘의 선언문을 기초해 주는 일"이라고 비판했다.(박노자, 「거세된 학문, 인문학의 위기」, 『한겨레』, 2006년 1월 16일, 원문은 http://www.hani.co.kr/kisa/section-008003000/2006/01/008003000200601161810104.html[검색일: 2010.3.15] 참조)

될 수 있을지는 몰라도 당시의 정권이 요구하는 사상과 대치되는 내용 역시 포함되어 있었기 때문[36]에 주류 텍스트로 사용되거나 인용되지 못했다.[37] 그리고 1970년대 유신정권이 본격화되면서부터 정교하게 짜인 윤리 교과서가 모든 '국민윤리'를 대표하였고 자연스레 비주류의 '국민윤리' 관련 사상은 묻히게 되었던 것으로 생각된다.

군사독재가 끝나고 나서 문제는 더욱 심각해진다. 유신정권을 뒷받침해 왔던 '국민윤리'·'화랑' 등의 개념이 모두 군사독재정권과 동일시 취급되어 부정되었기 때문이다.[38] 이러한 인식은 문교부의 국민윤리 교육의 현황분석 및 문제점에 대한 조사[39]의 결과를 참고

---

35) 본 서 제5장 참조.

36) 독재 비판, 調和 강조, 군사적 의미만 강조하는 것에 대한 견제 등이 그것이다. 자세한 내용은 김정설의 「國民倫理特講」을 참조.

37) 당시의 國民倫理 관련 서적을 살펴보면 김정설의 「國民倫理特講」과 '유사한' 내용은 발견되지만 직접적으로 인용하거나 언급한 부분은 찾아볼 수 없다.(본 서 제5장 4절 2) 참조)

38) '花郎道'를 순국무사로 인식시켜 온 논리에 대한 비판과 잘못된 花郎 인식을 바로잡아야 한다는 주장이 최근 연구물들을 통해 제기되고 있다. 이종욱은 『신라의 역사』(김영사, 2002)에서 "지금까지 한국 학회는 주로 순국무사로서 花郎道를 강조하여 국민을 만드는 데 이용하였다. 그 결과 花郎道에 대한 많은 사실들이 은폐되었다"라고 하며 왜곡된 花郎道의 본질과 긍정적인 면을 재검토하려 시도했다.(이종욱, 『신라의 역사』, 김영사, 2002, 49쪽)

39) 崔學有, 「國民倫理教育의 問題點 再考」, 『한국시민윤리학회보』 vol.2(한국시민윤리학회, 1989), 98쪽에는 두 가지 상반된 조사를 제시하였는데, 하나가 부정적인 결과고 또 하나가 그에 대한 반증으로서 긍정적인 결과를 제시하였다. 이 논문은 역사적인 이유로 외면당한 '國民倫理'의 부정적인 측면 극복을 위한 다양한 의견을 제시하고 있다.

할 수 있는데, 1987년 당시의 학생 대부분이 국민윤리 교과에 대하여 전반적으로 부정적인 시각을 지니고 있음을 알 수 있다. 게다가 '국민윤리'라는 명칭에서 풍기는 정치적 의미의 청산을 위하여 다른 이름으로 바꾸자는 주장이 제기되기도 했다.[40)]

1986년에 발간된 두 책 중에서 유독 『풍류정신』만이 신문에 소개되었던 것[41)] 역시 이러한 시대적 분위기와 연관이 있었을 것으로 생각된다. 이렇게 시대적 분위기가 '국민윤리'를 부정적으로 인식하고 꺼림으로써 김정설의 '국민윤리론' 역시 제대로 된 평가를 받지 못하고 사라져간 것이다.

3. 국민윤리론의 재조명

이상에서 살펴본 바와 같이 김정설 사상의 단절은 한 사상가의 비극이기도 하지만 우리 사회가 낳은 비극이기도 하다. 일제강점기를 거쳐 새로운 국가를 만들고 정착하기까지 혼란했던 우리 사회는 많은 시행착오를 거치게 되고, 이 과정 속에서 김정설이 그랬던 것처럼 삭제되고 잊혔던 주목할 만한 사상가들이 존재하고 있음은 안

40) 崔學有, 「國民倫理教育의 問題點 再考」, 『한국시민윤리학회보』 vol.2(한국시민윤리학회, 1989), 102~104쪽 참조.

41) 제5장 각주 7) 참조.

타까운 일이 아닐 수 없다.

'국민윤리國民倫理' 담론은 1950년 전쟁으로 혼란해진 나라를 바로잡고, 민주주의가 제대로 정착된 나라를 건설하기 위해 시작돼 수많은 굴곡을 거치며 지속되어 왔다. 그러나 제1공화국 시절에는 '도의교육道義敎育'이란 이름으로, 유신정권시대에는 「국민교육헌장國民敎育憲章」으로 대표되면서 본질적인 의미는 배제된 채 정치적인 용도로 윤색되었다. 정치적 행보로 인해 얻은 부정적 이미지를 극복하는 데에도 역시 많은 시간이 필요했다.[42]

민주주의가 확대되고 지난 독재의 역사를 극복하는 과정에서 왜곡되었던 많은 것들에 대한 재검토가 시도되었다. '화랑花郞', '효孝', '국민윤리' 등의 개념 역시 예외는 아니었다. 순국무사로 왜곡·포장된 '화랑'에 대한 재평가와 다양한 해석이 시도되었으며[43] '국민윤리'와 그 핵심으로서의 '효'는 현대 사회의 문제를 해결하는 핵심키워드로 다시 주목받고 있다.

지난 1994년 박한상 군 사건이 발생했을 때 김수환 추기경, 한경

---

42) 崔學有, 「國民倫理敎育의 問題點 再考」, 『한국시민윤리학회보』 vol.2(한국시민윤리학회, 1989), 104쪽.
"일부나마 굴절된 國民倫理에 대한 오해를 불식시키도록 노력하여야 할 것이다"라는 언급을 참고할 수 있다. 1990년대에까지도 왜곡된 국민윤리에 대한 인상은 쉽사리 사라지지 않았던 것을 확인할 수 있다.

43) 제6장 각주 38) 참조.

직 목사, 조계종 종정 월하 스님, 이강훈 전 광복회장 등 사회 각계 원로 50여 명은 '효孝세계화운동본부'를 발족시켜 도덕성 회복운동을 펼쳐 나가기로 했다. 이들은 모두 반인륜적 범죄가 극성을 부리고 있는 원인이 우리의 전통적인 효사상이 실종된데다 물질 만능주의가 팽배한 데 있다는 점에 인식을 같이하고, 윤리의식을 회복하자는 데 초점을 맞추고 있다.[44]

본래 인류의 소중한 가치를 가르치는 기회로 활용되었어야 하는 국민윤리 교육이 전체주의적인 국가이념을 전파하고 획일화된 사상을 심는 데 주안점을 두었기[45] 때문에 오히려 진정한 의미의 '국민윤리 교육'은 제대로 시행되지 않았다고 할 수 있다. 급격히 변하던 한국 근현대사에 제대로 된 국민윤리가 아직 정착되지 못한 것은 이와 같았던 한국의 역사적 특수성 때문일 것이다. 처음부터 왜곡된 논리에서 출발하였기 때문에 아무리 좋은 말과 이론으로 포장한다 하더라도 그것이 국민들에게 내면화될 수 없었던 것이다.

사실 김정설이 「국민윤리특강國民倫理特講」에서 지적했던 문제들은 현재까지 계속되고 있다. 어떠한 표준 없이 밀려 들어오는 외래사상을 받아내야 했던 우리 민족은 그 성격이 분산되고 조화되지 못한 상태가 지속된 것이다.[46] 김지하의 다음과 같은 지적을 통해 김

44) 김동춘, 『근대의 그늘』(당대, 2000), 25쪽.

45) 현승윤, 『보수·진보의 논쟁을 넘어서』(삼성경제연구소, 2005), 19쪽.

정설이 우려했던 상황이 어떤 것이었는지 짐작해 볼 수 있다.

> 우리 현실이 상당히 불안하고 특히 경제가 안 좋은 건 사실입니다. 게다가 우리에게는 분단이라는 특수상황이 있습니다. 분단되면서부터 시작된 것이지만 개발독재와 IMF체제 등 여러 문제를 제대로 청산하지 못한 것이 얽히고설켜서 우리 사회는 지금 집단적 정신분열 상태에 놓여 있습니다. 남과 북, 진보와 보수, 영남과 호남, 상류층과 서민층, 노인과 청년 등의 모든 대립이 극으로 치닫고 있는데 이것이 바로 정신분열의 시작입니다.……
>
> 생명의 원리에 입각해 민족의 집단적 정신분열을 치료하려면 통합의 메시지밖에 없습니다. 이것이 동학의 창시자 최제우가 말했던 제3방향이며 동학사상가 김범부가 말한 제3휴머니즘이며 좌우합작을 시도했던 1920년대 신간회의 강령이기도 했습니다. 역사에서 모두 실패로 끝났지만 지금 다시 시도해야 합니다.[47]

김지하는 또한 김정설을 "신라 예찬론자"라고 하면서도 "삼국정립시대의 신라를 예찬하는 것이 아니"라고 평가했다.[48] 그 속에

---

46) 김정설, 「國民倫理特講」, 189~191쪽 참조.

47) 김지하, 「한국은 집단적 정신분열……통합의 국론 절실」, 『경향신문』, 2006년 11월 12일, http://news.khan.co.kr/kh_news/khan_art_view.html?artid=200611121805081&code=210000(검색일: 2010.4.22) 참조.

48) 김지하, 『사이버 시대와 시의 운명』(북하우스, 2003), 131쪽 참조.

담겨진 핵심은 우리 민족이 가진 "감수성",[49] 김정설의 용어로 바꿔 말하면 '에토스'가 된다. 김정설의 「국민윤리특강」은 어떠한 '윤리강령倫理綱領'을 전달해 주기 위한 텍스트가 아니라 우리가 자각하고 찾아야 할 '에토스'를 천명闡明해 줌으로써 이를 바탕으로 한 '윤리'를 우리 국민 스스로가 만들어 가기를 희망한 강의였던 것이다.

국민윤리의 명칭이나 조목은 시대와 상황에 따라 변할 수 있지만, 그 기저를 이루는 근본은 어떤 '사상'도 '목적'도 아닌 국민윤리 대상자들의 '에토스'가 바탕이 되어야 함을 김정설은 역설한 것이다. 우리가 우리의 에토스를 바로 알고, 또 이것이 어떻게 변질되는지를 안다면 어떠한 윤리나 사상을 받아들일 때도 우리 민족만의 '반응'을 예상해 볼 수 있을 것이다. 그리고 김정설이 주장한 '조화調和'의 에토스를 잘 살린다면 그 옛날 신라가 '유儒·불佛·도道'를 받아들일 때처럼 우리에게 걸맞은 국민윤리를 성립할 수 있을 것이다.

49) 김지하, 『사이버 시대와 시의 운명』(북하우스, 2003), 131쪽.

제7장

결론

이 책에서는 김정설의 '국민윤리론國民倫理論'을 중심으로 한국에서 1950~1960년대 국민윤리가 성립해 가는 과정을 살펴보고 이러한 시대적 배경 하에 김정설이 행한 「국민윤리특강國民倫理特講」은 어떤 의미를 지니고 있는지에 대해서 검토해 보았다. 그리고 다양한 개념이 혼재하던 당시에 김정설이 의미하던 '국민윤리'는 어떤 것인지 그 윤곽을 파악해 보았다. 나아가 김정설의 '국민윤리론'이 그의 저작 속에서는 어떻게 확대되며, 혼란했던 당시의 시대 속에서 어떻게 변용되어 왔는지를 검토해 봄으로써 '국민윤리'가 한국에서는 어떻게 변질되었는지를 「국민교육헌장國民教育憲章」과의 비교를 통해 살펴보았다. '국민윤리'가 정치적 변질로 인해 그 용어 자체에서부터 부정적 이미지를 떠안게 되면서, 김정설의 '국민윤리론' 역시 제대로 된 평가를 받지 못한 채 묻혀 왔음을 알 수 있었다.

본론에서 논의한 부분에 대한 결과를 요약하면 다음과 같다.

제2장에서는 김정설의 생애를 기존의 연도순이 아닌 특징별로 재분류해 다섯 가지 면모로 정리해 보았다. 김정설이 평생에 걸쳐서 '선지자'·'독립운동가'·'애국지사'·'현실참여'·'교육자'·'전통적 멋의 소유자'라는 다양한 면모를 지니고 있음을 확인할 수 있었다.

그 중에서도 특히 두드러진 면모는 '현실참여'·'교육자'·'전통적 멋의 소유자'이다. 김정설은 평생에 걸쳐서 화랑도花郎道 정신을 실천하려고 노력했으며, 이러한 정신을 전달하기 위해 수많은 단기 강의와 대학 강의를 계속하였다. 그리고 말년에 가서는 해방 후의 혼란한 사회를 바로잡고 건실한 국가를 건설하기 위해 현실참여자적 면모를 보이며 국민운동을 주창하였다. 이러한 김정설의 삶이 지니는 다양한 면모를 통해 이것들이 따로 떨어져 있는 것이 아니라 유기적인 관계를 가지고 있음을 확인할 수 있었다. 즉 김정설은 '화랑', '풍류정신'이라는 기본 위에 자신의 삶에서부터 교육, 현실참여에 이르기까지 민족의 나아갈 길을 모색하고 몸소 실천했던 것이다.

제3장에서는 김정설이 국민윤리의 기본으로 제시했던 '효孝' 사상의 전통적 의미를 살펴보고 1950년대의 '도의교육道義敎育'에서 이 '효孝'가 어떻게 변용되었는지를 검토해 보았다. 그리고 일제의 '도의道義'를 답습했던 당시의 도덕(윤리)교육이 정책적으로 확산되던 1950년에 김정설이 행한 「국민윤리특강」이 어떠한 의미를 지니는지를 사회적 맥락 속에서 살펴보았다.

김정설이 「국민윤리특강」을 강연한 1950년대는, 이미 '도의교육'이라는 이름을 건 도덕(윤리)교육이 정부 주도로 시행되고 있었다. 그러나 이 시기에 진행되던 '도의교육'은 우리 현실에 알맞은 목표와 표준을 제시하지 못했을 뿐만 아니라 내용과 방법론적인 측면에서 일본의 '도의'를 그대로 가져와 그 위에 서구의 형태를 입힌 것에 불과했다. 물론 이러한 '도의교육'이 우리 국민들에게 내면화될 수 있을 리가 없었다. '우리의 에토스에 맞는 것을 찾자'는 김정설의 주장은 이러한 시대적 분위기 속에서 이해할 수 있었다.

김정설은 '국민윤리론'의 근거를 전통적 에토스인 '효孝'에서 찾았다. 그가 말한 '효'는 '지정至情'을 대표하는 것으로 이를 통해 개별애個別愛, 차별애差別愛 및 국가주의를 넘어선 보편주의普遍主義를 이야기한다. 그리고 김정설의 사상은 전통적인 애경愛敬의 정신인 효孝를 확대, 발전하는 형태로 충忠을 구축하는 틀을 갖는다. 이 효孝-충忠을 모두 담는 것은 신라의 화랑정신花郎精神이었고 효孝와 충忠을 포함하는 화랑정신은 김정설에게서 국민대단결을 위한 주요 이론으로 역할 하였다. 그의 '국민윤리론'의 가장 바닥을 자리 잡고 있었던 '효孝'는 이승만 독재에 항거하며, 국민대단결을 이끌어 내기 위한 김정설의 고뇌이기도 하였다.

제4장에서는 「국민윤리특강」의 텍스트를 분석하여 김정설의 '국민윤리론'을 이루고 있는 핵심 사상에 대해서 살펴보고 그 특징을 정리해 보았다.

김정설의 '국민윤리론'은 우리 국민의 윤리적 자각을 요청하면서 전통 속에서 세계사회로 나아갈 길을 모색한 우리 민족의 정신적 길잡이였다. 김정설이 국민윤리를 주장한 까닭은 우리의 전통적인 풍류정신을 적극적으로 평가하여 혼란한 우리 사회에서 이를 실천하려고 했기 때문이다. 그 과정에서 우리 민족의 윤리적 표준(에토스)인 '효孝'를 가져와 국민윤리 자각의 발판으로 삼고자 하였던 것이다.

김정설은 헤겔류의 정반합적正反合的 발전원칙을 비판하고 그의 보완으로 '발전의 법칙'과 '완료의 원칙'을 제시했다. 이러한 국가관을 바탕으로 신생국가인 대한민국이 올바로 완성되고 안정되기 위해서는 이에 알맞은 국민윤리가 있어야 함을 주장했다. 그리고 그 기저를 이루는 것이 바로 '풍류도風流道 정신'이라 하였다. 우리의 혈맥 속에 흐르는 이 정신은 무엇보다 '조화調和'를 사랑하고, 이 '대조화의 정신'의 실천적 원리로서 '효孝'를 제시하였다. 이 '효'가 보편애普遍愛로 확대됨으로써 국민화합國民和合이 이루어지고 나아가 세계사회에 기여할 수 있다고 생각한 것이다.

그런데 김정설의 국민윤리는 박정희 군사정부의 「국민교육헌장」과 연루되어 독재정권을 옹호하는 이론적 배경을 제공했다는 오해를 받게 된다. 김정설이 주장한 국민윤리는 이승만 독재에 항거하며, 국민대단결을 이끌어 내기 위한 고뇌이었으나 그 본래 의도와 관계없이 초심에서 벗어난 독재정부를 이론적으로 정당화하는 근거로서 활용된 것이었다. 「국민교육헌장」이 그 초안에서 6차례의 수정을 거치며 어떻게 변모했는지를 살펴봄으로써 김정설의 국민윤리가 어떻게 왜곡되었는지를 확인할 수 있었다.

제5장에서는 김정설의 『정치철학특강政治哲學特講』 속에서 나타난 그의 '국민윤리론'을 살펴보고 이의 확대로 나타난 김정설의 '국민운동國民運動'은 어떤 것인지 텍스트를 중심으로 검토해 보았다. 그리고 김정설의 '국민윤리' 및 '국민운동'에 관한 사상이 1970년대 유신시대에 정책적으로 실시되었던 '새마을운동'에 어떤 영향을 끼쳤으며 그 차이점은 무엇인지를 당시에 출판되거나 발표된 사료를 중심으로 살펴보았다.

김정설은 1950~1960년대 당시를 '막다른 현실'이라고 인식했으며 이 위기를 돌파하기 위해서는 '한 개의 자각운동' 즉 '국민운동'이 있어야 한다고 보았다. 이와 같은 김정설의 논의는 1950년대 초반에 행해진 「국민윤리특강」의 연장선상이라고 할 수 있다. 김정설은 '국민윤리'를 정신적인 측면의 건국이념으로, '국민운동'을 실천적인 측면의 건국이념으로 제시한 것이다. 더불어 '국민운동'은 우리 고유의 에토스인 '풍류도風流道'에 기반을 두어야 한다고 주장했다.

그러나 1960년대 후반으로 들어서면서부터 국가에 대한 위기의식은 널리 퍼지게 되고 〈재건국민운동기구〉가 국가주도로 발족하는 등의 상황에서 김정설의 사상이 박정희 정권의 '국민윤리' 및 '새마을운동'에 상당 부분 수렴되어 있음을 확인할 수 있었다. '재건국민운동' 및 1970년대의 '새마을운동'의 이론서에 김정설의 주장과 유사한 대목이 발견됨으로써 김정설의 사상이 한편으로는 정치적으로 오해되어 이해되기도 했다. 그러나 당시 김정설이 주장했던 '화랑花郎'과 '효孝' 개념은 유신정권의 그것과 구분해야 할 필요가 있다. 총체적으로 화랑도花郎道를 이해했던 김정설과는 달리 유신정권의 '화랑'·'효孝' 개념은 그 일부분만을 확대·왜곡하였다. 유신정권의 의도 아래 당시의 많은 학자들의 이론이 자의적·타의적으로 수용되었던 것이다.

제6장에서는 우리 역사 속에서 '국민윤리'가 부정되고 극복되어야 할 대상이 된 까닭을 범부의 에토스 개념을 중심으로 파악해 보

았다. 그리고 이와 관련하여 김정설의 사상이 단절된 원인을 살펴보았다. 일제강점기를 거치면서 우리의 에토스는 변질·손상되었고 국민의 자각 없는 '국민윤리'의 정책적 추구는 그 자체로 한계를 드러내 국민의 에토스에 융합하지 못한 채 충돌하였다. 김정설의 입장에서 보면 이렇게 '변질된 국민윤리'는 아무리 이론적 근거가 충분하더라도 우리나라에서 제대로 실현될 수 없음이 당연했고 의도하지 않은 부정적 결과를 산출하게 된다는 것이었다. 결국 국민들은 '국민윤리' 및 전통적 가치들에 대해 전면적으로 부정하게 되고 김정설의 사상 역시 제대로 된 평가를 받지 못한 채 외면당해 왔다. 이는 저작의 부족과 정통 학맥의 부재라는 개인적인 문제와 더불어 김정설 사상의 단절이라는 결과를 낳게 되었다.

특히 김정설의 '국민윤리론'의 연장선상에 있는 황산덕의 논문 「어디다 국민윤리를 세울 것인가」에서는 풍류사상에 기반을 둔 김정설 '국민윤리론'의 기존 입장을 충실히 따르면서도 김정설이 미처 설명하지 못했던 한국 전통정신에서 풍류사상 또는 화랑정신의 맥이 단절된 이유를 '시비분별심是非分別心'·'도피逃避·둔세遁世'·'이기적 주술신앙呪術信仰'의 세 가지 변질된 에토스와 관련해서 설명하였다. 이러한 변질된 에토스는 '국민윤리' 성립에도 영향을 미쳐 국민윤리가 당시의 특수한 정치적 현실과 맞물려 '도의교육'이나 유신정권의 「국민교육헌장」 등으로 왜곡되어 갔음을 검토해 보았다.

김정설의 사상이 단절된 이유는 크게 두 가지로 이야기할 수 있다. 개인적인 요인과 사회적인 요인이 그것이다. 본 서에서는 개인적인 요인으로는 첫째, 남아 있는 저작이 부족하다는 점, 둘째, 김정설 사상의 핵심이라 할 수 있는 국민윤리를 김정설 사후에 이어줄 후학이 없었다는 점 등을 지적하였다. 사회적인 요인으로는 첫째, 혼란했던 시대상황에서 저술에 집중하거나 출판할 만한 여건이 마련되지 못했다는 점, 둘째, '화랑'·'효'·'국민윤리' 등의 개념이 역사적인 원인으로 외면받았다는 점을 들 수 있다.

김정설의 '국민윤리론'은 개인적인 여건과 시대적인 여건의 제약으로 제대로 알려지지 못했으며, 이에 관한 연구도 부족했다. 그러나 다행히 그의 강연이 '국민윤리특강國民倫理特講'이란 제목으로 『화랑외사花郎外史』에 실림으로써 그의 사상 일면을 확인할 수 있는 발판이 마련되었다. '국민윤리'라는 개념은 해방 이후 많은 학자들로부터 끊임없이 회자되었던 것이지만 그 자체에 대한 연구보다는 정치적 목적을 위한 것이 많았다.

그러나 김정설의 '국민윤리론'은 실천 강령이나 선도를 위한 것이 아니었다. 김정설은 '우리가 어떠한 상황에 처해 있는지, 우리가 가진 에토스는 무엇인지, 우리에게 맞는 윤리는 어디서 찾아야 하는지'에 대한 질문을 「국민윤리특강」이라는 강연을 통해 던져주었던 것이다. 비록 구체적인 윤리 이념이나 사상은 시대상황에 따라 변할 수 있다 하더라도, 김정설이 「국민윤리특강」에서 제시한 '물음'과 '고민'은 현대를 사는 우리에게도 여전히 유효하다 할 수 있다.

이 책에서는 「국민윤리특강」과 『정치철학특강』이라는 두 텍스트를 중심으로 한정된 시대상황 안에서 김정설의 '국민윤리론'을 살펴보았다. 앞으로는 김정설의 사상 전반에 대한 연구를 확대해 나가고 각 저술 및 강연을 체계화하여 보다 넓은 관점에서 김정설의 '국민윤리론'를 이해해야 할 것이다.

김정설이 '국민윤리론'에서 논의하고자 했던 '어쩌래야 어쩔 수 없는 심정'(=惻怛한 心情), 부모자식간의 무조건적인 지극한 정情 즉 '지정至情'으로서의 '효孝'를 전통적 에토스로서 발굴해 내고자 했던 것은 해방 이후 국가 재건에 이르는 격변기 한국의 윤리 정립을 위한 것이었다. 그는 신생국가인 한국이 제일 먼저 고민해야 할 사항이 '국민윤리'라 보고, 이것이 외래 사상·문물 수용의 바탕이 된다고 생각했던 것이다. 한국 근대화의 과정에 서 있었던 한 지식인으로서 한국의 장래를 생각하고 나아가 방향을 제시하고 싶었던 김정설의 '국민윤리론'은 그의 절실하고도 실제적인 고민에서 나온 것이었다. 지금 만일 우리가 '우리 한국 국민의 윤리'를 다시 이야기하고자 한다면, 김정설의 '국민윤리론'이 현재의 우리에게도 여전히 유효한 시사점을 던져주고 있다는 점에서 그가 시도했던 '국민윤리론'에 다시 귀를 기울일 필요가 있다.

참고문헌

1. 김정설 저작물

『화랑의 얼』, 재건국민문고 보급회 중앙회, 1970.

『화랑외사(삼판)』, 대구: 이문사, 1981.

『政治哲學特講－凡父遺稿』, 大邱: 以文出版社, 1986.

『풍류정신』, 서울: 정음사, 1986.

『風流精神』, 경산: 영남대학교 출판부, 2009.

「風流精神과 신라文化－風流道論緖言」, 『韓國思想』 3, 韓國思想講座編輯委員會 編, 1960.

「邦人의 國家觀과 花郞精神」, 『最高會議報』 2, 國家再建最高會議, 1961.

「特輯・國民的 自覺의 振作을 爲하여－各國 國民運動의 諸例」, 『自由文化』, 自由文化센터, 1963.

「우리는 經世家를 待望한다」, 『政經硏究』 1, 政經硏究所, 1965.

「國民倫理特講」, 『現代와 宗敎』 창간호, 現代宗敎問題硏究所, 1977.

「國民倫理特講」, 『韓國國民倫理硏究』 7권, 國民倫理敎育硏究會, 1978.

「國民倫理特講」, 『花郞外史』, 이문출판사, 1981.

좌담회, 「우리 民族의 長短－「自我批判」을 爲한 縱橫談」, 『朝鮮日報』, 1961년 8월 27일, 2면.

2. 김정설 사상관련 저작물

崔致遠, 『鸞郞碑序文』.

「最高會議報」(창간호～4호) 합본 1, 國家再建最高會議, 1961～1962.

· 논문류

李順鐘, 「道義教育의 現在와將來」, 『地方行政』 vol.3 no.7, 대한지방행정협회, 1954.

강해수, 「'道義의 제국'과 식민지조선의 내셔널 아이덴티티」, 『韓國文化』 vol.41, 서울대학교 규장각 한국학연구원, 2008.

권혁범, 「民族指導理念의 摸索」, 『靑脈』 2권 4호, 청맥사, 1965.

金銅柱, 「내가 모신 凡父선생」, 『茶心』 창간호, 1993년, p. 75;

金永敦, 「道義教育의 現況과 文教政策」, 『基督教 思想』 vol.2 no.6, 대한기독교회, 1958.

김동리, 「「등신불」에 대한 작가의 변」, 『조선일보』, 1981년 2월 1일, 5면.

______, 「伯氏를 말함」, 『風流精神』, 정음사, 1986.

김범묵, 「교과서가 만든 '한국인'—도덕 윤리 교과서의 국가주의」, 『당대비평』 16, 생각의나무, 2001.

김용구, 「凡父 김정설과 동방 르네상스」, 『한국사상과 시사』, 불교춘추사, 2002.

김인재, 「민족주의와 민주주의」, 『漢陽』, 1965년 3월호, 한양사, 1965.

김정근, 「金凡父를 찾아서」, 『凡父 金鼎卨 硏究』, 경산: 대구프린팅, 2009.

김정숙, 「제1장 가계, 4. 형제들—凡父, 영봉」, 『김동리의 삶과 문학』, 서울: 집문당, 1996.

김주현, 「김동리 문학사상의 연원으로서의 화랑」, 『語文學』 77호, 한국어문학회, 2002.

______, 「김동리의 사상적 계보 연구」, 『語文學』 79호, 한국어문학회, 2003.

김춘준, 「풍류도의 이념과 문학에의 수용 양상」, 『한민족문화연구』, 창간호, 한민족문화학회, 1996.

______, 「화랑도와 風流精神」, 『한국문학연구』 第18輯, 동국대학교 한국문학연구소, 1996.

朴長鎬, 「國民倫理敎育의 本領과 轉換期的 課題」, 『한국시민윤리학회보』 vol.2, 한국시민윤리학회, 1989.

朴正熙, 「남의 옷 그대로 입자는 무지」, 『박정희 대통령 선집』 3, 1969.

새마을硏究會 편, 「새마을運動의 史的背景」, 『새마을運動10年史』, 1980.

서정주, 「신라의 祭主 가시나니」, 『화랑외사(재판)』, 서울: 삼화인쇄주식회사, 1967.

성해준, 「일본인들의 조선 인식－근세 유학자들의 퇴계관을 중심으로」, 『일본어문학』 vol.20, 일본어문학회, 2003

세키네 히데유키, 「日本의 道德敎育」, 『도덕윤리과교육연구』 no.6, 한국도덕윤리과교육학회, 1995.

신주백, 「國民敎育憲章 이념의 구현과 국사 및 도덕과 교육과정의 개편, 1968～1994」, 『역사문제연구』 제15호, 2005.

영남대학교 신문방송사, 「영남학과 영남대학」, 『영남대학교 개교 60주년 기념호』, 영남대학교 출판부, 2007.

吳宗植, 「잊을 수 없는 사람－뒷전에서 감싸는 金凡父 형」, 『신동아』 12, 동아일보사, 1972.

우기정, 「凡父 金鼎卨의 '國民倫理論' 構想 속의 '孝'」, 『동북아문화연구』 제19집, 동북아시아 문화학회, 2009.6.

윤해동, 「'국체'와 '국민'의 거리－탈식민시기의 식민주의」, 『역사문제연구』 no.15, 역사문제연구소, 2005.
이동철, 「동아시아의 종교전통과 한국의 주체적 기독교 수용」, 『인문사회논총』 12, 용인대학교 인문사회과학연구소, 2005
이상구, 「政治體系에 있어서 國民倫理의 機能」, 『國民倫理硏究』 vol.22 no.1, 한국국민윤리학회, 1986.
이선근, 『花郞道硏究(再版)』, 1950.10.
李完栽, 「凡父先生과 東方思想」, 『凡父 金鼎卨 硏究』, 대구프린팅, 2009.
이유리, 「1950년대 '道義教育'의 형성과정과 성격」, 『韓國史硏究』 144, 한국사연구회, 2009.
李鍾厚, 「나의 求道의 길, 一.」, 『哲學會誌』, 영남대학교 철학회, 1973.10.
______, 「傳統思想의 繼承과 外來思想의 受容」, 『哲學會誌』 6, 嶺南大學校 哲學科 硏究室, 1979.
李恒寧, 「現代를 산 國仙－金凡父의 人間과 思想」, 『경향신문』, 1966년 12월 17일, 5면.
李孝祥, 「統一에의 길로 한걸음 더－李孝祥 共和黨議長서리」, 『경향신문』, 1975년 1월 1일, 3면.
정달현, 「凡父의 國民倫理論」, 『현대와 종교』 10집, 현대종교문제연구소, 1987.
______, 「한국 전통 사상의 현대적 구현: 凡父의 풍류도론」, 『우리시대의 정치사회사상』, 영남대출판부, 2003.
鄭泰唆, 「植民地朝鮮における「教育勅語」の普及論理」, 『日本語教育』 vol.17 no.1, 한국일본어교육학회 , 2000.
좌담회, 「國民教育憲章 草案 是非」, 『기독교 사상』 vol.12 no.9, 대한기독

교회, 1968.

朱甫暾, 「신라 화랑도, 花郎徒. 연구의 현황과 과제」, 『啓明史學』 8, 계명사학회, 1997.

中央選擧管理委員會 편, 『歷代國會議員選擧現況, 第1~11代.』, 서울: 中央選擧管理委員會, 1989.

진교훈, 「동방사상의 중흥조 '凡父 김정설'」, 『대중불교』 제113호, 대원사, 1992.4.

______, 「凡父 金鼎卨의 생애와 사상」, 『철학과 현실』 64호, 철학문화연구소, 2005.봄.

______, 「凡父 金鼎卨의 생애와 사상」, 『凡父 金鼎卨 연구』, 경산: 대구프린팅, 2009.

崔錫采 外, 「우리 民族의 長短-「自我批判」을 爲한 縱橫談」, 『朝鮮日報』, 1961.08.27.

최재목, 「韓國における「武の精神」・「武士道」の誕生」, 『東アジア「武士道の研究」国際シンポジャム』 발표집, 北京日本學硏究センタ, 2009.2.15.

______, 「凡父 金鼎卨 硏究를 위하여」, 최재목 외, 『凡父 金鼎卨硏究』, 경산: 대구 프린팅, 2009.

______, 「儒教에서 '老'의 의미와 기능」, 『儒敎思想硏究』 제33집, 한국유교학회, 2008.

______, 「이퇴계의 초상화에 대하여」, 『퇴계학논집』 제2호, 영남퇴계학연구원, 2008.06.

______, 「凡父 金鼎卨 硏究를 위하여-『凡父 金鼎卨 硏究』 刊行에 즈음하여」, 『凡父 金鼎卨 硏究』, 경산: 대구프린팅, 2009.

______, 「韓國における「武の精神」・「武士道」の誕生」, 『陽明學』 제22호, 한국양명학회, 2009.4.

최재목 外, 「「凡父文庫」를 통해서 본 凡父 金鼎卨의 東洋學 지식의 범주」, 『儒學研究』 제18집, 충남대학교 유학연구소, 2008.12.

______, 「凡父 金鼎卨 연구를 위한 예비적 고찰」, 『일본문화연구』 제24집, 동아시아일본학회, 2007.10.

최재목・정다운, 『凡父 金鼎卨 단편선』, 서울: 선인출판사, 2009.

______, 「「鷄林學塾」과 凡父 金鼎卨, 1.」, 『凡父 金鼎卨 研究』, 경산: 대구프린팅, 2009.

______, 「「鷄林學塾」과 凡父 金鼎卨, 1.－'設立期'를 중심으로」, 『동북아문화연구』 제16집, 동북아시아 문화학회, 2008.9.

______, 「凡父 金鼎卨의 『風流精神』에 대한 검토」, 『동북아문화연구』 제20집, 동북아시아문화학회, 2009.

______, 「범부 김정설의 『風流精神』에 대하여」, 『동북아 문화연구』 제20집, 동북아시아 문화학회, 2009.9.

崔在穆・李泰雨・鄭茶雲, 「凡父 金鼎卨 研究를 위한 예비적 고찰」, 『凡父 金鼎卨 研究』, 경산: 대구프린팅, 2009.

______, 「「凡父文庫」를 통해서 본 凡父 金鼎卨의 東洋學 지식의 범주」, 『儒學研究』 제18집, 충남대학교 유학연구소, 2008.12.

______, 「凡父 金鼎卨 연구를 위한 예비적 고찰」, 『일본문화연구』 제24집, 동아시아일본학회, 2007.10.

崔在穆・鄭茶雲・禹沂楨, 「凡父 金鼎卨의 日本 遊學・行蹟에 대한 檢討」, 『凡父 金鼎卨 研究』, 경산: 대구프린팅, 2009.

崔學有, 「國民倫理教育의 問題點 再考」, 『한국시민윤리학회보』 vol.2, 한국시민윤리학회, 1989.

홍윤기, 「國民教育憲章, 왜 그리고 어떻게 만들어졌나?」, 『내일을 여는 역사』 제18호, 내일을 여는 역사, 2004.겨울.

황경식, 「서양윤리학의 수용과 그 영향」, 『철학연구 50년』, 이화여대 한국문화연구원 편, 혜안, 2003.

황산덕, 「'事大的' 카리스마와 東洋의 再發見」, 『思想界』 67호, 사상계사, 1959.

_____, 「어디다 國民倫理를 세울 것인가」, 『國民倫理연구』 vol.2 no.1. 한국국민윤리학회, 1974.

· 단행본

吉見経倫, 『國民倫理學』, 大阪 : 文陽堂, 1983.

김철, 『국문학을 넘어서』, 국학자료원, 2000.

김동리, 『김동리 전집 8—나를 찾아서』, 서울: 민음사. 1997.

김동춘, 『근대의 그늘』, 당대, 2000.

김선택, 『과학연구윤리』, 당대, 2001.

김영민, 『한국 현대문학 비평사』, 소명출판, 2000.

김윤식, 『일제말기 한국인 학병세대의 체험적 글쓰기론』, 서울대학교출판부, 2007.

김지하, 『디지털 생태학: 소곤소곤 김지하의 세상이야기 인생이야기』 4, 서울: 이룸, 2009.

______, 『사이버 시대와 시의 운명』, 북하우스, 2003.

______, 『사이버 시대와 시의 운명』, 북하우스, 2003.

______, 『율려란 무엇인가』, 한문화, 1999.

김철은, 『국문학을 넘어서』, 국학자료원, 2000.

김태식, 『풍납토성, 500년 백제를 깨우다』, 김영사, 2001,

______, 『화랑세기 또 하나의 신라』, 김영사, 2002.

藤井健治郎, 『國民道德論』(訂正 5版), 東京: 北文館, 1922.

文榮漢, 『道義教育指針』, 서울: 정문사, 1958.

범부연구회, 『凡父 金鼎卨 硏究』, 경산: 대구프린팅, 2009.

石塚正英 , 『哲學・思想飜譯語事典』, 論創社, 2004.

손인수, 『한국 교육 운동사』, 문음사, 1994.

______, 『한국인의 가치관』, 서울: 문음사, 1984.

송건호, 『송건호 전집 5－한국현대사의 빛과 그늘』, 한길사, 2002.

深作安文, 『國民道德綱要』(15版), 東京: 弘道館, 1942.

沈泰鎭・權相瀓, 『道義教育의 理論과 實踐』, 서울: 民教社, 1954.

櫻井賢三, 『國民道德と現代思想』, 東京: 東京寶, 1924.

李樂毅, 『漢字演變』, 北京: 北京語言大學出版社, 2006.

李瑄根, 『花郎道와三國統一』, 서울: 세종대왕기념사업회, 1974.

______, 『花郎道硏究』, 서울: 東國文化史, 1949.

이종욱, 『신라의 역사』, 김영사, 2002.

이종익, 『東方思想論叢』, 동방사상논총간행위원회, 1975.

임혜봉, 『불교사 100장면』, 서울: 가람기획, 2001.

전진문, 『경주 최 부잣집 300년 부의 비밀』, 서울: 황금가지, 2005.

井上哲次郎『国民道徳』, 大阪 : 隆文館, 1911.
朝鮮總督府情報課編, 『新しき朝鮮』, 朝鮮行政學會, 1944,.
최수길, 『새마을運動의 理論과 哲學』, 大韓公論社, 1976.
최종근, 『경로사상과 노인문제』, 서울: 경원문화사, 1987.
최해진, 『경주 최부자 500년의 신화』, 서울: 뿌리깊은 나무, 2006.
한국철학사상연구회, 『철학대사전』, 동녘, 1992.
許殷, 『미국의 헤게모니와 한국 민족주의』, 서울: 창작마을, 2008.
현승윤, 『보수·진보의 논쟁을 넘어서』, 삼성경제연구소, 2005.
弘報調査研究所, 『새마을運動－그 理論과 展開』, 文化公報部, 1972.
황산덕, 『三玄學』, 서울: 서문당, 1978.
______, 『自畵像』, 서울: 신아출판사, 1966.

· 신문기사

기자미상, 「7·29總選擧立候補者名單」, 『동아일보』, 1960년 07월 03일, 5면.
기자미상, 「朴正熙議長 눈감고 기도」, 『동아일보』, 1962년 2월 10일, 1면.
기자미상, 「朴議長과面談－金凡夫·金八峯氏」, 『朝鮮日報』, 1963년 5월 3일, 1면.
기자미상, 「〈오월동지회〉 창립에 관한 기사」, 『동아일보』, 1963년 6월 13일, 1면.
기자미상, 「한국국민혁명의 과제와 전망」, 『동아일보』, 1963년 6월 13일, 1면.
黃山德, 「金凡父 先生의 靈前에－방대했던 東方學의 體系」, 『동아일보』,

1966년 12월 15일, 5면.
기자미상, 「「르네상스 韓國」 80年代 透視 難題안은 一次 文藝中興 五개년 計劃 主眼點」, 『동아일보』, 1973년 10월 20일, 5면.
每日經濟新聞 編輯部, 「朴正熙大統領의 指導理念과 그 行動哲學 ④ 精神革命과 社會正義」, 『每日經濟新聞』, 1976년 3월 24일, 12면.
每日經濟新聞 編輯部, 「朴正熙大統領의 指導理念과 그 行動哲學 ⑤ 近代化의 信仰」, 『每日經濟新聞』, 1976년 3월 24일, 13면.
기자미상, 「社說－開放體制의 優越은 結論났다」, 『경향신문』, 1976년 8월 16일, 3면.
경향신문 편집부, 「韓國人의 大行進 建國 30돌－5·16 17돌에 되돌아보는 成長의 발자취, 4. 文化」, 『경향신문』, 1978년 5월 13일, 3면.
기자미상, 「文壇裏面史 逸話로 엮어본 文人들의 作品과 生涯, 23. 慶州천재 金凡父」, 『경향신문』, 1983년 07월 09일, 7면.
기자미상, 「근세 한국인 중 '가장 명석했던' 철학자 범부 김정설의 사상 재조명」, 『조선일보』, 1986년 12월 19일, 7면.
기자미상, 「동양철학자 凡父思想 재조명」, 『경향신문』, 1986년 12월 20일 6면.
기자미상, 「凡父 金鼎卨遺稿 「풍류정신」」, 『동아일보』, 1986년 12월 24일, 8면.
기자미상, 「동양철학자 凡父思想 재조명」, 『경향신문』, 1986년 12월 20일, 6면.
기자미상, 「동양철학자 凡父思想 재조명」, 『경향신문』, 1986년 12월 20일, 6면.

기자미상, 「새 책-『풍류정신』(범부선생유고간행회 편)」, 『매일경제』, 1987년 02월 05일, 9면.
영남대학교출판부, 「60주년 기념 인터뷰-김지하 석좌교수」, 『영남대학교 개교 60주년 기념호』, 영남대학교출판부, 2007년 06월 12일.

· 인터넷 자료

동아방송 주간방송 중 "소선규 범국민당 발기선언", 동아방송DBS, 1963년 6월 13일.(http://dbs.donga.com/comm/view.php?r_id=04336&r_serial=01, 검색일: 2009.4.23)
박노자, 「거세된 학문, 인문학의 위기」, 『한겨레』, 2006년 1월 16일.(http://www.hani.co.kr/kisa/section-008003000/2006/01/00800300020060116 1810104.html, 검색일: 2010.3.15)
박병선, 「(역사 속의 인물) 마지막 조선총독 아베 노부유키」, 『매일신문』.(http://www.imaeil.com/sub_news/sub_news_view.php?news_id=50594&yy=2009, 검색일: 2010.5.24)
보도사진연감.(http://blog.daum.net/ironyi/16886934?srchid=BR1http%3A%2F%2Fblog.daum.net%2Fironyi%2F16886934, 검색일: 2009.4.1)
이완재, 「유헌 선생님 회고담」.(http://cafe.naver.com/daemek.cafe?iframe_url=/ArticleRead.nhn%3Farticleid=640, 검색일: 2009.12.11)

저자 소개

우기정禹沂楨

연세대학교 철학과를 졸업하고 영남대학교에서 문학박사(한국학 전공)를 받았다.

경산개발(주) 대구칸트리클럽 회장, 한국 스페셜올림픽위원회 회장, 사단법인 한국골프장경영협회 회장, 영남대학교 특수체육교육과 교수를 겸임하는 전문 경영인이기도 하다.

지난 2007년 '문화외교사절'로서의 공적을 인정받아 민간인에 주는 최고 훈장인 '무궁화장'을 수훈하였다.

저서로는 『행복한 대한민국을 위한 단상』(엑설런스 코리아, 2009)이 있고, 논문으로는 「한국에서의 국민윤리론 성립에 대한 연구—범부 김정설의 〈국민윤리론〉을 중심으로」(박사논문), 「범부 김정설의 일본 유학・행적에 대한 검토」(공저), 「범부 김정설의 '국민윤리론' 구상 속의 '효'」 등이 있다.

예문서원의 책들

원전총서

박세당의 노자(新註道德經) 박세당 지음, 김학목 옮김, 312쪽, 13,000원
율곡 이이의 노자(醇言) 이이 지음, 김학목 옮김, 152쪽, 8,000원
홍석주의 노자(訂老) 홍석주 지음, 김학목 옮김, 320쪽, 14,000원
북계자의(北溪字義) 陳淳 지음, 김충열 감수, 김영민 옮김, 295쪽, 12,000원
주자가례(朱子家禮) 朱熹 지음, 임민혁 옮김, 496쪽, 20,000원
서경잡기(西京雜記) 劉歆 지음, 葛洪 엮음, 김장환 옮김, 416쪽, 18,000원
고사전(高士傳) 皇甫謐 지음, 김장환 옮김, 368쪽, 16,000원
열선전(列仙傳) 劉向 지음, 김장환 옮김, 392쪽, 15,000원
열녀전(列女傳) 劉向 지음, 이숙인 옮김, 447쪽, 16,000원
선가귀감(禪家龜鑑) 청허휴정 지음, 박재양・배규범 옮김, 584쪽, 23,000원
공자성적도(孔子聖蹟圖) 김기주・황지원・이기훈 역주, 254쪽, 10,000원
공자세가・중니제자열전(孔子世家・仲尼弟子列傳) 司馬遷 지음, 김기주・황지원・이기훈 역주, 224쪽, 12,000원
천지서상지(天地瑞祥志) 김용천・최현화 역주, 384쪽, 20,000원
도덕지귀(道德指歸) 徐命庸 지음, 조민환・장원목・김경수 역주, 544쪽, 27,000원
참동고(參同攷) 徐命庸 지음, 이봉호 역주, 384쪽, 23,000원

성리총서

범주로 보는 주자학(朱子の哲學) 오하마 아키라 지음, 이형성 옮김, 546쪽, 17,000원
송명성리학(宋明理學) 陳來 지음, 안재호 옮김, 590쪽, 17,000원
주희의 철학(朱熹哲學硏究) 陳來 지음, 이종란 외 옮김, 544쪽, 22,000원
양명 철학(有無之境—王陽明哲學的精神) 陳來 지음, 전병욱 옮김, 752쪽, 30,000원
주자와 기 그리고 몸(朱子と氣と身體) 미우라 구니오 지음, 이승연 옮김, 416쪽, 20,000원
정명도의 철학(程明道思想硏究) 張德麟 지음, 박상리・이경남・정성희 옮김, 272쪽, 15,000원
주희의 자연철학 김영식 지음, 576쪽, 29,000원
송명유학사상사(宋明時代儒學思想の硏究) 구스모토 마사쓰구(楠本正繼) 지음, 김병화・이혜경 옮김, 602쪽, 30,000원
북송도학사(道學の形成) 쓰치다 겐지로(土田健次郎) 지음, 성현창 옮김, 640쪽, 3,2000원
성리학의 개념들(理學範疇系統) 蒙培元 지음, 홍원식・황지원・이기훈・이상호 옮김, 880쪽, 45,000원

불교(카르마)총서

학파로 보는 인도 사상 S. C. Chatterjee・D. M. Datta 지음, 김형준 옮김, 424쪽, 13,000원
불교와 유교 — 성리학, 유교의 옷을 입은 불교 아라키 겐고 지음, 심경호 옮김, 526쪽, 18,000원
유식무경, 유식 불교에서의 인식과 존재 한자경 지음, 208쪽, 7,000원
박성배 교수의 불교철학강의: 깨침과 깨달음 박성배 지음, 윤원철 옮김, 313쪽, 9,800원
불교 철학의 전개, 인도에서 한국까지 한자경 지음, 252쪽, 9,000원
인물로 보는 한국의 불교사상 한국불교원전연구회 지음, 388쪽, 20,000원
한국 비구니의 수행과 삶 전국비구니회 엮음, 400쪽, 18,000원
은정희 교수의 대승기신론 강의 은정희 지음, 184쪽, 10,000원
비구니와 한국 문학 이향순 지음, 320쪽, 16,000원
불교철학과 현대윤리의 만남 한자경 지음, 304쪽, 18,000원
현대예술 속의 불교 동국대학교 불교문화연구원 엮음, 296쪽, 18,000원
유식삼십송과 유식불교 김명우 지음, 280쪽, 17,000원
한국 비구니의 수행과 삶2 전국비구니회 엮음, 368쪽, 18,000원

노장총서

유학자들이 보는 노장 철학 조민환 지음, 407쪽, 12,000원
노자에서 데리다까지 — 도가 철학과 서양 철학의 만남 한국도가철학회 엮음, 440쪽, 15,000원
不二 사상으로 읽는 노자 — 서양철학자의 노자 읽기 이찬훈 지음, 304쪽, 12,000원
김항배 교수의 노자철학 이해 김항배 지음, 280쪽, 15,000원

역학총서

주역철학사(周易硏究史) 寥名春・康學偉・梁韋弦 지음, 심경호 옮김, 944쪽, 30,000원
주역, 유가의 사상인가 도가의 사상인가(易傳與道家思想) 陳鼓應 지음, 최진석・김갑수・이석명 옮김, 366쪽, 10,000원
송재국 교수의 주역 풀이 송재국 지음, 380쪽, 10,000원

한국철학총서

조선 유학의 학파들 한국사상사연구회 편저, 688쪽, 24,000원
실학의 철학 한국사상사연구회 편저, 576쪽, 17,000원
윤사순 교수의 한국유학사상론 윤사순 지음, 528쪽, 15,000원
한국유학사 1 김충열 지음, 372쪽, 15,000원
퇴계의 생애와 학문 이상은 지음, 248쪽, 7,800원
율곡학의 선구와 후예 황의동 지음, 480쪽, 16,000원
다카하시 도루의 조선유학사 — 일제 황국사관의 빛과 그림자 다카하시 도루 지음, 이형성 편역, 416쪽, 15,000원
퇴계 이황, 예 잇고 뒤를 열어 고금을 꿰뚫으셨소 — 어느 서양철학자의 퇴계연구 30년 신귀현 지음, 328쪽, 12,000원
조선유학의 개념들 한국사상사연구회 지음, 648쪽, 26,000원
성리학자 기대승, 프로이트를 만나다 김용신 지음, 188쪽, 7,000원
유교개혁사상과 이병헌 금장태 지음, 336쪽, 17,000원
남명학파와 영남우도의 사림 박병련 외 지음, 464쪽, 23,000원
쉽게 읽는 퇴계의 성학십도 최재목 지음, 152쪽, 7,000원
홍대용의 실학과 18세기 북학사상 김문용 지음, 288쪽, 12,000원
남명 조식의 학문과 선비정신 김충열 지음, 512쪽, 26,000원
명재 윤증의 학문연원과 가학 충남대학교 유학연구소 편, 320쪽, 17,000원
조선유학의 주역사상 금장태 지음, 320쪽, 16,000원
율곡학과 한국유학 충남대학교 유학연구소 편, 464쪽, 23,000원
한국유학의 악론 금장태 지음, 240쪽, 13,000원
심경부주와 조선유학 홍원식 외 지음, 328쪽, 20,000원
퇴계가 우리에게 이윤희 지음, 368쪽, 18,000원

연구총서

논쟁으로 보는 중국철학 중국철학연구회 지음, 352쪽, 8,000원
논쟁으로 보는 한국철학 한국철학사상연구회 지음, 326쪽, 10,000원
반논어(論語新探) 趙紀彬 지음, 조남호·신정근 옮김, 768쪽, 25,000원
중국철학과 인식의 문제(中國古代哲學問題發展史) 方立天 지음, 이기훈 옮김, 208쪽, 6,000원
중국철학과 인성의 문제(中國古代哲學問題發展史) 方立天 지음, 박경환 옮김, 191쪽, 6,800원
현대의 위기 동양 철학의 모색 중국철학회 지음, 340쪽, 10,000원
역사 속의 중국철학 중국철학회 지음, 448쪽, 15,000원
일곱 주제로 만나는 동서비교철학(中西哲學比較面面觀) 陳衛平 편저, 고재욱·김철운·유성선 옮김, 320쪽, 11,000원
중국철학의 이단자들 중국철학회 지음, 240쪽, 8,200원
공자의 철학(孔孟荀哲學) 蔡仁厚 지음, 천병돈 옮김, 240쪽, 8,500원
맹자의 철학(孔孟荀哲學) 蔡仁厚 지음, 천병돈 옮김, 224쪽, 8,000원
순자의 철학(孔孟荀哲學) 蔡仁厚 지음, 천병돈 옮김, 272쪽, 10,000원
서양문학에 비친 동양의 사상 한림대학교 인문학연구소 엮음, 360쪽, 12,000원
유학은 어떻게 현실과 만났는가 — 선진 유학과 한대 경학 박원재 지음, 218쪽, 7,500원
유교와 현대의 대화 황의동 지음, 236쪽, 7,500원
동아시아의 사상 오이환 지음, 200쪽, 7,000원
역사 속에 살아있는 중국 사상(中國歷史に生きる思想) 시게자와 도시로 지음, 이혜경 옮김, 272쪽, 10,000원
덕치, 인치, 법치 — 노자, 공자, 한비자의 정치 사상 신동준 지음, 488쪽, 20,000원
육경과 공자 인학 남상호 지음, 312쪽, 15,000원
리의 철학(中國哲學範疇精髓叢書 — 理) 張立文 주편, 안유경 옮김, 524쪽, 25,000원
기의 철학(中國哲學範疇精髓叢書 — 氣) 張立文 주편, 김교빈 외 옮김, 572쪽, 27,000원
동양 천문사상, 하늘의 역사 김일권 지음, 480쪽, 24,000원
동양 천문사상, 인간의 역사 김일권 지음, 544쪽, 27,000원
공부론 임수무 외 지음, 544쪽, 27,000원

강의총서

김충열교수의 노자강의 김충열 지음, 434쪽, 20,000원
김충열교수의 중용대학강의 김충열 지음, 448쪽, 23,000원

퇴계원전총서

고경중마방古鏡重磨方 — 퇴계 선생의 마음공부 이황 편저, 박상주 역해, 204쪽, 12,000원
활인심방活人心方 — 퇴계 선생의 마음으로 하는 몸공부 이황 편저, 이윤희 역해, 308쪽, 16,000원
이자수어李子粹語 퇴계 이황 지음, 성호 이익·순암 안정복 엮음, 이광호 옮김, 512쪽, 30,000원

인물사상총서

한주 이진상의 생애와 사상 홍원식 지음, 288쪽, 15,000원

일본사상총서

일본 신도사(神道史) 무라오카 츠네츠구 지음, 박규태 옮김, 312쪽, 10,000원
도쿠가와 시대의 철학사상(德川思想小史) 미나모토 료엔 지음, 박규태・이용수 옮김, 260쪽, 8,500원
일본인은 왜 종교가 없다고 말하는가(日本人はなぜ 無宗教のか) 아마 도시마로 지음, 정형 옮김, 208쪽, 6,500원
일본사상이야기 40(日本がわかる思想入門) 나가오 다케시 지음, 박규태 옮김, 312쪽, 9,500원
사상으로 보는 일본문화사(日本文化の歷史) 비토 마사히데 지음, 엄석인 옮김, 252쪽, 10,000원
일본도덕사상사(日本道德思想史) 이에나가 사부로 지음, 세키네 히데유키・윤종갑 옮김, 328쪽, 13,000원
천황의 나라 일본 — 일본의 역사와 천황제(天皇制と民衆) 고토 야스시 지음, 이남희 옮김, 312쪽, 13,000원
주자학과 근세일본사회(近世日本社會と宋學) 와타나베 히로시 지음, 박홍규 옮김, 304쪽, 16,000원

예술철학총서

중국철학과 예술정신 조민환 지음, 464쪽, 17,000원
풍류정신으로 보는 중국문학사 최병규 지음, 400쪽, 15,000원
율려와 동양사상 김병훈 지음, 272쪽, 15,000원
한국 고대 음악사상 한흥섭 지음, 392쪽, 20,000원

동양문화산책

공자와 노자, 그들은 물에서 무엇을 보았는가 사라 알란 지음, 오만종 옮김, 248쪽, 8,000원
주역산책(易學漫步) 朱伯崑 외 지음, 김학권 옮김, 260쪽, 7,800원
동양을 위하여, 동양을 넘어서 홍원식 외 지음, 264쪽, 8,000원
서원, 한국사상의 숨결을 찾아서 안동대학교 안동문화연구소 지음, 344쪽, 10,000원
녹차문화 홍차문화 츠노야마 사가에 지음, 서은미 옮김, 232쪽, 7,000원
류짜이푸의 얼굴 찌푸리게 하는 25가지 인간유형 류짜이푸(劉再復) 지음, 이기면・문성자 옮김, 320쪽, 10,000원
안동 금계마을 — 천년불패의 땅 안동대학교 안동문화연구소 지음, 272쪽, 8,500원
안동 풍수 기행, 와혈의 땅과 인물 이완규 지음, 256쪽, 7,500원
안동 풍수 기행, 돌혈의 땅과 인물 이완규 지음, 328쪽, 9,500원
영양 주실마을 안동대학교 안동문화연구소 지음, 332쪽, 9,800원
예천 금당실・맛질 마을 — 정감록이 꼽은 길지 안동대학교 안동문화연구소 지음, 284쪽, 10,000원
터를 안고 仁을 펴다 — 퇴계가 굽어보는 하계마을 안동대학교 안동문화연구소 지음, 360쪽, 13,000원
안동 가일 마을 — 풍산들가에 의연히 서다 안동대학교 안동문화연구소 지음, 344쪽, 13,000원
중국 속에 일떠서는 한민족 — 한겨레신문 차한필 기자의 중국 동포사회 리포트 차한필 지음, 336쪽, 15,000원
신간도견문록 박진관 글・사진, 504쪽, 20,000원
안동 무실 마을 — 문헌의 향기로 남다 안동대학교 안동문화연구소 지음, 464쪽, 18,000원
선양과 세습 사라 알란 지음, 오만종 옮김, 318쪽, 17,000원
문경 산북의 마을들 — 서중리, 대상리, 대하리, 김룡리 안동대학교 안동문화연구소 지음, 376쪽, 18,000원

민연총서 — 한국사상

자료와 해설, 한국의 철학사상 고려대 민족문화연구원 한국사상연구소 편, 880쪽, 34,000원
여헌 장현광의 학문 세계, 우주와 인간 고려대 민족문화연구원 한국사상연구소 편, 424쪽, 20,000원
퇴옹 성철의 깨달음과 수행 — 성철의 선사상과 불교사적 위치 조성택 편, 432쪽, 23,000원
여헌 장현광의 학문 세계 2, 자연과 인간 고려대 민족문화연구원 한국사상연구소 편, 432쪽, 25,000원
여헌 장현광의 학문 세계 3, 태극론의 전개 고려대 민족문화연구원 한국사상연구소 편, 400쪽, 24,000원
역주와 해설 성학십도 고려대 민족문화연구원 한국사상연구소 편, 328쪽, 20,000원

예문동양사상연구원총서

한국의 사상가 10人 — 원효 예문동양사상연구원/고영섭 편저, 572쪽, 23,000원
한국의 사상가 10人 — 의천 예문동양사상연구원/이병욱 편저, 464쪽, 20,000원
한국의 사상가 10人 — 지눌 예문동양사상연구원/이덕진 편저, 644쪽, 26,000원
한국의 사상가 10人 — 퇴계 이황 예문동양사상연구원/윤사순 편저, 464쪽, 20,000원
한국의 사상가 10人 — 남명 조식 예문동양사상연구원/오이환 편저, 576쪽, 23,000원
한국의 사상가 10人 — 율곡 이이 예문동양사상연구원/황의동 편저, 600쪽, 25,000원
한국의 사상가 10人 — 하곡 정제두 예문동양사상연구원/김교빈 편저, 432쪽, 22,000원
한국의 사상가 10人 — 다산 정약용 예문동양사상연구원/박홍식 편저, 572쪽, 29,000원
한국의 사상가 10人 — 혜강 최한기 예문동양사상연구원/김용헌 편저, 520쪽, 26,000원
한국의 사상가 10人 — 수운 최제우 예문동양사상연구원/오문환 편저, 464쪽, 23,000원